RODRIGO VIANNA

DE LULA A BOLSONARO
COMBATES NA INTERNET

uma década de luta
política no Brasil

Copyright ©Rodrigo Vianna, 2022

Direitos reservados e protegidos pela lei 9.610 de 19.02.1998.
É proibida a reprodução total ou parcial sem autorização, por escrito, da editora.

Coordenação editorial: Sálvio Nienkötter
Editor-executivo: Daniel Osiecki
Capa: Jussara Salazar (a partir de ideia original de Gilberto Maringoni)
Design editorial: Carlos Garcia Fernandes
Produção: Cristiane Nienkötter
Revisão e preparação de texto: Christianne Castanheira Inglês de Sousa

Dados Internacionais de Catalogação na Publicação (CIP)
Angelica Ilacqua CRB-8/7057

Vianna, Rodrigo
  De Lula a Bolsonaro : combates na internet / Rodrigo
Vianna. -- Curitiba: Kotter Editorial, 2022.
  280 p.

  ISBN 978-65-5361-088-0

  1. Brasil - Política e governo I. Título

                                                CDD 320
22-2733

Kotter Editorial Ltda.
Rua das Cerejeiras, 194
CEP: 82700-510 - Curitiba - PR
Tel. + 55(41) 3585-5161
www.kotter.com.br | contato@kotter.com.br

Feito o depósito legal
1ª Edição
2022

RODRIGO VIANNA

DE LULA A BOLSONARO
COMBATES NA INTERNET

uma década de luta
política no Brasil

APRESENTAÇÃO

Os fogos estouravam no céu de São Paulo. Numa intensa celebração de ódio, a classe média comemorava a prisão de Lula, que depois de marchas e contramarchas decidira se entregar à Polícia Federal, cumprindo a ordem expedida por Sergio Moro – o juiz das camisas pretas. Horas antes, naquele tortuoso 7 de abril de 2018, eu havia estado com alguns amigos no Sindicato dos Metalúrgicos do ABC, em São Bernardo do Campo (SP), onde testemunhei os momentos de tensão e perplexidade diante do que muitos, na direção do Partido dos Trabalhadores (PT) e nos círculos de juristas e analistas de esquerda, consideravam impossível: "eles" não teriam coragem de prender Lula com base num processo sem provas. Pois tiveram.

Enquanto gritos histéricos de meus vizinhos na zona sul paulistana lançavam nuvens sombrias sobre o Brasil, sentei-me sozinho numa cadeira no quintal de casa e lembrei de momentos menos cinzentos. Entre eles, o dia em que Lula abriu o Palácio do Planalto para a primeira entrevista coletiva – na história deste país – a blogueiros que não representavam corporações de mídia. Era novembro de 2010, e Lula havia acabado de eleger sua sucessora. Parecia finalmente disposto a avançar no debate sobre democratização da mídia, que o PT tratara sempre de forma tímida... Parecia.

Que estranha travessia viveu o Brasil: do crescimento econômico com redução das desigualdades e projeto nacional independente, que colocou o país entre as nações mais importantes do planeta, no governo Lula, ao avanço do autoritarismo com a volta da fome, além da morte de mais de meio milhão de brasileiros por omissão criminosa durante a pandemia, na gestão Bolsonaro.

Entre esses dois extremos, tivemos: a) o pleno emprego e as tentativas, com Dilma, de reduzir juros e de trazer a "burguesia nacional" para a produção; b) o ajuste fracassado sob comando de Joaquim Levy e a guerra dos corruptos contra a presidenta, no início do segundo mandato, abrindo caminho para o golpe de 2016; e c) o triste interregno de Michel Temer, com a reforma trabalhista e o início do desmonte de tudo que se construiu nos anos anteriores.

Após a grave crise internacional de 2008, que no Brasil foi apenas uma "marolinha", graças à utilização dos instrumentos de Estado que permitiram logo retomar o crescimento vigoroso, o chamado lulismo viveu seu auge, entre 2010 e 2012.

Aproveitando o momento propício, com a alta nos preços das commodities no mercado internacional, o Brasil passara de frágil economia submetida ao FMI a polo de poder respeitado no mundo, com papel decisivo na consolidação dos Brics. O *soft power* de Lula tinha como base não só o carisma presidencial, mas também o pré-sal, a Petrobras, as gigantes da construção civil, o agronegócio e, sobretudo, a decisão de que o país voltaria a ter um projeto nacional autônomo. Tudo isso numa hora em que, na América Latina, outros governos de esquerda e centro-esquerda ajudavam a construir instituições como a Unasul e a Celac (uma OEA sem a tutela dos EUA).

Dilma chegou ao poder num momento de extremo otimismo. Mas em pouco tempo, sobretudo após as chamadas Jornadas de Junho de 2013, a roda se inverteu e a direita retomou a ofensiva no Brasil. A vitória apertadíssima de Dilma na reeleição em 2014 foi apenas um suspiro que não interrompeu a escalada golpista.

"Ah, Lula e Dilma são conciliadores, a elite não tem por que mexer com eles; vocês são muito apavorados", disse uma amiga, poucos meses antes do golpe parlamentar de 2016. Rebati: a elite brasileira levou ao suicídio um estancieiro gaúcho, em 1954, e dez anos depois derrubou com um golpe outro rico proprietário de terras; quem fez isso com Getúlio Vargas e João Goulart não teria qualquer prurido em avançar contra uma ex-guerrilheira de classe média e um ex-operário nordestino.

Os eventuais leitores que acompanham o que escrevi ao longo da última década, especialmente no blog *Escrevinhador*, sabem que busco me valer de paralelos históricos. Ouvi certa vez Darcy Ribeiro dizer: "A história das lutas sociais no Brasil não começou com as greves no ABC em 1979"; era uma forma de cutucar o PT, que parecia fazer tábula rasa das lutas que vieram antes dos movimentos liderados por Lula na Vila Euclides. Parceiro de Darcy nos combates do trabalhismo, Leonel Brizola tinha outra frase também inspiradora: "Nossa história vem de loooonge".

Apesar de escrever sobre a conjuntura e os fatos miúdos, num meio como a internet, que presta velocidade à comunicação, procuro não perder de vista a longa duração da história. O golpismo de 2016 e a prisão de Lula em 2018 não foram invenções do agora. O golpismo tem história. A falta de compromisso da classe dominante brasileira com um projeto nacional também tem história, e vem de longe. Esses são pressupostos que, de forma transversal, estão presentes nos textos que compõem esta coletânea.

Não tenho a pretensão de traçar um quadro analítico detalhado do que significaram os governos petistas no Brasil, nem de explicar como as escolhas políticas dos governantes mudaram a composição dos blocos de classe na disputa política. Sobre esses temas sugiro duas obras fundamentais, uma produzida por André Singer e outra por Armando Boito. Deixo ambas como sugestão de leitura.[1]

Mas gostaria de aproveitar esta apresentação para frisar uma ideia presente em muitos textos desta coletânea e que de alguma forma baliza minha ação como analista político: a questão nacional é decisiva para compreender tudo o que se passou no Brasil na última década.

O discurso anticorrupção e o "mal-estar" da classe média (que, no arranjo do lulismo, ficou espremida entre os "de baixo", que se tornaram menos pobres, e os "de cima", cada vez mais ricos) foram o motor aparente do levante dos patos amarelos de 2015 e 2016, favorecendo a queda de Dilma e a posterior eleição do capitão Bolsonaro. Contudo, o verdadeiro nó está na questão nacional.

Lula e o PT, influenciados por certa sociologia uspiana, a princípio viam com desconfiança o varguismo e a longa construção do Estado iniciada em 1930. O discurso da esquerda hegemonizada pelo PT no período pós-ditadura militar foi sempre mais focado nas questões sociais e no fortalecimento da sociedade civil.

Um pressuposto central dos textos que reúno nesta coletânea é de que o ciclo Lula/Dilma significou de alguma forma o encontro do PT com a melhor tradição trabalhista, inseparável da construção do moderno Estado nacional. Brizola costumava afirmar que seria ele, na eleição de 1989, o responsável por retomar o fio interrompido em 1964. Quis a história que

---

[1] BOITO JR, Armando. *Reforma e crise política no Brasil – os conflitos de classe nos governos do PT*. Editora Unicamp/Editora Unesp, São Paulo, 2018.
SINGER, André. *Os sentidos do lulismo: reforma gradual e pacto conservador*. Companhia das Letras, São Paulo, 2012.

o novelo do trabalhismo e da construção nacional escapasse das mãos de Brizola e se desenrolasse sob os governos petistas.

O PT no poder fez as pazes com a questão nacional. Mais que isso: o PT caiu em 2016 por causa dela e porque não conseguiu construir um projeto suficientemente profundo para enfrentar as forças — nativas e internacionais — que não admitem um país autônomo.

No período pré-64 (e sobre isso há vasta literatura), o velho PCB e parte dos economistas de linha desenvolvimentista acreditavam na aliança com a "burguesia nacional". Ela faltou ao encontro.

Quatro décadas depois, Lula teve como vice um "burguês nacional" — José Alencar. Dilma apostou de alguma forma no fortalecimento da indústria nacional e num "social-desenvolvimentismo". Mas poderíamos dizer que, entre 2012 e 2016, pela segunda vez, a burguesia nacional faltou ao encontro marcado.

Se quisermos resumir tudo de forma esquemática, podemos recorrer à fórmula de Barbosa Lima Sobrinho, histórico dirigente da ABI, a Associação Brasileira de Imprensa: "No Brasil, só há dois partidos — o de Tiradentes e o de Joaquim Silvério dos Reis". Naquela tarde da prisão de Lula, em 2018, a vitória de Silvério dos Reis era saudada pelos fogos de artifício. Três anos depois, no mesmo sindicato no ABC, testemunhei como repórter a volta triunfal do líder do partido de Tiradentes: Lula acabara de recuperar os direitos políticos, após tardia decisão do STF cancelando as ineptas condenações conduzidas pela Lava Jato.

Naquele dia, em março de 2021, Lula deu talvez a entrevista mais importante de sua vida, no saguão lotado de um sindicato em que jornalistas e militantes usavam máscaras para evitar a contaminação pela Covid-19. O país tentava resistir a um governo de morte e destruição nacional.

Enquanto escrevo estas linhas, o Brasil vive o momento mais grave de sua história republicana, com ameaças de levantes militares/milicianos e aprofundamento de um regime autoritário que, ao contrário de 1964, não tem nem projeto de país.

Depois da surpreendente trajetória, na última década, o Brasil decide se vai reatar o fio da história. E pela segunda vez pode ser Lula a liderar o projeto de reconstrução nacional, num cenário ainda mais difícil do que aquele que encontrou ao chegar ao poder pela primeira vez, em 2003.

*****

Esta coletânea tem a pretensão de ajudar a recuperar os debates que marcaram o país ao longo da turbulenta segunda década do século XXI, permitindo um duplo mergulho: de um lado, o leitor pode revisitar as miudezas do dia a dia, os embates eleitorais e impasses políticos, como se estivesse lendo uma crônica dos acontecimentos narrados a quente; de outro, consegue acompanhar como esses debates se deram num meio até então pouco conhecido no Brasil – a internet.

Sim, este é também um livro sobre o momento raro em que blogs e redes sociais passaram a ocupar espaço central no debate político. O autor não observou isso tudo de longe. Ao contrário, esteve mergulhado na construção de um campo que se consolidou a partir de 2010 com os sucessivos encontros de blogueiros progressistas e a organização do Centro de Estudos Barão de Itararé, do qual tenho orgulho de ser cofundador e diretor há mais de uma década.

José Serra, o candidato do Partido da Social Democracia Brasileira (PSDB) a presidente em 2010, foi padrinho involuntário desse movimento, ao classificar como "blogs sujos" todos aqueles que não se alinhavam com a mídia corporativa brasileira. Serra não sabia que os blogueiros costumavam se reunir num restaurante de São Paulo chamado Sujinho, e que por isso adotaram com gosto o apelido que ele lançara como xingamento.

O *Escrevinhador* era um desses blogs. Criado em 2008, por sugestão do amigo Luiz Carlos Azenha – ele próprio pioneiro da blogosfera –, surgiu como sítio independente, sem vinculação com portais de notícias ou organizações políticas. O blog exigia dedicação extrema, com publicações diárias, que foram constantes entre 2009 e 2014 e se tornaram mais rarefeitas daí em diante.

A partir de 2015, o blog ficou sob o guarda-chuva generoso da revista *Fórum*, dirigida por Renato Rovai e Dri Delorenzo. Desde 2020 o *Escrevinhador* entrou em hibernação, enquanto publico meus textos no Brasil 247, site liderado por Leonardo Attuch, a quem agradeço pela acolhida e por abrir espaço para minha atuação também na construção da inovadora TV 247.

Quase todo o material reunido nesta coletânea tem como origem o *Escrevinhador*. As exceções são dois textos publicados como capítulos de livros sobre o golpe de 2016, bem como alguns posts mais recentes do Brasil 247. Os textos foram revisados para evitar redundâncias e referências sem sentido numa obra impressa. Mas, de forma geral, está mantido o estilo de escrita rápida, que tenta conversar com o leitor num ritmo típico da internet.

O livro está dividido em duas grandes seções:

1. Plenos poderes: traz a crônica do embate político desde a campanha presidencial de 2010 até os movimentos abertamente autoritários de Bolsonaro em 2021; os textos seguem ordem cronológica, com exceção dos cinco primeiros, que traçam balizas gerais (linhas mestras) sobre a forma como analiso os fatos ocorridos no Brasil nos últimos anos.
2. Palavra de honra: reúne textos mais pessoais, com lembranças, impressões e comentários sobre autores, livros e episódios que marcaram minha vida, incluindo viagens pelo Brasil e pelo Mundo.

*****

Faço um agradecimento às pessoas que ajudaram a construir o *Escrevinhador*, em especial a Leandro Guedes – responsável pelo design e aparato técnico que permitiram manter o blog no ar – e a Juliana Sada, Igor Felipe e Heloísa Vianna – que em períodos diferentes ajudaram na edição e na atualização do blog. Agradeço ainda àqueles que escreveram para o blog, alguns com colunas regulares: Izaías Almada, Igor Fuser, Pedro Pomar, Rogério Pacheco Jordão, Marcelo Salles e Flamarion Maués.

O blog e em consequência este livro não existiriam sem a parceria do enorme grupo de comunicadores espalhados por todo o Brasil que construiu o movimento de Blogueiros Progressistas (BlogProg). A todos, agradeço a amizade e a solidariedade, em especial ao núcleo que ajudou a organizar esse novo campo da informação no Brasil: Altamiro Borges (grande incentivador na empreitada deste livro), Aparecido Cidoli, Conceição Lemes, Cynara Menezes, Dani Penha, Edu Guimarães, Fernando Brito, Geórgia Pinheiro, Joaquim Palhares, Leandro Fortes, Luiz Carlos Azenha, Luis

Nassif, Maria Frô, Maria Inês Nassif, Miguel do Rosário, Paulo Henrique Amorim (*in memorian*), Renata Mielli, Renato Rovai e Wagner Nabuco.

Um agradecimento especial à diretoria do Centro de Estudos Barão de Itararé, que ofereceu suporte fundamental para que esta coletânea fosse publicada. Agradeço também ao Gilberto Maringoni, que deu a ideia original para a capa do livro, e ao editor Sálvio Nienkötter, pelas sugestões de redação e pelo diálogo fundamental na construção da coletânea.

Meu reconhecimento afetuoso aos amigos que acompanharam essa jornada: Alex Alencar, Ana Helena Gomes, André Basbaum, Eduardo Goldenberg, Eduardo Prestes, Flávia Piana, Florestan Fernandes Junior, Floriano Peixoto de Azevedo Marques Neto, Grace Abdou, Gustavo Costa, Janaína de Almeida Teles, Leandro Calixto, Márcia Cunha, Manuela Carta, Marco Aurélio Mello, Nilce Aravecchia, Sergio Amadeu e Sergio Lirio; e à turma querida do KM.

Por fim, mas não por último, agradeço demais à minha família, especialmente a meus irmãos Heloísa e Fernando, a meus pais Márcia e Geraldo (que abriram tantas portas), a meus filhos Francisco, Vicente e André (que serão capazes de abrir outras tantas), e à minha companheira Teresa – por manter abertas as janelas que dão para dentro.

Sumário

PRIMEIRA PARTE - PLENOS PODERES

I – Linhas mestras

1 – G de Globo, G de Golpe (31/01/2018)	21
2 – Ecos do passado no golpe de 2016 (20/07/2016)	34
3 – Antirrevolução de 1930: a Lava Jato, o tenentismo togado e o desmonte do Estado nacional (23/05/2017)	42
4 – Estados zumbis: depois de destruir nacionalismo árabe, império avança na América do Sul (10/09/2015)	44
5 – Lula, Dilma e o reencontro com Vargas (31/10/2010)	47

II – De Lula a Dilma

1 – Folha rumo ao esgoto: a ficha falsa (19/04/2009)	51
2 – PSDB agora defende "Bolsa Esmola" (29/08/2009)	54
3 – Aécio: "Empurrado, eu não vou" (03/03/2010)	55
4 – PT subestima velha imprensa (20/04/2010)	56
5 – Sobre fábulas e menosprezo (20/07/2010)	58
6 – Debate pálido: saudades de 1989 (06/08/2010)	60
7 – A vida é um moinho (19/08/2010)	61
8 – Dilma é o encontro do PT com Vargas (24/08/2010)	63
9 – Serra buliu com os granadeiros (29/08/2010)	64
10 – O bombardeio do JN, igual a 2006 (09/09/2010)	65
11 – Lula e Dilma cedem; a velha mídia ataca (16/09/2010)	66
12 – Passei calor para atentar contra as liberdades (24/09/2010)	68
13 – Onde estavam os militantes? (03/10/2010)	69
14 – O círculo da direita: teocracia e medo (07/10/2010)	71
15 – A ficha falsa: da *Folha* ao poste na periferia (09/10/2010)	73
16 – Dilma joga para a militância, com firmeza (11/10/2010)	74
17 – Cadê o Lula? (14/10/2010)	76
18 – Exclusivo: dona da gráfica é filiada ao PSDB (17/10/2010)	78
19 – Debate morno: alívio no PT, Paulo Preto incomoda tucanos (18/10/2010)	79
20 – Bolinha de papel: o dia em que até a Globo vaiou Ali Kamel (22/10/2010)	81

21 – Dilma e o marqueteiro: erros e acertos (10/11/2010) 82
22 – Lula avisa: serei blogueiro, tuiteiro (24/11/2010) 84
23 – Dói o fígado de *O Globo*: por que será? (25/11/2010) 85
24 – 2010: o ano dos blogs sujos e do Sujinho (29/12/2010) 86

III – Dilma e os impasses do Lulismo

1 – A fama de Pochmann e o pernil de Delfim (16/02/2011) 89
2 – PT rumo ao centro, oposição na UTI (25/02/2011) 92
3 – Privatas do Caribe: o livro de Amaury (05/09/2011) 94
4 – Cadê a indústria que estava aqui? A China comeu (05/03/2012) 96
5 – O caminho para 2014: perdas e ganhos (31/10/2012) 98
6 – Carta aberta ao UOL: represália foi da Globo (05/02/2013) 100
7 – O futuro se escreve nas ruas (17/06/2013) 103
8 – "Foda-se o Brasil", gritava o rapaz em SP (18/06/2013) 104
9 – Esquerda x direita na Paulista: ares fascistas (21/06/2013) 106
10 – Tempo da gestão técnica fica para trás (29/06/2013) 109
11 – Relatório aponta sonegação da Globo (30/06/2013) 111
12 – A Globo piscou: "desculpem a nossa falha" (01/09/2013) 112
13 – Eduardo morre e urubus fazem contas (13/08/2014) 114
14 – Depois de todo junho há um agosto (26/08/2014) 115
15 – Dilma x Aécio: a maturidade do voto (06/10/2014) 117
16 – Elitismo tucano: ataque aos nordestinos (11/10/2014) 119
17 – A força simbólica do ato na PUC (21/10/2014) 121
18 – Dilma derrota o ódio (26/10/2014) 123

IV – De Dilma a Temer

1 – Levy e a república dos economistas (06/01/2015) 127
2 – O PT e o esgotamento de um modelo (12/02/2015) 130
3 – Ódio contra Lula: bombas e palavras (31/07/2015) 133
4 – O velho conservadorismo na Paulista (17/08/2015) 134
5 – A resposta da esquerda nas ruas (21/08/2015) 136
6 – O ajuste de Levy: maior ameaça a Dilma (10/09/2015) 137
7 – As ilegalidades de Moro: Lula sequestrado (04/03/2016) 139
8 – Gilmar barra Lula e o golpe avança (19/03/2016) 141
9 – O golpe dos corruptos (18/04/2016) 143
10 – Dilma aos blogueiros: "é minha absoluta obrigação resistir" (21/05/2016) 144

V – O governo golpista e a eleição de 2018

1 – Moro manda sequestar blogueiro (21/03/2017) — 147
2 – A justiça assume o poder, sem voto nem povo (12/04/2017) — 149
3 – A greve geral e o monstro midiático (28/04/2017) — 150
4 – Instituto Lula fechado, democratas cercados (09/05/2017) — 153
5 – O caso JBS e o desespero da Globo (19/05/2017) — 155
6 – A despedida de Marco Aurélio Garcia (21/07/2017) — 156
7 – Intervenção no Rio: novo patamar do golpe (16/02/2018) — 158
8 – Fim das ilusões: Lula lidera e será preso (06/03/2018) — 160
9 – Chantagem militar: a quartelada pelo Twitter (04/04/2018) — 162
10 – Lula preso: novos dilemas do golpe (10/04/2018) — 163
11 – Pedro Parente: O coração do golpe (30/05/2018) — 164
12 – Preso, Lula dispara nas pesquisas (20/08/2018) — 165
13 – Cenário na reta final: Bolsonaro e Haddad (21/09/2018) — 167
14 – Ditadura e cerco militar: Bolsonaro abre o jogo antes da hora (22/10/2018) — 169

VI – Bolsonaro e o avanço autoritário

1 – Os três coringas da restauração (04/02/2019) — 171
2 – Bolsonaro e o governo sitiado (24/05/2019) — 173
3 – Bolsonaro aposta na ruptura (17/06/2019) — 175
4 – Fatos e números: Bolsonaro não cai (26/06/2020) — 177
5 – Guerra na direita abre espaço para Lula (07/08/2020) — 178
6 – O ronco do capital (21/03/2021) — 180
7 – A crise chega aos quartéis (29/03/2021) — 181
8 – A frente ampla chama-se Lula (11/06/2021) — 182
9 – O Sete de Setembro golpista (08/09/2021) — 184
10 – O vento sopra para Lula (10/11/2021) — 186
11 – Chapa Lula-Alckmin muda tabuleiro (01/12/2021) — 188

SEGUNDA PARTE - PALAVRA DE HONRA

I – Vestígios

1 – Comunistas em cima da padaria (14/11/2008) — 193
2 – Brizola e o "Ratão" (15/12/2008) — 195
3 – A Fração Bolchevique e a mancha vermelha (11/03/2011) — 196

4 – Seu João e a família corintiana (09/03/2009) 199
5 – Lembranças da TV Cultura (04/08/2010) 202
6 – Plínio, um lutador (07/08/2010) 205
7 – Nelson, Caetano, o Papa e a Mesbla (27/12/2010) 208

II – Sopa de letras

1 – Zweig e o Brasil: futuro ou fouché? (13/10/2008) 211
2 – A prosa comovente de Mario Benedetti (10/04/2009) 213
3 – Bonifácio: abolicionista no país das senzalas (17/07/2009) 215
4 – Fernando Sabino: a falta que ele faz (12/10/2009) 218
5 – Tolstói e os pés na areia (05/01/2010) 220
6 – T. S. Eliot: poesia num feriado de abril (21/04/2010) 221
7 – O Wikileaks de Moniz Bandeira: de Martí a Fidel (10/12/2010) 223
8 – Aqui tem um bando de loucos (15/05/2013) 227

III – Impressões

1 – A carta-testamento de Lula (01/09/2009) 231
2 – Praia e sertão: cabeças cortadas e coroadas (16/05/2009) 233
3 – Almirante Negro: as pedras do cais (21/11/2008) 236
4 – Michael e a moça de Paris: a dor que não sai no jornal (26/07/2009) 238
5 – A rádio no interior gaúcho (08/01/2010) 240
6 – Gramsci fora do lugar, numa noite de calor (19/01/2010) 242
7 – O juiz chileno que enfrentou Pinochet (01/2009) 244
8 – Chávez vai derrotar os esquálidos? (14/02/2009) 246
9 – A rua é dos chavistas; oposição se refugia na mídia (16/02/2009) 247
10 – A Venezuela chegou (16/12/2009) 249
11 – Chávez: a multidão vermelha faz história (08/03/2013) 250
12 – Chefe dos cruzados vai ao Redentor (21/03/2011) 251
13 – Um sorriso para Fidel (26/11/2016) 254
14 – Emoções cruzadas em agosto (06/08/2015) 257
15 – Um silêncio de morte (04/05/2020) 259

Fotos e Fatos 261
Lealdade 267
Posfácio - Vocação e teimosia 275

PRIMEIRA PARTE

PLENOS PODERES

do auge do lulismo ao desmonte
do Estado sob Temer e Bolsonaro

> "Quando notares, estás à beira do abismo/
> Abismo que cavaste com teus pés"
> (*O mundo é um moinho* – Cartola)

I – Linhas mestras
– ideias sobre a crise brasileira

1 – G de Globo, G de Golpe[2] (31/01/2018)

No dia 24 de janeiro de 2018, o golpe de Estado deflagrado dois anos antes com a derrubada da presidenta Dilma Rousseff avançou mais algumas casas no tabuleiro, com a confirmação em segunda instância da condenação sem provas de Lula: a sentença referente ao caso tríplex no Guarujá, exarada em primeira instância pelo juiz Sergio Moro, em Curitiba, foi ratificada por três desembargadores do Tribunal Regional Federal da 4ª Região (TRF4), em Porto Alegre, numa decisão apontada por juristas e intelectuais como julgamento de exceção e farsa.

No mesmo dia em que os três cavaleiros da desordem jurídica assaltaram a democracia na capital gaúcha, manifestantes do Levante Popular da Juventude ocuparam a sede da Rede Globo no Jardim Botânico, Rio de Janeiro. Os jovens lançaram tinta vermelha sobre o logotipo da emissora. E com isso cumpriram o papel de assinalar que ali, na rede controlada pela bilionária família Marinho, está um dos centros estratégicos do golpismo no Brasil.

A tinta vermelha assinala que a emissora é inimiga da democracia e das forças que venceram em sequência quatro eleições presidenciais no Brasil – em três delas, aliás, tendo que enfrentar diretamente a Globo e seus truques: 2006, 2010 e 2014.

Compreender o golpe no Brasil é compreender o papel central da Globo na derrubada de Dilma e na tentativa judicial de interditar Lula. Não

---

[2] Este texto foi originalmente publicado como capítulo da *Enciclopédia do golpe*, volume 2. O livro foi editado pelo Instituto Declatra, sob a direção do professor e advogado Wilson Ramos Filho. Agradeço a ele, bem como aos colegas Maria Inês Nassif e Miguel do Rosário, que viabilizaram a publicação do artigo.

haveria Legislativo golpista em 2016 sem a campanha prévia de agitação promovida pela Globo nas ruas. Não haveria Judiciário golpista em 2017 e 2018 sem a Globo e seu prêmio *Faz Diferença* a cooptar juízes e ministros mais ou menos supremos.

Lula e Dilma demoraram muito a perceber que esse debate deveria ter sido feito de frente — na forma indicada pelo velho Brizola[3]. Deixaram o monstro marinho avançar.

Este jornalista, que habitou a barriga do monstro por quase doze anos[4], não hesita ao afirmar: a Globo precisa ser marcada com tinta vermelha, ainda que sua derrota não se dê de pronto.

História manchada: manifestantes ocupam sede da Globo no Rio e pintam de vermelho o símbolo do grupo de comunicação que apoiou os golpes de 1964 e 2016.

---

[3] Governador do Rio Grande do Sul pelo antigo Partido Trabalhista Brasileiro (PTB) de Vargas, Leonel de Moura Brizola (1922-2004) liderou a Campanha da Legalidade em 1961 para garantir a posse de João Goulart (Jango) na Presidência da República: armou o povo e organizou uma rede de rádios para resistir aos militares que não aceitavam Jango. Saiu vitorioso. Em 1964, esteve entre os primeiros líderes a ir para o exílio, perseguido pela ditadura. Com a volta da democracia, nos anos 1980, fundou o Partido Democrático Trabalhista (PDT) e elegeu-se duas vezes governador do Rio de Janeiro. Denunciava o poder desmedido das Organizações Globo, e conseguiu um histórico direito de resposta no *Jornal Nacional*, prometendo questionar à concessão da Globo se chegasse à Presidência da República.

[4] Fui repórter na TV Globo entre 1995 e 2007. Saí da emissora depois de publicar carta aberta denunciando a manipulação na cobertura das eleições de 2006, especialmente no caso dos aloprados e no do delegado Bruno. Naquela eleição, o *Jornal Nacional* foi acusado de esconder a notícia de um acidente com avião da Gol, para que o noticiário pudesse ser dedicado inteiramente a acusações contra Lula, às vésperas do primeiro turno. A emissora promoveu depois um abaixo-assinado para que os jornalistas defendessem a cobertura da Globo. Além de mim, o repórter Luiz Carlos Azenha e o editor Marco Aurélio Mello se recusaram a assinar o documento, sendo afastados ou demitidos. Em 18 de maio de 1895, um dia antes de morrer, o líder cubano José Martí, que havia morado nos EUA e lutava pela independência da ilha, escreve uma famosa carta em que justifica suas posições anti-imperialistas: "Eu vivi dentro do monstro e conheço suas entranhas", referindo-se ao país do Norte.

*****

A Globo teve papel central no golpe de 2016, dada sua capacidade de organizar o combate simbólico, levando a classe média para as ruas. Essa parceria jurídico-político-midiática deu base popular para que os setores derrotados quatro vezes nas urnas tentem agora impor seu programa na marra. Sem voto. Mas com mídia e toga.

O objetivo deste texto não é contar a longa história golpista das Organizações Globo[5], explicitada já no suicídio de Vargas em 1954, na derrubada de Jango em 1964, nas manipulações contra as Diretas Já em 1984, nos ataques a Brizola no Rio dos anos 1980-1990, na edição manipulada do debate Lula x Collor em 1989, ou na tentativa de derrotar Lula e Dilma com coberturas manipuladas nas eleições de 2006, 2010 e 2014.

Nosso objetivo é mais modesto e tem a ver com os combates recentes. Pretendemos relembrar a atuação da Globo em três episódios: na chamada para as manifestações de 2015, que prepararam o caminho para o impeachment de Dilma; na cobertura jornalística que deu chancela para a criminosa condução coercitiva de Lula, em 4 de março de 2016; e, por fim, na divulgação dos grampos liberados de forma ilegal por Moro – numa operação casada em que se buscava impedir Lula de se tornar ministro de Dilma.

*****

A maior manifestação de rua da direita brasileira, desde 1964, ocorreu na tarde de um domingo de sol, em março de 2015. Foi um ato gigantesco na avenida Paulista. Antes disso, as convocações de grupos conservadores – que, desde 2005, com o movimento Cansei, pediam a derrubada dos governos Lula/Dilma – reuniam grupos esquálidos de manifestantes.

O dia 15 de março de 2015 foi diferente. Foram convocados atos em todo o Brasil, mas curiosamente lideranças de vários estados preferiram viajar para participar da manifestação em São Paulo – incluindo um

---
[5] Sobre a história da Globo, há pelo menos duas obras fundamentais: HERZ, Daniel. *A história secreta da Rede Globo*, 1987; e BOLAÑO, César e BRITTOS, Valério. *Rede Globo, 40 anos de poder e hegemonia*, 2005.

entusiasmado Ronaldo Caiado, líder direitista goiano, a desfilar na Paulista com a camiseta amarela estampando a mão com um dedo a menos de Lula, símbolo de todo o ódio e preconceito contra o ex-presidente. A tática durante todo o dia foi muito clara: de manhã, manifestações fracas Brasil afora serviram para a TV Globo fazer o "esquenta" para a megamanifestação da tarde em São Paulo. O jogo tinha sido combinado. Não à toa, Caiado preferiu estar em São Paulo, e não junto aos seus em Goiânia.

Foi uma grande encenação midiática, com roteiro e frases prontas nas bocas dos repórteres, que fingiam participar de uma cobertura jornalística. O programa *Esporte Espetacular*, da Globo, no fim da manhã domingueira, era interrompido a cada dez minutos para giros de repórteres. O âncora Alex Escobar (aquele a quem o técnico Dunga humilhara durante coletiva na Copa de 2010: "Tu és um cagão de merda") tinha a frase preparada para chamar as entradas ao vivo: "Vamos acompanhar as manifestações pela democracia, contra a corrupção e contra Dilma".

Dilma e corrupção coladas na mesma frase, como um mantra. A frase foi repetida durante toda a manhã. Para quem conhece a emissora, não pode restar dúvida: havia orientação clara da direção, havia um mote a seguir, havia frases a repetir.

Outro mantra: a louvação à democracia. E nisso a família Marinho evocava o passado: em 1964, *O Globo* comemorou o golpe contra Jango com um infame editorial intitulado "Ressurge a democracia"; em 2015-2016, o governo Dilma era jogado às cordas sob o discurso de que se defendia o quê? Claro, a democracia... O golpe em nome da democracia, numa operação de falsificação histórica.

As manifestações de camisas amarelas eram apresentadas como atos de cidadãos de bem. Eram "famílias brasileiras" nas ruas – ecoando (de novo) 1964 e as marchas da Família com Deus pela Liberdade. Já as manifestações da esquerda eram de "defensores do PT" ou de "aliados de Dilma e Lula". A Globo ajudou, assim, a consolidar a narrativa famílias brasileiras x PT corrupto. Era o tema que permitiria abrir caminho para o extermínio de um dos campos políticos do país.[6]

---

[6] Em 30 de janeiro de 2018, já condenado em segunda instância e massacrado pelos telejornais da Globo, Lula resistia: aparecia com impressionantes 35% ou 37% (a depender do cenário), em primeiro lugar no Datafolha. Os candidatos da Globo (Alckmin, Huck e Meirelles) registravam 7%, 6% e 1%, indicando que o caminho para não perder a quinta eleição seria aprofundar o golpe, interditar a urna e prender Lula.

Isso foi feito na TV e também no órgão auxiliar da emissora golpista, o jornal O *Globo*, como mostram as capas abaixo, já em 2016.

Jornal da família Marinho estabelece o confronto: no "Brasil a favor de Moro" não há espaço para os malvados "aliados de Dilma e Lula".

Naquele 15 de março de 2015, acompanhei tudo pela tela – mas com a experiência de quem já esteve na rua, em coberturas como repórter de TV. No Rio, a emissora tinha três jornalistas ao vivo. Pareciam envergonhados do que eram obrigados a fazer. As frases, ensaiadas, eram repetidas: "Muitas famílias na rua, são protestos pacíficos, camisas amarelas, famílias inteiras".

Ops, atrás do repórter passa um rapaz com cara de ódio – e com a foto de Bolsonaro estampada na camiseta. O câmera, esperto, desvia para um plano geral. Mas ficava o recado: as famílias "em paz" estavam carregadas de ódio.

Números no Rio: "Os manifestantes falam em 100 mil pessoas, mas a PM diz que são 15 mil", afirma o narrador na Globo. O diabo é que esqueceram de combinar com o diretor de TV, que tasca no ar um plano aberto da avenida Atlântica. Eram 5 mil pessoas, no máximo. O sinal volta para o *Esporte Espetacular* no estúdio e entra matéria (excelente, por sinal) sobre a Copa de 1970: "Noventa milhões em ação…".

Mas Escobar tem pressa e chama a rua de 2015 de novo: outra repórter, agora do alto de um prédio na avenida Atlântica. Pior ainda: está na cara o vazio lá embaixo. E a jornalista comete ato falho glorioso: "Muitos cartazes mostram *contentamento* com Dilma".

Jornalistas da Globo estavam instruídos para chamar as manifestações de "ato pela democracia". O diabo, de novo, eram as imagens ao vivo, fora de controle. Ao fundo, um cartaz pedia "intervenção militar já". No Rio, apareceram também suásticas e cartazes a clamar pelo combate ao comunismo – o que deixava claro que aquela era uma manifestação dominada pela direita militar, reforçada por desavisados de classe média da zona sul.

De Belo Horizonte, vieram imagens de mais gente nas ruas. Mas parecia que ali a Globo estava menos preparada. O repórter fez entrada sóbria, não precisou apelar. Discrição mineira. Em Brasília, ainda pela manhã, bastante gente. Mas não as "40 mil pessoas" que a Globo comprava como verdade. O plano aberto das câmeras desmentia a narrativa montada por Ali Kamel[7].

Fora do circuito Rio-Brasília, Escobar sofria mais. Ele chamou a entrada em Aracaju, e a jornalista não percebeu que já estava ao vivo. Gritou para meia dúzia de manifestantes ali na frente: "Canta o hino, canta o hino". O áudio vazou. De repente, ela notou a gafe, falou um pouco ao microfone, e o povo obediente começou a entoar o hino brasileiro. A emissora comandava a pequena manifestação sergipana... De outra parte do Brasil, brotou do meio do povo um cartaz que comemorava: "FFAA salvaram o Brasil em 1964". Parceria bonita essa, agora reeditada: Globo e o mundo militar.

Fortaleza entrou pela segunda vez no ar e... surpresa: "Os manifestantes já se dispersaram", dizia o repórter envergonhado. Rua vazia. Mais constrangedora foi a entrada de Ribeirão Preto (SP), com a repórter a agitar: "Muita gente contra a corrupção, são 30 mil pessoas". As imagens mostravam ruas quase desertas. Mas Escobar no estúdio ainda era um animado mestre de cerimônias. Em Salvador, a Globo falou em 4 mil manifestantes no Farol da Barra, e a câmera indicava mil, no máximo. Chamava a atenção a ausência de negros na manifestação da capital com mais afrodescendentes no país. "Parecia Blumenau", escreveu um internauta.

A Globo passou a manhã tentando insuflar os números, e promoveu assim uma espécie de Diretas Já às avessas.[8] Nos anos 1980, a emissora

---

[7] Ali Kamel é diretor de jornalismo da Globo.

[8] Em 1984, milhares de brasileiros foram às ruas pedir a volta de eleições diretas para presidente. No dia 25 de janeiro de 1984, havia 300 mil na praça da Sé, em São Paulo, e a Globo preferiu noticiar a grande concentração como "festividades pelo aniversário da capital paulista". Ali Kamel, polêmico diretor de jornalismo da emissora carioca, escreve artigos até hoje para negar que a Globo tenha manipulado a cobertura das Diretas, assim como é autor de um livro que tenta negar ou relativizar o racismo no Brasil.

escondera o povo que queria democracia. Agora, tentava levar às ruas mais e mais gente, enchendo a tela e criando a narrativa do "Brasil unido contra um PT associado à corrupção".

Na GloboNews, os comentaristas jogavam de tabelinha com os manifestantes. Mas havia dissonâncias. Um apresentador mais independente perguntou para a amestrada Cristiana Lôbo: "As manifestações contra Dilma no Nordeste foram só em bairros ricos – Boa Viagem, no Recife; Farol da Barra, na Bahia. Você acha que o PT vai explorar isso?". E a Cristiana: "Veja bem…".

As manifestações pequenas geravam um constrangimento apenas aparente. O objetivo da Globo estava claro: as ruas do Brasil branquinho, naquela manhã de domingo, eram o esquenta para o que aconteceria em São Paulo, à tarde.

E a ideia de animar os paulistas deu certo. O Brasil repetia 1954 e 1964, com a ira da classe média nas ruas. Mas agora não eram apenas jornais e rádios a pregarem o cerco a um governo trabalhista. O serviço era feito pelo mais poderoso canal de TV aberta da América Latina.

A Globo organizava o movimento e oferecia um norte para o combate simbólico que se aprofundava.[9] Foi a emissora que consolidou o discurso "Brasil x PT corrupto" (antes restrito aos debates da internet) e deixou a classe média à vontade para vestir a camisa da Confederação Brasileira de Futebol (CBF) e seguir os patos amarelos[10] Brasil afora.

Naquele 15 de março de 2015, este jornalista escreveu em seu blog: "Dilma, se ainda tiver sangue brizolista nas veias, enfrenta a Globo agora. A emissora é o centro do golpe, e põe gente nas ruas, sim – especialmente em São Paulo e Brasília".[11] Mas não houve combate. O governo capitulou.

---

[9] Nas manifestações de junho 2013, a Globo já havia testado esse modelo de agitação. De início, tratou atos contra aumento de tarifas de ônibus como "baderna". Foi o que fez, por exemplo, o comentarista (e cineasta aposentado) Arnaldo Jabor. Três dias depois, Jabor voltou atrás e passou a elogiar a juventude que lutava por "um novo Brasil". A emissora chegou a suspender capítulo de novela (algo inédito) para transmitir ao vivo os atos que – logo se viu – tinham potencial para desgastar o governo Dilma; foram apropriados por setores de direita que berravam "o gigante acordou" e "fora todos os partidos" (o que só poderia gerar desgaste ao partido mais organizado, o PT).

[10] Alusão aos enormes patos amarelos encomendados pela Federação das Indústrias do Estado de São Paulo (Fiesp), que, nas manifestações pró-impeachment, enviavam a mensagem de que o país "pagava o pato" em impostos, para compensar a suposta "corrupção" do governo petista.

[11] In VIANNA, Rodrigo. "Globo promove um Diretas Já às avessas", texto publicado no blog *Escrevinhador*, alojado no site da revista *Fórum*, 15/03/2015.

A Globo, com seus obedientes mervais[12], já vinha trabalhando desde o mensalão, em 2005, para construir a ideia de que o PT inventou a corrupção no Brasil. Os escândalos da ditadura, a associação de José Sarney[13] com as empreiteiras, a privataria de FHC[14]: nada disso existiu para a Globo e para boa parte da velha mídia. Os governos liderados pelo PT sempre acharam que podiam negociar com a Globo. O resultado foi o que vimos em 2015.

A narrativa das "famílias em paz, contra a corrupção" ganhou força própria depois daquele dia. E vieram outras manifestações golpistas. É verdade que jamais seriam tão grandes como a de 15 de março de 2015. Mas o que importa é que o lulismo e a esquerda haviam perdido a primazia das ruas para as famílias vestidas de amarelo.

A operação midiática e política foi a senha para Eduardo Cunha avançar no golpe parlamentar: agora havia uma massa para apoiar o impeachment fajuto. Até derrubar Dilma, Cunha foi tratado pela mídia e pelo Judiciário com respeito, feito estadista. Mas ele não foi o único a contar com a massa amarela na rua.

A mesma narrativa deu apoio para Moro e suas estripulias: o "juiz que faz diferença"[15] não avançaria tanto sem o apoio dos Marinho.

Aplausos: o prêmio oferecido pela Globo selou a aliança de Moro, juiz das camisas pretas, com a emissora dirigida por João Roberto Marinho.

---

[12] Referência a Merval Pereira, colunista do jornal da família Marinho e comentarista da GloboNews, tido como um fiel seguidor das diretrizes ditadas por seus patrões.

[13] José Sarney foi presidente da República de 1985 a 1990.

[14] Fernando Henrique Cardoso foi presidente entre 1995 e 2002, comandando um polêmico programa de privatizações de empresas estatais.

[15] Em março de 2015, Sergio Moro foi escolhido como personalidade do ano e recebeu o prêmio *Faz Diferença*, concedido pelas Organizações Globo. A cerimônia de entrega foi conduzida pelos jornalistas Míriam Leitão e Ancelmo Gois. O juiz agradeceu: "Nós ficamos felizes porque é um reconhecimento da qualidade do trabalho". O prêmio era, na verdade, um símbolo da aliança selada entre o poder Judiciário e o aparato midiático, nas articulações para o golpe.

Em março de 2016, este jornalista estava no interior do Ceará a trabalho e, num pequeno restaurante, assistiu ao *Jornal Nacional* (JN) do dia 3. Foi um ataque sem precedentes à figura de Lula. Josias Erdei, veterano repórter cinematográfico egresso da Globo, assistia ao JN ao meu lado, e, com o conhecimento de quem também habitou a barriga do monstro midiático, disse na hora: "Algo de muito grave vai acontecer amanhã; a Globo tá preparando o terreno".

Bingo!

O afoito Diego Escosteguy, jovem editor da revista *Época*, também da família Marinho, deu com a língua nos dentes ainda na madrugada de 3 para 4 de março. Pelo Twitter, avisou que viria a operação da PF – deixando claro que as Organizações Globo tinham comunicação privilegiada com o juiz de Curitiba.

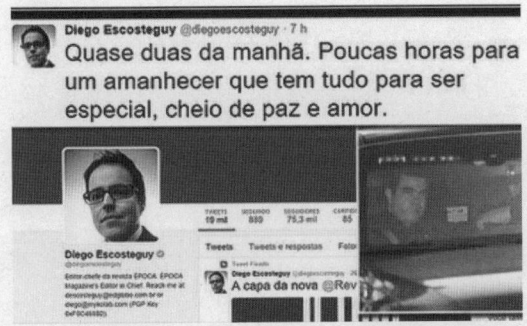

Jornalista trapalhão entrega o jogo: Globo foi avisada antes.

Antes das seis horas da manhã do dia 4, equipes de TV já faziam plantão na porta do prédio de Lula, em São Bernardo do Campo. Numa ação claramente fora da lei, o juiz Moro determinara a condução coercitiva de Lula, que estranhamente foi levado ao Aeroporto de Congonhas para prestar depoimento. Para alguns, o plano seria levar o ex-presidente preso até Curitiba. A reação popular impediu.

Lula não foi o primeiro a sofrer condução coercitiva ilegal determinada por Moro. Mas o juiz das camisas pretas[16] não teria a coragem de promover a prisão de Lula (na prática, foi isso que ocorreu, ainda que por

---

[16] Os grupos de assalto que davam apoio a Mussolini, na Itália fascista, ficaram conhecidos como "camisas pretas". Não se sabe qual a inspiração do juiz para adotar o figurino com que costuma se exibir em eventos sociais. No Brasil dos anos 1930, os integralistas ficaram conhecidos como "camisas verdes" e também usavam a tática de agredir adversários. O

algumas horas apenas) se não tivesse o selo de "personalidade que faz diferença", conferido pela Globo.

A condução coercitiva não era importante para o processo, já que Lula jamais se negara a prestar depoimento. Mas era importante para compor a narrativa do "PT bandido". Se o partido é corrupto, deve ter um líder conduzido na marra por policiais armados. Essa era a imagem que se procurava criar.

Mais uma vez, a Globo avançava na construção simbólica do golpe[17]: o escândalo midiático era parte da estratégia para enfraquecer Lula, e assim tornar mais fácil a derrubada de Dilma.

A jornalista Bia Barbosa, em texto publicado no blog *Viomundo*, apresentou minuciosa análise do massacre promovido pela Globo no JN de 4 de março, o dia da condução coercitiva. E concluiu:

> A associação Judiciário-Polícia Federal-meios de comunicação se mostrou essencial para os objetivos do dia serem alcançados: constranger ilegalmente o ex-presidente Lula, desmoralizar o PT, enfraquecer o governo e fortalecer os protestos pró-impeachment agendados para o dia 13 de março. [...] Quando a mídia nega o direito da população a uma informação plural, acusa e condena previamente; e quando se vê a maioria da população comprando esta narrativa e aplaudindo a espetacularização do justiçamento a todo custo, não é a biografia de Lula, os feitos de seu governo ou o projeto do PT que estão em risco. É a nossa democracia.[18]

O espalhafato midiático foi mesmo gigantesco. Nem a República do Galeão ousara prender Vargas em 1954[19]. Moro tinha ido mais longe. E com o auxílio luxuoso da Globo.

Movimento Brasil Livre (MBL), grupo de extrema direita surgido durante o golpe, não usa uniforme, mas adota procedimentos de intimidação semelhantes.

[17] Sobre a importância dos combates simbólicos nas disputas políticas, ver o texto basilar de BACZKO, Bronislaw. "Imaginação Social". In: *Enciclopédia Einaudi* – vol. 5, 1985. O autor remonta à Revolução Francesa para demonstrar que todo processo político constrói (ou destrói) símbolos para edificar sua legitimidade.

[18] In BARBOSA, Bia. "Sem uma única crítica à operação, Jornal Nacional dedicou 85% do tempo a acusações contra Lula", texto publicado no blog *Viomundo*, 05/03/2016.

[19] Em agosto de 1954, um grupo de oficiais da Aeronáutica criou uma espécie de jurisdição de exceção na Base Aérea do Galeão (RJ), para investigar o governo Vargas. O estopim fora a tentativa de matar o líder da oposição golpista Carlos Lacerda, da União Democrática Nacional (UDN). No atentado, o major Rubens Vaz (segurança de Lacerda) foi morto. A República do Galeão, com apoio de Lacerda e de *O Globo*, iniciou uma campanha para

Duas semanas depois, no dia 17 de março de 2016, a presidenta Dilma chegou a nomear Lula para a Casa Civil, numa tentativa de barrar a articulação golpista. De novo, Moro e a Globo jogaram de tabelinha. O juiz das camisas pretas havia grampeado o ex-presidente e, num desses grampos, surgia conversa de Lula com a presidenta, que falava de dentro do palácio.

O grampo era ilegal (juiz de primeira instância jamais poderia acolher em sua jurisdição grampo envolvendo presidente da República), mas Moro liberou a divulgação do telefonema precisamente em 16 de março de 2016, mesmo dia em que Lula acertara sua nomeação com Dilma. Mais que isso: a gravação mostrava a telefonista do palácio já grampeada antes de passar a ligação para Dilma, o que seria indício de que essa escuta poderia ter sido feita no palácio, e não nos telefones particulares usados por Lula.[20]

Um professor da Universidade Federal de Santa Catarina (UFSC), em artigo escrito na época, estabeleceu a cronologia exata que indica a absurda ilegalidade cometida por Moro:

> [...] a ligação telefônica foi gravada às 13h32min. Mais de duas horas depois que o próprio juiz havia determinado a suspensão das interceptações. O despacho de Moro com essa ordem é das 11h13min, e às 11h44min, a Polícia Federal foi notificada da decisão. Às 12h20min, a Justiça Federal do Paraná oficiou as companhias telefônicas comunicando o fim do grampo. A PF mandou e-mail à operadora Claro às 12h46min, mais de uma hora depois de saber da decisão de Moro! Mesmo ciente de que não poderia haver novas interceptações, a PF informou ao juiz da conversa às 15h37min35. Às 16h21min57, Moro pôs fim ao sigilo da investigação, permitindo então sua ampla divulgação.[21]

---

derrubar Vargas, chegando a levar o filho do presidente à força para depor. Em 24 de agosto de 1954, Vargas se suicidou com um tiro no peito, e o povo se rebelou contra os golpistas, queimando os carros e a sede das Organizações Globo no Rio.

[20] O ativista Edward Snowden, responsável por denunciar esquemas de espionagem dos EUA, revelou em entrevistas que o Brasil de Lula e Dilma foi o país mais espionado do mundo (mais até do que China, Rússia e Alemanha) pela Agência de Segurança Nacional dos Estados Unidos (NSA, na sigla em inglês). Jornalistas em Brasília levantaram a hipótese de que, em 2016, Dilma e seu gabinete estivessem grampeados pelos norte-americanos, que atuariam em parceria com a Lava Jato. Moro, sabidamente, é simpático a Washington e chegou a participar de treinamentos patrocinados pelos Estados Unidos. Sobre o fato, ver: "Wikileaks revela treinamento de Moro nos EUA". In: *Jornal GGN*, 05/07/2016.

[21] In CHRISTOFOLETTI, Rogério. "Grampos e as responsabilidades da mídia", texto publicado no site objETHOS e reproduzido pelo *Observatório da Imprensa*, 24/03/2016.

Na noite do dia 16 de março, a Globo divulgou com grande estardalhaço o grampo ilegal, e o fez de forma parcial, lembra o mesmo pesquisador da UFSC:

> Moro determinou o fim do sigilo da gravação e os telejornais da emissora decidiram divulgar o seu conteúdo, mas editaram a gravação, descartando importante trecho anterior ao diálogo entre Dilma e Lula. Enquanto o áudio completo, publicado pelo UOL, dura 1min34, o do Jornal Nacional e dos principais telejornais da Globo e GloboNews mostra menos de 30 segundos.[22]

O trecho divulgado pela Globo, repetido dezenas de vezes na programação, ofereceu um instrumento para que o ministro Gilmar Mendes, no dia 18, vetasse a nomeação de Lula para chefiar a Casa Civil de Dilma, em meio à crise. O ministro do Supremo Tribunal Federal (STF) alegou que a nomeação visava dar a Lula fórum privilegiado e assim retirá-lo das garras de Moro:

> Pairava cenário que indicava que, nos próximos desdobramentos, o ex-presidente poderia ser implicado em ulteriores investigações, preso preventivamente e processado criminalmente. A assunção de cargo de ministro de Estado seria uma forma concreta de obstar essas consequências. As conversas interceptadas com autorização da 13ª Vara Federal de Curitiba apontam no sentido de que foi esse o propósito da nomeação[23].

Lula não virou ministro. Dilma caiu. Mas tempos depois o ministro Teori Zavascki (responsável no STF pelas ações da Lava Jato) fez uma dura reprimenda ao juiz de Curitiba, pela ação ilegal no caso dos grampos. Moro pediu "escusas" pelo ocorrido, num texto que alguns analistas consideraram eivado de cinismo. Importa que o golpe já estava consumado. Único membro do Judiciário a admoestar o intocável de Curitiba, Teori morreria alguns meses depois num acidente aéreo ainda não esclarecido, no litoral do estado do Rio.

---

[22] In CHRISTOFOLETTI, Rogério. Op. cit.

[23] Trecho da decisão de Gilmar Mendes, que impediu Lula de tomar posse: um ato sem precedentes de interferência do Judiciário no Poder Executivo.

Não foi o único caso em que a escandalosa tabelinha Moro/Globo daria guarida para ações ilegais, no curso do golpe. No mesmo período, em março de 2016, o juiz deu publicidade a grampos envolvendo a mulher de Lula, Marisa Letícia. As gravações não tinham qualquer interesse para as investigações e, pelas leis brasileiras, deveriam ter sido mantidas em sigilo e depois destruídas. Moro fez o contrário.

Poucas horas depois de liberados os áudios pelo juiz curitibano, a Globo promovia uma teatral leitura da transcrição dos grampos. William Bonner e sua parceira de apresentação no JN fizeram a leitura, com toques teatrais, que tinha claro objetivo de desmoralizar Lula e a família do ex-presidente. Logo em seguida, a voz de Marisa iria ao ar: ela fazia um desabafo com o filho contra os batedores de panela.

Claramente, a intenção de Moro foi jogar a opinião pública não apenas contra Lula, mas também contra a família do petista. A Globo foi cúmplice do juiz nessa ação ilegal. Menos de um ano depois, em janeiro de 2017, Marisa Letícia morreria, vítima de um AVC. Segundo amigos e familiares, a divulgação dos grampos teve papel central na morte.

Não há como provar que a tabelinha Moro/Globo ajudou a matar Marisa, mas não é exagero dizer que a emissora tem papel decisivo em outro crime: o processo golpista, que, com sua escandalosa parceria jurídico-midiática, tenta matar a democracia construída desde 1988.

O monstro midiático criou a narrativa das "famílias nas ruas contra a corrupção", com ela encorajou parlamentares, juízes, promotores e delegados a agir fora da lei, e agora é sustentáculo do passo definitivo do golpe: barrar Lula na eleição e prender o ex-presidente.

Assim, a Globo ajuda a construir um país em que o voto não vale mais. É por isso que o monstro precisa ser pintado de vermelho. Marcado. E derrotado. No Brasil, não há escolha: ou há democracia, ou há o poder desmedido e sem controle da Globo e dos bilionários irmãos Marinho[24].

---

[24] A revista *Exame* listou os três irmãos Marinho entre os empresários mais ricos do Brasil. Cada um, em 2016, era dono de fortuna avaliada em U$ 4,3 bilhões. Ou seja, juntos possuem mais de R$ 41 bilhões – o que mostra que o oligopólio midiático não garante só influência política, mas ajuda a ampliar a fortuna que o pai Roberto Marinho construiu durante a ditadura militar. Ver: "Os 31 bilionários brasileiros de 2016, segundo a Forbes". In: revista *Exame*, 13/09/2016.

2 – Ecos do passado no golpe de 2016[25]
(20/07/2016)

> [...] Há neste país quem não saiba que a corrupção do governo [...] gera o terror de seu bando? Dia após dia, noite após noite, a ronda da violência faz o cerco aos que não cedem à coação do dinheiro. [...] Acuso um só homem como responsável por esse crime: é o protetor dos ladrões. [...] Assim como a corrupção gera a violência, a impunidade estimula os criminosos. O governo [...] é, pois, além de imoral, ilegal. É um governo de banditismo e loucura.

Os trechos acima reproduzidos foram retirados de um dos principais jornais do país. A linguagem é policialesca e o fraseado é típico do que lemos e ouvimos na velha mídia brasileira, dia após dia, desde o chamado mensalão, em 2005. Sem votos e sem argumentos para ganhar na urna, a direita se refugiou na mídia. E semeou um discurso de ódio que serviu para justificar abusos judiciais e uma série de ilegalidades que tiveram papel central no golpe de 2016.

A quem você, leitor, imagina que tenham sido dirigidas essas palavras? E quem seria o autor do texto?

Vamos testar hipóteses...

Seria, por acaso, o cineasta frustrado que se transformou em cronista político? Ou o jornalista de longa carreira que alterna fases de euforia e depressão na revista *Veja*? Seria o rapaz perturbado que fugiu para a Itália? Ou o medíocre colunista e acadêmico mantido pela família Marinho? Ou, ainda, o blogueiro estridente e mal resolvido que se tornou uma espécie de campeão do antipetismo nos veículos sustentados pelos Civita e Frias?

Qualquer um desses personagens poderia ser o autor do ataque – que caberia muito bem na crônica de desconstrução das figuras de Lula e Dilma, operada pela imprensa brasileira ao longo de doze anos. Mas é preciso olhar mais para trás.

O excerto que abre este texto foi publicado por Carlos Lacerda, líder golpista da UDN, nas páginas da *Tribuna da Imprensa*, em 5 de agosto de 1954. Lacerda era o líder máximo do antivarguismo e do antitrabalhismo. E

---
[25] Este texto foi originalmente publicado como capítulo do livro *Golpe 2016*, da Edições Fórum, obra coletiva organizada pelo jornalista Renato Rovai.

gostava de acumular funções: era ao mesmo tempo líder da oposição, dono de jornal, repórter e colunista. Mais tarde, seria eleito governador do Rio de Janeiro e, nesse cargo, exerceria o papel de líder civil da conspirata que derrubou Jango em 1964.[26]

Os artigos e discursos de Lacerda ajudaram a levar Getúlio Vargas ao suicídio, em agosto de 1954. As frases destacadas na abertura deste texto eram dirigidas ao presidente trabalhista. E servem para ilustrar, de forma definitiva, as semelhanças entre o discurso da direita udenista dos anos 1950-1960 e a campanha midiática que culminou com o golpe contra Dilma em 2016.

A direita brasileira, no seu ataque à democracia e aos governos trabalhistas de Lula e Dilma, não inventou nada. Reciclou apenas o velho lacerdismo. E o fez de forma explícita.

Em 2006, desesperado com a possibilidade de Lula ser reeleito (como de fato seria), apesar de todo o esforço midiático para transformar o mensalão no "maior escândalo de corrupção de todos os tempos", Fernando Henrique Cardoso desferiu a frase lapidar: "Que falta faz um Carlos Lacerda pra tocar fogo no palheiro". FHC lamentava que já não houvesse um agitador com a verve e a capacidade de comunicação do chefe udenista.

Estava dado o recado: daquele momento em diante, FHC deixaria de ser o líder de um partido liberal ou social-democrata (o velho PSDB de Mário Covas e Franco Montoro tinha sido um partido democrático e respeitável) para virar o chefe de uma facção lacerdista e, portanto, golpista.

Em 2006, o PSDB não encontraria seu Lacerda na figura tímida de Geraldo Alckmin – derrotado por Lula na eleição presidencial, apesar do esforço da Globo para golpear o petista com a manipulação do noticiário na reta final da campanha. Tampouco os tucanos José Serra e Aécio Neves cumpririam esse papel nas tentativas seguintes contra Dilma (em 2010 e 2014).

---

[26] Lacerda foi comunista na juventude, mas depois rompeu com o partido e se transformou num dos políticos brasileiros mais próximos dos Estados Unidos. A melhor biografia dele foi escrita, sintomaticamente, por um norte-americano: John W. F. Dulles, que era filho do ex-secretário de Estado dos EUA John Foster Dulles (ver: DULLES, John W. F. *Carlos Lacerda – a vida de um lutador*. Rio de Janeiro, Nova Fronteira, 1992).
Em 1964, Lacerda apoiou o golpe militar contra Jango, apostando que assim o caminho ficaria aberto para que ele fosse o novo presidente. Mas acabou também cassado pela ditadura. Desde 2014, Aécio (que não tem nem um décimo do talento de Lacerda) cumpre trajetória semelhante: apoiou o golpismo contra Dilma, imaginando que assim herdaria a Presidência. Mas parece ter sido tragado pela Lava Jato e pelo clima de ódio e falso moralismo que ajudou a fomentar.

Ao longo de dez anos, a oposição adotou estratégia diversa: em vez de um Lacerda, criou três, quatro, cem, milhares de lacerdinhas nas redes sociais. Colunistas e blogueiros de *Veja, O Globo* e *Folha* ajudaram a municiar essa rede conservadora, com um discurso agressivo, moralista e golpista – muito semelhante ao adotado no passado pela UDN.

Em 2015, com a crise na economia e o desgaste de Dilma, o discurso de raiz udenista saiu das redes para ganhar as manifestações de rua.[27] E aqui seria possível traçar outro paralelo, não mais com 1954, mas com 1964.

As marchas da Família com Deus pela Liberdade, como se sabe, foram componente fundamental da agitação que levou ao golpe de 1964. Naquela oportunidade, a classe média, insuflada pela propaganda anticomunista, foi às ruas pedir a derrubada de Jango.

Em 15 março de 2015, a grande marcha da direita na avenida Paulista foi convocada pela Globo durante horas, com um discurso ensaiado nas transmissões ao vivo de seus repórteres.

É evidente que as conjunturas políticas são muito distintas. Mas é impressionante como a frente político-jurídico-midiática que atuou contra Lula/Dilma nesse início de século XXI ecoa o fraseado e, em alguns momentos, até as estratégias políticas do udenismo dos anos 1950 e 1960.

Vargas era tratado como chefe de um "bando", da mesma forma que o PT – nos blogs e nas redes sociais de direita – é hoje tratado como "organização criminosa". Para Lacerda e a classe média que ele ajudou a mobilizar em 1954 e 1964, Vargas/Jango e o trabalhismo não eram adversários com quem se deveria debater. Mas um grupo criminoso, que deveria ser interditado, extirpado.

Nas manifestações de rua promovidas para derrubar Dilma, em 2015, um dos jovens militontos de extrema direita, Kim Kataguiri, propôs de forma explícita: "Não tem que fazer o PT sangrar, tem que dar um tiro na cabeça do PT".

A fala, carregada de violência, não merece outro nome: trata-se de pregação fascista. E se já traçamos aqui paralelos com 1954 e 1964, vale

---

[27] Movimentos de rua, surgidos a partir de 2013 e fortalecidos em 2015 e 2016, estabeleceram íntima relação com as redes sociais abastecidas e financiadas pela extrema direita (inclusive com dinheiro de fora do Brasil). MBL, Vem Pra Rua e Revoltados On Line, entre outros, são as tropas de choque mais visíveis de uma onda conservadora que não existiria sem a construção prévia de um discurso lacerdista, recheado de preconceito e de falso moralismo.

ressaltar que o discurso que pede pura e simplesmente a extinção do PT ecoa uma estratégia também já utilizada pela direita brasileira: em 1947, depois de uma intensa campanha contra o líder comunista Luiz Carlos Prestes e seu partido (da qual participou, claro, o então jovem Carlos Lacerda), o Tribunal Superior Eleitoral (TSE) cancelou o registro do Partido Comunista do Brasil (PCB) e logo depois cassou os mandatos de todos os parlamentares eleitos pelo partido (incluindo o de Prestes como senador e o do escritor Jorge Amado como deputado federal).

Em 2016, já não há a Guerra Fria (será que não há mesmo?) nem o fantasma da União Soviética. No entanto, a classe média que tomou as ruas em 2015 e 2016 pedindo a derrubada de Dilma e a prisão de Lula empunhou também cartazes pedindo "o fim do comunismo no Brasil" e identificando o PT e os movimentos sociais como forças que precisavam ser banidas.

Apesar de toda a sua moderação e de seus erros e defeitos, o PT era (e é) visto como um símbolo de esquerda a ser destruído. Reparem: não um adversário a ser derrotado nas urnas, mas um inimigo a ser extinto, um partido que precisa "levar um tiro na cabeça". Da mesma forma como o PCB foi extinto em 1947.

Lembremos, ainda, a forma como Lacerda se referia a Vargas quando este se apresentou para a eleição presidencial de 1950 como candidato do PTB: "O senhor Getúlio Vargas não pode ser candidato. Se for, não pode ser eleito. Se eleito, não pode tomar posse. Se tomar posse, não pode governar".

Impossível não ouvir a voz de Lacerda ressoando nas manobras recentes para tornar Lula inelegível, por meio de ações judiciais sob a batuta de Moro.

"O senhor Luiz Inácio não pode ser candidato"; "se for, não pode ser eleito", etc. É o que dizem o juiz de Curitiba, os colunistas da Globo e os lacerdinhas das redes sociais.

A direita brasileira era (e é) lacerdista. Não tem, nem nunca teve, compromisso com a democracia. Mas as semelhanças vão além. E descem para o nível dos detalhes talvez menos conhecidos.

Parte central da estratégia de ataques a Lula, desde 2006, é destruir a reputação de seus filhos. Estratégia idêntica, lembra-nos o escritor Lira Neto, era usada por Carlos Lacerda contra Lutero, um dos filhos de Vargas:

Lutero Vargas apresentara na justiça uma queixa-crime contra o jornalista, abrindo um processo penal por injúria e difamação. Em várias ocasiões, Lacerda chamara Lutero de "o filho rico do pai dos pobres", "degenerado", "meliante" e "ladrão", acusando-o de ter amealhado um patrimônio incompatível com o exercício honesto da medicina.[28]

Em 1954, oficiais da Aeronáutica criaram uma espécie de república paralela na Base Aérea do Galeão, no Rio de Janeiro, para investigar um atentado contra Lacerda (o chamado crime da rua Tonelero) que acabou tirando a vida do major Rubens Vaz — um dos homens que fazia a segurança do líder udenista. Lutero Vargas foi levado a depor no Galeão, acusado de envolvimento no crime. Da mesma forma que filhos de Lula são intimidados pela República de Curitiba, hoje comandada pelo juiz Sergio Moro.

No Galeão, diz-se, eram utilizadas sessões de tortura física e psicológica para se arrancar dos investigados elementos que apontassem envolvimento direto de Vargas e sua família no crime da rua Tonelero. Presume-se que o plano seria levar o próprio Vargas a depor. Mas não houve tempo: antes disso, a escalada golpista levou o presidente ao suicídio, em 24 de agosto de 1954.[29]

Lula, este sim, foi conduzido coercitivamente para depor no Aeroporto de Congonhas, em São Paulo, na manhã de 4 de março de 2016. O episódio jamais ficou esclarecido, e marcou um momento central na estratégica midiática do juiz Moro para enfraquecer Dilma e o petismo: por que conduzir um ex-presidente a depor no aeroporto?

O plano original seria conduzir Lula preso, de avião, até Curitiba, e teria sido frustrado pela reação de militantes petistas que ocuparam Congonhas naquela manhã? Ou a estratégia de Moro foi puramente simbólica? Lula, naquele dia, já não era o líder trabalhista e ex-presidente que retirara milhões de brasileiros da miséria, mas um suspeito, um líder de "bando", da mesma forma como Lacerda se referira a Vargas sessenta anos antes.

---

[28] NETO, Lira. *Getúlio (1945-1954): da volta pela consagração popular ao suicídio.* São Paulo: Companhia das Letras, 2014, p. 290.

[29] O gesto inesperado de Vargas colocou a direita udenista na defensiva. Carros do jornal *O Globo*, que se somava a Lacerda no discurso golpista, foram queimados pelo povo. E o golpe, assim, foi adiado por dez anos.

Mais uma vez, na batalha simbólica, a direita brasileira tentou enquadrar o trabalhismo como corrente "criminosa". Nas ações de Moro, reproduzidas com destaque na tela da Globo, ecoavam as palavras de Carlos Lacerda: a esquerda e o trabalhismo devem ser tratados como "banditismo e loucura".

Mas as semelhanças não se fixam só na virulência verbal e simbólica ou nas tentativas de atingir as famílias de Lula e Vargas. Nos anos 1950, também havia um fantasma internacional. Se os governos comandados pelo PT foram acusados de promover uma satânica aliança bolivariana com Venezuela, Bolívia, Argentina e Equador, a acusação contra Vargas era de promover uma parceria com o peronismo para criar uma república sindicalista.

A oposição via indícios "de que Getúlio realmente cogitara submeter o Brasil ao domínio político e militar do peronismo, endossando uma 'integração sul-americana num arquipélago de repúblicas sindicalistas contra os Estados Unidos' – segundo a definição de Carlos Lacerda"[30].

*****

Em 2010, quando Dilma foi eleita presidenta pela primeira vez, este jornalista escreveu que a escolha, de certa forma, significava o encontro do petismo com o velho trabalhismo varguista. Dilma, ex-guerrilheira, foi militante do PDT de Leonel Brizola logo após o fim da ditadura militar. Era herdeira, portanto, da tradição trabalhista.

Lula e o PT, por sua vez, quando surgiram nos anos 1980, tinham desconfianças profundas em relação ao trabalhismo. Mas, quando chegaram ao governo, em 2003, passaram a reivindicar a figura de Vargas. É emblemática a foto em que Lula mimetiza o gesto de Vargas, tingindo com a mão negra de óleo o uniforme de Dilma – vestida àquela altura como petroleira e gerente das riquezas do pré-sal.

A escolha de Dilma para a sucessão de Lula significou que o PT incorporava à sua trajetória o trabalhismo dos anos 1950 e 1960, ainda que de forma não explícita. E incorporava, sobretudo, a ideia de um projeto nacional – que o petismo deixara de lado em seus primeiros anos.

---

[30] NETO, Lira. *Getúlio (1945-1954): da volta pela consagração popular ao suicídio*. São Paulo: Companhia das Letras, 2014, p. 278.

Se muita gente na esquerda e no PT tinha dúvidas sobre as linhas de continuidade entre o varguismo e o chamado lulismo, a direita nunca teve dúvidas. FHC, quando eleito presidente em 1994, disse com todas as letras que uma de suas tarefas era desmontar o que restava da era Vargas. Não conseguiu completar o intento. E já na oposição a Lula, como lembramos acima, FHC reivindicou o lacerdismo para derrubar o PT. Mas teve que esperar dez anos para "tocar fogo no palheiro".

Mais do que as políticas sociais de Lula (lembremos que, muito antes de o Bolsa Família ser chamado de "bolsa miséria", a UDN e os militares já manifestavam ódio a Jango porque este, como ministro do Trabalho de Vargas, propusera aumentar o salário mínimo de forma vigorosa), mais do que o simbolismo de empregadas domésticas com direitos sociais e de pedreiros viajando de avião, mais do que a redução da miséria promovida por Lula e Dilma, o que parece ter acelerado as manobras golpistas de 2016 foi o fato de o PT ter liderado governos com um projeto nacional autônomo.

Vargas, Jango e Brizola: o velho trabalhismo, em aliança com os comunistas, tinha um projeto de país independente. Lula, Dilma e o PT, em aliança com movimentos sociais e sindicatos, seguiram trilha semelhante. O pré-sal, a Unasul e a aliança com os Brics (lembremos que o Brasil ajudou a criar um banco internacional de desenvolvimento sem participação dos EUA) foram passos decididos de um projeto autônomo de país, traçado sob a liderança de Lula e Dilma.

A elite brasileira jamais teve um projeto de Nação. Ao longo dos últimos setenta anos, recorreu sempre ao golpismo (seja através das armas, em 1964, ou de manobras judiciais e parlamentares, em 2016) para se contrapor às forças políticas que lutam para implantar esse projeto de Nação – ainda inconcluso. O lacerdismo – com seu moralismo falsificado, com toda a sua violência simbólica e verbal – é o cimento que dá liga e oferece um discurso a esses movimentos golpistas.

O erro maior de Dilma, Lula e do PT foi terem acreditado que a moderação e a conciliação bastariam para impedir o golpe. Quem conhece a história brasileira dos anos 1950 e 1960 sabe que a direita brasileira não tem nenhum compromisso com as regras do jogo democrático.

A democracia, no Brasil, teve que ser defendida sempre com povo na rua. E até com armas na mão – como fez Leonel Brizola na heroica

Campanha da Legalidade em 1961. Entrincheirado no palácio do governo em Porto Alegre, o então governador do Rio Grande do Sul armou o povo para enfrentar os militares que tentavam impedir a posse de Jango na Presidência da República. Com a metralhadora numa das mãos e o microfone na outra, Brizola comandou uma rede de rádios para defender a democracia e a legalidade.[31]

Se Vargas derrotou o golpe com o suicídio, em 1954, Brizola derrotou o mesmo golpismo com audácia e luta, em 1961. Herdeira do trabalhismo, Dilma parece não ter aprendido essa lição do brizolismo: o golpismo não se enfrenta (apenas) com negociações "pelo alto".

É claro que há uma diferença gigantesca: em 1961 e 1964, o golpe era explícito, comandado por forças militares. Em 2016, a aparência de legalidade – com a chancela das corporações judiciárias e do Ministério Público ao golpismo – torna difícil e arriscada uma reação mais enérgica em defesa da democracia. E, seja como for, é preciso reconhecer que Dilma, afastada do poder pela vergonhosa sessão de 17 de abril de 2016 na Câmara, tem mostrado uma força moral impressionante na resistência democrática.

Lula parece ter apostado até o fim na conciliação com a elite, e numa busca desesperada por ser aceito num clube que jamais o desejou como sócio. Sem perceber, talvez, que a democracia no Brasil deve ser defendida não só com acordos institucionais, mas também com ações radicais, com povo na rua (como ele mesmo já experimentara, durante as gigantescas assembleias sindicais de Vila Euclides, no ABC, no fim dos anos 1970). E, no limite, com armas na mão, como mostrara Brizola já em 1961.

---

[31] Sobre o papel de Brizola na Campanha da Legalidade, ver: LABAKI, Amir. *1961 – a crise da renúncia e a solução parlamentarista*. São Paulo, Brasiliense, 1986.

3 – Antirrevolução de 1930: a Lava Jato, o tenentismo togado e o desmonte do Estado nacional (23/05/2017)

"Estamos às portas de uma crise que já não é de governo, mas de regime."

A frase acima é de Marco Aurélio Garcia, ex-assessor internacional de Lula e Dilma, que, além de ter atuado como dirigente do PT, era historiador e arguto observador da cena política.

Ao contrário do que se imaginava, a Lava Jato e o movimento comandado a partir de Curitiba por procuradores e delegados federais não tem como objetivo apenas derrubar o governo Dilma e destruir o "lulopetismo". Desde 2015, este jornalista afirma que a Lava Jato, apesar do claro viés antipetista, sempre foi muito mais que isso.

Engana-se quem vê na atuação de Sergio Moro e de outros togados um projeto tucano. O Ministério Público Federal (MPF) e o juiz paranaense fizeram uma aliança puramente tática com o PSDB e alguns setores de centro-direita para atacar Lula e derrubar Dilma.

Um analista usou esta semana expressão interessante: a Lava Jato seria uma espécie de "tenentismo togado". O paralelo que se traça é com o movimento militar de jovens e impetuosos oficiais que se levantaram contra a República Velha, num longo enfrentamento que teve como desfecho a Revolução de 1930, comandada por Getúlio Vargas.

O tenentismo teve o papel de ajudar a demolir o velho arranjo oligárquico. Alguns tenentes foram levados ao governo de Vargas, na qualidade de interventores estaduais. Outros caminharam para o prestismo, que depois comandaria o PCB durante cinco décadas. Mas o tenentismo, ótimo para destruir a velha ordem, não tinha um projeto para colocar no lugar da República Velha. Na última hora, um político advindo das antigas estruturas (Getúlio Vargas fora ministro de Washington Luís, último presidente da oligarquia) assumiu o poder e lentamente construiu uma nova ordem.

Está claro que os procuradores, delegados e juízes do século XXI não têm um sentido de construção nacional. Mas de demolição pura e simples. Estamos diante de uma crise de regime, sim – na feliz definição de Marco Aurélio Garcia. Crise que, se chegar ao ápice, pode levar à destruição não só do petismo, mas de toda a ordem democrática implantada desde a Constituição de 1988. E mais que isso: em certo sentido, pode levar à destruição do longo projeto de Estado nacional iniciado com Vargas.

O sentido de tudo o que aconteceu de 1930 para cá foi o seguinte: o Brasil pode ser um Estado autônomo, que inclua as massas no desenvolvimento (com mais ou menos direitos, mais ou menos liberdade – a depender do período), e o governo cumpre papel central na economia, dada a incapacidade da burguesia nacional de liderar um projeto de país.

Nem os militares de 1964 ousaram confrontar a herança varguista de Estado. Collor tentou, e caiu. FHC anunciou que enterraria a era Vargas, mas não conseguiu – seja porque dentro do PSDB ainda havia setores que resistiam ao liberalismo extremado, seja porque na oposição o bloco formado por PT, Central Única dos Trabalhadores (CUT), movimentos sociais e partidos de esquerda foi capaz de resistir ao desmonte.

O tenentismo togado, agora, propõe uma demolição do Estado e das forças produtivas que o Brasil foi capaz de construir ao longo de mais de oitenta anos. Estão na mira: Petrobras, Banco Nacional de Desenvolvimento Econômico e Social (BNDES), construção pesada e alguns setores da agroindústria. É uma crise sem precedentes. Uma crise de regime. Uma espécie de antirrevolução de 1930.

Assim como os tenentes não tinham projeto, mas apenas energia renovadora, os togados não parecem ter outra função que não seja demolir tudo. Mas o poder, como sabemos, não admite vácuo. Alguém ocupará espaços. Se o tenentismo togado cumpre a tarefa de implodir o sistema político e de minar a própria ideia de um Estado nacional forte, com vistas ao desenvolvimento, sobra o quê?

Provavelmente, uma nova ordem baseada em iniciativa privada, visão gerencial privatista, abertura do país.

Até dois ou três meses atrás, setores mais responsáveis do chamado centro democrático emitiam sinais de que era preciso "salvar a política" do avanço destrutivo representado pelo tenentismo togado. Lula era visto como o nome que, de dentro do sistema político, poderia comandar a necessária resistência. Nelson Jobim e Renan Calheiros, além do próprio FHC, chegaram a vocalizar essa estratégia. Mas o tempo parece ter passado. A crise de regime pode arrastar a todos, sem exceção.

Em 1930, brotou na última hora uma solução autoritária (Vargas) que deu sentido para a demolição da República Velha. Um sentido nacional, de desenvolvimento.

Minha impressão (e espero estar errado) é que vai surgir nos próximos meses uma liderança autoritária, que ofereça um sentido para a destruição promovida pelo tenentismo togado. Mas agora num sentido regressivo, de recolonização do Brasil.

A antirrevolução de 1930 avança, e parece que nem Lula teria força – agora – para deter a onda que se avoluma no horizonte.

4 – Estados zumbis: depois de destruir nacionalismo árabe, império avança na América do Sul (10/09/2015)

A lista é impressionante: Iraque, Afeganistão, Líbia e Síria. Em menos de duas décadas, os quatro países se transformaram em Estados zumbis. É algo muito grave, a indicar a direção para onde aponta a política expansionista dos Estados Unidos no século XXI.

Com o fim da Guerra Fria, os EUA deixaram de ter qualquer anteparo para sua estratégia de fazer tombar governos que signifiquem ameaça ao controle do petróleo no Oriente Médio ou em outras partes do planeta.

Saddam Hussein (Iraque) não era um santo. Todos sabemos. Muammar Gaddafi (Líbia) tampouco. Os dois, ao lado da família Assad na Síria, faziam parte de um movimento, o nacionalismo árabe, que significou um grito de independência desses países – que, no passado, haviam estado sob domínio turco ou europeu.

Outra característica unia os três, e era a marca também do regime forte no Egito, comandado por Hosni Mubarak, que tombou na tal Primavera Árabe: conduziam estados laicos, com um discurso pautado mais pelo orgulho nacional do que pela religião. Eram países comandados por regimes fortes, organizados, com projetos de nações independentes. Apesar de longe, muito longe, de qualquer princípio democrático.

Em nome da democracia, os Estados Unidos varreram do mapa esses governantes. A Líbia foi retalhada, debate-se em crise permanente com o confronto entre várias facções armadas. A Síria é um semiestado, em que Assad resiste em Damasco, mas vê o Estado Islâmico (EI) de um lado e os "rebeldes" armados pelos EUA/Europa de outro, avançando sobre grandes porções do território. O Iraque é agora um protetorado ocidental, sem qualquer margem para se organizar de forma independente.

Vejo alguns analistas "liberais", na imprensa brasileira, dizendo que Washington "fracassou" porque derrubou governos autoritários e, em vez de democracias, colheu o caos no Oriente Médio. Coitados. Tão ingênuos esses norte-americanos.

Ora, ora. Pode haver algo mais fácil de controlar do que populações desorganizadas, que se matam em guerras sem fim, sem a proteção de nada parecido com um Estado organizado?

O projeto dos EUA era – e é – o caos, a criação de uma grande franja que, do norte da África ao Tigre e Eufrates, chegando às montanhas do Afeganistão, debate-se no caos. É o que tenho chamado de "Estados zumbis".

Mais recentemente, a intervenção de Washington avançou para a Ucrânia. De novo, vejo quem lamente que a intervenção não tenha levado a uma democracia ucraniana em estilo ocidental. Como se o objetivo fosse esse...

Está claro que, também na Ucrânia, o objetivo era criar um estado de caos e inoperância – que, de toda forma, é melhor do que uma Ucrânia forte, unificada, pró-Rússia; essa era a ameaça antes da famosa rebelião fascista da Praça Maidan, insuflada pelos EUA, em Kiev.

A diferença é que na Ucrânia os norte-americanos encontraram resposta russa, que puxou para si a Crimeia e as regiões do leste ucraniano – onde a cultura dominante e a língua são russas. "Ok, vocês podem criar o caos na sua Ucrânia; mas na nossa não" – parece ter sido o recado de Putin a Obama.

Evidentemente, a derrubada dos governos em cada um desses países (do norte da África ao Afeganistão, da Ucrânia ao Tigre/Eufrates) seguiu motivações e roteiros próprios. Mas todas essas intervenções são parte de um mesmo movimento de afirmação da hegemonia dos Estados Unidos.

O poder imperial, em relativa crise econômica, afirma-se pelas armas de forma impressionante, mundo afora – e isso em pouco mais de quinze anos.

Vivemos o período das operações especiais, das guerras não declaradas, das rebeliões movidas a WhatsApp e vendidas como "gritos pela democracia".

O mundo se ajoelha ao poder imperial. O nacionalismo árabe, que oferecia alguma resistência ao avanço dos EUA e de seus parceiros da Organização do Tratado do Atlântico Norte (Otan), foi destroçado.

Outro polo de oposição é o que se desenha na Eurásia, com a parceria energética e logística entre russos e chineses. Por isso, Putin está sob cerco econômico, e ali – mais à frente – será jogada a partida decisiva no xadrez mundial.

Antes disso, no entanto, a política de intervenção de Washington se move para a América Latina. Honduras e Paraguai foram ensaios, bem-sucedidos.

Venezuela, Argentina e Brasil: aqui, agora, vemos avançar o projeto de criar novos Estados zumbis. Depois do nacionalismo árabe, chegou a hora de destruir o nacionalismo latino-americano. Não é por outro motivo que "bolivarianismo" virou o anátema, o palavrão, o inimigo a ser derrotado – numa ofensiva que é política, econômica e sobretudo midiática.

Claro que todos esses países têm problemas. Não quero dizer que todos os dilemas da América do Sul sejam responsabilidade do império do Norte. Não. Simplesmente, Washington aproveita as contradições e fraquezas internas em cada um desses países para assoprar a faísca do caos.

Aqui, no Brasil, a intervenção não precisa ser diretamente militar. Basta atiçar setores sob hegemonia da cultura (e da grana) dos Estados Unidos.

Recentemente, num encontro social (em São Paulo, claro), ouvi a proposta pouco sutil: "Bom mesmo seria que o Obama invadisse isso aqui e acabasse com essa bagunça". Esse é o projeto dos paneleiros no Brasil. O fim da Nação, a anexação ao império.

A próxima batalha – parece – será travada na Venezuela.

Maduro fustigou os Estados Unidos, mandando embora parte do pessoal da embaixada dos EUA em Caracas. Agora Washington reage e declara a Venezuela uma ameaça à segurança dos Estados Unidos.

Com um governo mais moderado, o Brasil também vive em estado de convulsão política. Reparem: é o Estado – e não o "lulopetismo" – que pode se desmanchar. Petrobras, políticas sociais, a própria ideia de desenvolvimento. Tudo isso está em xeque. E não é à toa.

No Brasil, vivemos uma venezuelização de mão única: apenas um dos lados aposta no confronto total. Os paneleiros querem sangue; o governo Dilma mantém a moderação verbal. Até quando?

O cenário é de um confronto que ameaça não o governo do PT, mas a ideia mesma de um Estado nacional com projeto próprio.

A própria batalha do impeachment é parte de uma guerra muito mais ampla. Essa guerra será dura, e pode durar muitos anos. O tempo da conciliação acabou.

P.S.: nos anos 1980, quando se falava da participação direta dos EUA na derrubada de governos do Cone Sul (Argentina, Brasil, Chile e Uruguai), ocorrida uma ou duas décadas antes, liberais uspianos sorriam e atribuíam a afirmação a teorias conspiratórias; com a abertura dos arquivos em Washington, conheceu-se a verdade. Parece teoria conspiratória que, depois de eliminar o nacionalismo árabe, os EUA preparem-se para um ataque na América do Sul?

5 – Lula, Dilma e o reencontro com Vargas (31/10/2010)

a) A luta que vem de longe (dia do segundo turno, pela manhã)

José Serra não deu as caras na manhã deste dia decisivo. Ele prefere a noite e as sombras. Dilma começou a jornada com um café da manhã simbólico em Porto Alegre: ao lado de Alceu Collares (PDT), Olívio Dutra e Tarso Genro (PT).

Dilma é o reencontro do PT com o trabalhismo de origem varguista. Depois de lutar contra a ditadura em organizações de esquerda marxista, Dilma optou pelo PDT quando a democracia voltou, nos anos 1980. Esteve ao lado de Leonel Brizola, foi secretária de Alceu Collares no Rio Grande do Sul. E não renega essa história, assim como não renega o passado de resistência à ditadura.

Leonel Brizola, esse grande brasileiro, costumava dizer: "Venho de longe, de muito longe". A frase tinha um sentido duplo: ele queria dizer que vinha de uma cidadezinha lá do interior gaúcho e, ao mesmo tempo, que representava uma corrente de lutas enraizada no imaginário popular. Era um contraponto ao PT que, nos mesmos anos 1980, quando surgiu, assumia um discurso de absoluta novidade, como se as lutas populares no Brasil tivessem começado apenas em 1979, com as greves do ABC.

Dilma também veio de longe. Representa as lutas sociais do Brasil, e poderíamos buscar esse fio da história nas lutas anticoloniais e antiescravistas – de Tiradentes e Zumbi. Mas fiquemos no passado mais recente...

Dilma é o tenentismo que lutou contra a República Velha. Dilma é o trabalhismo de esquerda. Dilma é o nacionalismo de Vargas – com Petrobras, BNDES e o fortalecimento do Estado. Não é à toa que o ódio da elite antinacional contra Vargas tenha reaparecido agora, misturado ao ódio contra Lula e Dilma. A candidata petista vem de muito longe.

Dilma é a Campanha da Legalidade de 1961 – movimento em que Brizola resistiu contra o golpe, entrincheirado no Palácio Piratini.

Dilma é Luiz Carlos Prestes. Dilma é Miguel Arraes. Dilma é Francisco Julião e suas Ligas Camponesas.

Dilma é Jango. Dilma é a resistência à ditadura e ao AI-5. Dilma é Lamarca, é Marighella e a esquerda de armas na mão contra a ditadura. Mas Dilma é também o MDB de Ulysses e da luta pela democracia formal. Nos anos 1970, parecia que essas duas vertentes não iriam se encontrar nunca. Mas elas se encontraram!

Dilma é a greve de 1979. Dilma é Vila Euclides. Dilma é a campanha das Diretas Já e a Constituição Cidadã, de 1988.

Dilma é Brizola. Dilma é Lula. Dilma vem de longe.

É importante eleger uma mulher, sim! Importantíssimo, e nos próximos dias poderemos avaliar isso melhor. Mas Dilma não é simplesmente "uma mulher". É uma brasileira que ousou lutar contra a ditadura, em organizações clandestinas. Isso a velha elite não perdoa. É uma marca tão forte quanto os nove dedos do operário que nunca será aceito na velha turma.

Neste dia histórico, depois de uma campanha exaustiva e lamentável por parte da direita, é preciso ainda estar atento. Porque do outro lado há gente que também vem de longe.

Serra representa o golpismo de Lacerda, Olympio Mourão, das marchas com Deus e a família. Serra, infelizmente, jogou no lixo sua história de líder estudantil e exilado no Chile, somando-se ao que há de pior na história brasileira.

Serra vem de longe também. Serra é o liberalismo de FHC, Serra é o desmonte do Estado, Serra é o Brasil dos anos 1990 – que se ajoelhava diante dos EUA e que desprezava a unidade latino-americana.

Serra é um Brasil que vem de longe nos grandes e pequenos golpes contra a democracia. Por isso, é preciso estar atento neste dia decisivo. Atento às urnas, aos boletins de urna, à fiscalização das urnas.

b) O enterro da política das sombras (dia do segundo turno, à noite)

A vitória de Dilma, agora confirmada, é a vitória de Lula e de um projeto que aposta na inclusão. É a continuidade de um governo que teve atuação marcante em quatro eixos, pelo menos:

1. Criação de um mercado consumidor de massas (recuperação do salário mínimo, do salário do funcionalismo, Bolsa Família, política mais agressiva de crédito) – teve papel fundamental no enfrentamento da crise econômica mundial de 2008, porque o Brasil deixou de depender só das exportações e pôde basear sua recuperação no mercado interno.
2. Respeito aos movimentos sociais – parceria com sindicatos, diálogo com as centrais sindicais, com o Movimento dos Trabalhadores Rurais sem Terra (MST).
3. Recuperação do papel do Estado nacional – fim das privatizações, valorização do funcionalismo, novos concursos públicos, recuperação do papel planejador do Estado (por exemplo, no campo da energia), fortalecimento dos bancos públicos (não mais como financiadores de privatizações suspeitas, mas como indutores do desenvolvimento).
4. Política externa soberana – enterro da Área de Livre Comércio das Américas (Alca), criação da Unasul, valorização de parcerias com China, Índia, Irã; fim do alinhamento com os EUA.

Dilma significa que isso tudo pode seguir. Mas a campanha agora encerrada mostrou que há pelo menos uma área em que o governo Lula errou, por timidez: a política de comunicação.

Durante a reta final do primeiro turno, o Brasil voltou a ficar refém de quatro ou cinco famílias que ditam a pauta do país. Os blogs progressistas e um ou outro meio tradicional ofereceram contraponto. Mas foi pouco. Lula mostrou, com apoio de Franklin Martins no segundo mandato, que é possível avançar muito mais nessa área!

A vitória de Dilma significa também a derrota de muita coisa. Derrota do preconceito e do ódio expressos em mensagens apócrifas, derrota de quem acredita que se ganha eleição misturando política e religião – de forma desrespeitosa e obscurantista.

Dilma no poder significa a derrota de Ali Kamel com seu jornalismo de bolinhas de papel na Globo. Significa a derrota de Otavinho Frias Filho e suas fichas falsas na *Folha*. Significa a derrota da Editora Abril e de seus blogueiros/colunistas de esgoto.

Dilma é a derrota da extrema direita que espalhou boatos, fotos falsas, montagens grosseiras e – quando desmascarada – saiu correndo apagando sites, vestígios e provas. A vitória de Dilma é a derrota da maior máquina ideológica conservadora montada no Brasil desde o golpe de 1964. Essa máquina mostrou sua cara na campanha – unindo a Opus Dei, o Vaticano e o que restou da comunidade de informações com o esquema "profissional" da comunicação serrista, que espalhou e-mails, calúnias e spams.

A consagração de Dilma significa a derrota de um candidato covarde: Serra não teve coragem de mostrar FHC na campanha, fingiu ser amigo de Lula e, no desespero, usou a própria mulher para ataques lamentáveis abrindo um debate rasteiro sobre aborto...

Nessa disputa de 2010, Serra tirou da garrafa a extrema direita. O tipo de campanha feita por ele, e que obteve mais de 40% dos votos, mostra que a máquina conservadora está à espreita. E pode voltar a atacar.

II – De Lula a Dilma
– o auge do lulismo e a eleição de 2010

1 – Folha rumo ao esgoto: a ficha falsa (19/04/2009)

Participei no último fim de semana de debate organizado pelo Fórum Permanente dos Ex-Presos e Perseguidos Políticos do Estado de São Paulo. O tema era o papel da mídia na democracia e durante a ditadura militar. O encontro ocorreu no Memorial da Resistência, sede do antigo Departamento de Ordem Política e Social (Dops) em São Paulo – base policial comandada durante a ditadura pelo delegado Sérgio Fernando Paranhos Fleury, conhecido torturador e assassino.

O debate aconteceu no mesmo dia em que a *Folha de S. Paulo* admitiu que, em edição anterior, pode ter exibido na primeira página (veja abaixo) uma ficha falsa do Dops para colar em Dilma Rousseff a marca de "terrorista".

A ficha foi usada para ilustrar reportagem sobre a participação da ministra num crime que nunca existiu: o sequestro do então ministro Delfim Netto. O selo de "capturado", que constava na ficha apresentada pelo jornal, não era comum em documentos desse tipo no Dops. O documento parece ter sido forjado por sites de extrema direita antes de ir parar na primeira página do jornal; a *Folha*, pelo visto, mantém velhas parcerias.

Ficha falsa na primeira página: imprensa "profissional" inaugurou a era das fake news.

Poucas semanas antes, o jornal usara a expressão "ditabranda" para se referir à ditadura militar brasileira, o que gerou repúdio de setores democráticos. Talvez por isso, a presença de público tenha sido tão grande no debate sobre imprensa e ditadura no Memorial: mais de 150 pessoas – incluindo estudantes, jovens trabalhadores e sindicalistas da nova geração, além de veteranos militantes de esquerda.

Tive a honra de compor a mesa ao lado de Alípio Freire (jornalista, ex-preso político) e Beatriz Kushnir (autora de *Cães de guarda*, livro que narra com detalhes a promiscuidade entre o Grupo Folha e a ditadura). A fala de Beatriz trouxe dados valiosos sobre a relação entre jornalistas e censores. Alípio ressaltou o cinismo da *Folha* ao falar em "ditabranda".

Li para o público editoriais e manchetes dos jornais brasileiros publicados em abril de 1964: todos comemoravam o golpe contra o presidente constitucional João Goulart. Ou seja, a *Folha* não foi a única a colaborar com a ditadura. Foi apenas o jornal que chegou mais longe na colaboração, emprestando até carros de entrega de jornal para transportar presos políticos – segundo relatos de alguns deles.

A ideia de que a imprensa deve ser neutra, independente e plural é algo recentíssimo na história brasileira. Trata-se de uma máscara ideológica com a qual os jornais passaram a se apresentar ao público no Brasil pós-ditadura. A *Folha* foi a pioneira, vendendo a imagem de pluralismo e independência; e assim, de quebra, escondeu o passado nebuloso. Obrigou outros diários, e até TVs, a correrem atrás dessa imagem. Ou seria melhor falar em miragem?

Isso durou aproximadamente duas décadas. Do ano 2000 para cá, a imprensa vem retirando a máscara. A pioneira foi a *Veja*, seguida por *O Globo*, *Folha* e outros.

Os jornais, no mundo inteiro, nasceram como órgãos de defesa de opinião, eram feitos para divulgar teses de facções políticas. Foi assim, por exemplo, na Revolução Francesa: Robespierre, Danton, Desmoulins tinham seus jornais e, por meio deles, tentavam conquistar público para suas teses. Não havia a ilusão de neutralidade.

No caso brasileiro, *O Tamoio* (um dos primeiros diários publicados no Rio, em 1823, pelos irmãos Andrada) era um jornal de opinião, feito para organizar o debate na Assembleia Constituinte que se instalara no pós-Independência.

Ao longo de décadas, e séculos, os jornais foram assumidamente órgãos de facção. O que vemos hoje no Brasil é apenas o retorno ao velho leito. Nada mais que isso.

Será que devemos pedir que a mídia volte a ser plural? Ou devemos construir outra imprensa, nos blogs e sites?

O ano de 2010 vai mostrar como a velha mídia brasileira levará ao limite esse movimento de regressão ao partidarismo aberto.

A ficha de Dilma foi só o primeiro aperitivo.

2 – PSDB agora defende "Bolsa Esmola" (29/08/2009)

Foi um café da manhã tardio e preguiçoso. Sobre a mesa de casa, além de broas de milho, havia o *Estadão* e *O Globo*. Tentei ler os dois, juro. Mas são insuportáveis.

Patética foi a notícia que encontrei no *Estadão*, na página A-11: "PSDB quer abandonar crítica a projetos de Lula". O jornal informa que os tucanos estão orientando as bases do partido a dar "visão positiva" dos programas sociais de Lula. O comando do PSDB não quer passar a impressão de que é contra o Bolsa Família, por exemplo. Tarefa inglória.

A base social dos tucanos na classe média de São Paulo, BH, Rio, Porto Alegre e Curitiba propaga pelas ruas e pela internet o discurso de que Lula – "o apedeuta" – só se reelegeu porque "dá esmola para os pobres". Isso é o que pensam – e dizem por aí – tucanos de coração, eleitores de Serra, Alckmin, Gabeira, Aécio, Yeda.

A Globo tentou ajudar. No primeiro mandato de Lula, sobretudo, fez matérias contra o Bolsa Família, contra as cotas nas universidades, contra os quilombolas. Só que o discurso não colou. Agora, às vésperas da eleição de 2010, os tucanos resolveram mudar: "Bolsa Família é legal, sim; a gente é que não tinha percebido".

Isso me lembra a foto do Alckmin, em 2006, vestido de "guerreiro defensor das estatais". Para não passar a impressão (impressão?) de que ia privatizar tudo se ganhasse, Alckmin achou que podia renegar – com uma foto – a história privatista do PSDB.

Não deu. Tenho um amigo tucano que votou em Alckmin no primeiro turno de 2006. Depois daquela foto, cravou Lula no segundo turno: "O cara não tem coragem de defender nosso programa, como vai governar o Brasil?", disse o amigo.

Em relação ao Bolsa Família, a esquizofrenia agora será a mesma. Os tucanos estão desesperados. Vão manter os projetos de Lula? Então para que votar na oposição? Eles não têm programa. E não têm militância. O PSDB abriu inscrições na internet para filiados que queiram se cadastrar para votar nas prévias do partido para 2010. Sabem quantos se cadastraram até agora? Mil pessoas. O partido tem (no papel) um milhão de filiados.

A base social tucana é a classe média raivosa que acredita no *Estadão*, na *Folha*, em *O Globo* e no *Zero Hora*. Esses jornais terão trabalho para convencer esse povo de que o "bolsa esmola" – como eles dizem – agora deve ser defendido.

Confuso, não? Ponho os jornais no lixo. E vou comer as broas de milho.

3 – Aécio: "Empurrado, eu não vou" (03/03/2010)

Os tucanos paulistas acham que Aécio Neves tem obrigação de ser o vice de José Serra[32]. Decidiram. E pronto.

Serra foi nesta quarta-feira a Brasília, participar de uma sessão no Congresso em homenagem ao avô de Aécio – Tancredo Neves. Deu um abraço em Aécio, com aquele jeito efusivo que é a marca do governador paulista. Aécio deve ter ficado emocionado com a demonstração de afeto. Tão emocionado que, ao final da homenagem, perguntado sobre a possibilidade de aceitar a candidatura de vice, saiu-se com uma frase do avô: "Não adianta empurrar; empurrado, eu não vou".

Precisa ser mais claro? Serra que vá sozinho, deve pensar Aécio. Pode virar letra de samba: "Não adianta empurrar; empurrado, eu não vou".

A imprensa serrista está nervosa. Não sabe o que fazer com as negativas manhosas do mineiro. Ainda mais depois do editorial do jornal *O Estado de Minas*, destacado por Luis Nassif em seu blog. Não é só Aécio que fala através desse texto. É o sentimento de toda a elite mineira. Imaginem a enrascada que os tucanos de São Paulo têm pela frente:

> Indignação. É com esse sentimento que os mineiros repelem a arrogância de lideranças políticas que, temerosas do fracasso a que foram levadas por seus próprios erros de avaliação, pretendem dispor do sucesso e do reconhecimento nacional construído pelo governador Aécio Neves. Pior. Fazem parecer obrigação do líder mineiro, a quem há pouco negaram espaço e voz, cumprir papel secundário, apenas para injetar ânimo e simpatia à chapa que insistem ser liderada pelo governador de

---

[32] No início de 2010, Aécio era governador de Minas Gerais, e Serra governador de São Paulo. Os dois disputavam a indicação do PSDB para concorrer à Presidência da República.

São Paulo, José Serra, competente e líder das pesquisas de intenção de votos até então.

Guerra aberta!

Escrevi no blog, há vários meses, que Aécio seria um candidato muito mais difícil de ser derrotado pelos lulistas: pode ser apresentado como "novidade", consegue arrastar Ciro Gomes com ele, confunde o jogo de alianças do PT. Acontece que os tucanos se renderam ao trator serrista.

A oposição tem pelo menos um terço dos votos nacionalmente, mas, politicamente, está em frangalhos. Nem Tancredo Neves daria jeito de conciliar essa gente.

4 – PT subestima velha imprensa (20/04/2010)

A campanha eleitoral avança, e o PT segue calado, quase amortecido à sombra de Lula. Trata-se de um erro. Lula uma vez disse: "Que ninguém, nunca mais, ouse duvidar da capacidade de luta da classe trabalhadora". Mas é preciso ressaltar outra ideia: que ninguém jamais ouse subestimar a capacidade de manipulação da imprensa oligárquica.

Não devemos exagerar o papel exercido pela chamada blogosfera como contraponto à velha imprensa. Ainda falamos – blogs e sites progressistas – para um público limitado. Incomodamos, é verdade. Mas não dá para comparar nosso poder de fogo com a artilharia pesada de Globo, *Veja* e – em menor escala – *Folha*, *Estadão*, *Zero Hora*, *Correio Braziliense*.

Fazemos guerrilha. Eles têm o exército convencional.

O poder da velha imprensa diminuiu bastante. Mas é preciso lembrar que em 2006, por exemplo, a eleição só foi ao segundo turno graças ao bombardeio contra Lula nas duas últimas semanas de campanha. Marcos Coimbra analisou isso de forma precisa. Quem fez a diferença em 2006? A TV Globo, sobretudo.

A Globo teria chance de ganhar a eleição para Serra em 2010? Sozinha não. O ano de 2010 não é o de 1989, quando a Globo fez de Collor o presidente. Mas a família Marinho e seus aliados do Instituto Millenium podem, sim, mover 5% ou 6% dos votos na reta final, percentual suficiente para decidir o pleito.

Há outro detalhe a ressaltar. A TV Globo precisa agir de forma um pouco mais dissimulada do que seus aliados "millenaristas". *Veja*, *Folha* e *Estadão* falam para guetos conservadores. A Globo fala para todo o Brasil. Tudo que a TV carioca não quer é ter Lula por aí a dizer: "A Globo é inimiga do povo". Pois é o que Lula deveria fazer...

Sei que no começo do ano o presidente recebeu os irmãos Marinho para uma conversa. Em tese, uma tentativa de aplainar terreno em ano eleitoral. Os Marinho fingem que são bonzinhos. Mas Ali Kamel[33] segue na coleira, pronto para ser lançado contra a candidata de Lula.

A emissora dos Marinho pode se fingir de neutra nos próximos quatro ou cinco meses. Afinal, vem aí Copa do Mundo, depois o horário político ganha peso. Mas na reta final o povo volta a acompanhar o noticiário para decidir. Se a Globo farejar que pode dar o empurrão final para garantir a vitória de Serra, Ali Kamel vai sair da coleira para agir. Em 2006, foi exatamente assim.

Subestimar o papel do *Jornal Nacional* numa reta final de eleição é desconhecer o que ainda é o Brasil. O Brasil não é a blogosfera!

O PT, estranhamente, segue calado. À sombra de Lula.

---

[33] Profissional de passado obscuro, Ali Kamel ganhou poder no jornalismo da TV Globo a partir dos anos 2000. Conhecido pela fidelidade canina à família Marinho, dirige o jornalismo da emissora e escreve artigos e livros com ideias conservadoras – entre eles, *Não somos racistas*, em que procura demonstrar a tese esdrúxula de que não há racismo no Brasil.

5 – Sobre fábulas e menosprezo (20/07/2010)

Os políticos tucanos e parte de seu eleitorado – especialmente os leitores mais desavisados de *Veja, O Globo* e outros – acreditaram em algumas fábulas sobre Dilma, espalhadas por colunistas e analistas durante a primeira fase da campanha (encerrada pouco antes da Copa do Mundo):

1. Não tem brilho próprio.
2. Não saberá se portar durante uma campanha, longe das asas de Lula.
3. Não conseguirá colar no prestígio de Lula e terá enorme dificuldade para passar de 15% nas pesquisas.

Tudo isso se mostrou falso. Os tucanos menosprezaram Dilma. E agora engrossam o discurso terrorista de campanha, para tentar recuperar o terreno perdido.

Entre os petistas, de outro lado, há quem ameace embarcar na mesma trilha. Espalham-se em alguns setores fábulas sobre a candidatura Serra e seus aliados:

1. É um néscio, que não sabe o que faz.
2. A campanha terrorista de Serra não terá nenhum efeito.
3. A mídia tradicional deixou de ter importância, e não terá força para impedir a vitória inexorável de Dilma.

Trata-se de erro grave menosprezar os adversários. Alguns enxergam na tática serrista do terrorismo eleitoral (que explora até supostas ligações da esquerda com as Forças Armadas Revolucionárias da Colômbia/Farc e o narcotráfico) um puro sinal de desespero. É bem mais do que isso.

Nos últimos meses, todos nós fomos bombardeados por e-mails lembrando o "passado terrorista de Dilma". Foi algo disseminado de forma profissional, deliberada. Antes disso, a *Folha* já se havia prestado ao serviço de estampar, em primeira página, a ficha falsa da candidata. Portanto, a atual fase da campanha é apenas o desdobramento lógico das etapas anteriores. Não é algo improvisado...

Isso basta para ganhar eleição? Não. Ainda mais num cenário em que o PT conta com um presidente aprovado por quase 80% do eleitorado. Mas o terrorismo eleitoral pode ser importante para consolidar o voto antipetista.

Serra deve garantir de 25% a 30% do eleitorado. O risco é que os ataques a Dilma façam aumentar a rejeição ao tucano. Boa parte do eleitorado brasileiro não gosta de pancadaria em campanhas. No horário gratuito na TV, Serra provavelmente vai evitar a tática de partir para cima de Dilma com ferocidade. Mas há o rádio, a internet e a imprensa amiga para fazer o serviço.

Serra precisa manter-se competitivo, com alguma chance, até a reta final da eleição. E aí chego ao terceiro dos três pontos que ressaltei acima: engana-se quem acha que a mídia anti-Lula não terá papel a exercer na campanha contra Dilma.

Essa mídia talvez não consiga garantir a vitória de Serra. A Globo não pode se dar ao luxo de voltar a ser carimbada como golpista. Seria um risco enorme. Mas se, na reta final, sentir que há espaço para empurrar Serra ao segundo turno, não tenham dúvidas: vão repetir 2006! O método Ratzinger[34] vai se revelar de novo implacável.

Por isso, os lulistas devem evitar o erro de menosprezar adversários que lutam pela sobrevivência – política ou econômica – e que vão usar todas as armas numa guerra suja. Essa não será uma eleição para quem tem estômago frágil.

---

[34] O diretor de jornalismo da TV Globo, Ali Kamel, era chamado de Ratzinger em alguns setores da emissora, por sua preocupação em manter o conteúdo jornalístico sob rígido controle e dentro de uma linha ideológica estritamente conservadora. Joseph Ratzinger (que viria a se transformar no papa Bento XVI) operava nas sombras durante o papado de João Paulo II, da mesma forma que Kamel na emissora carioca.

6 – Debate pálido: saudades de 1989 (06/08/2010)

A frase de Guimarães Rosa, estampada no cabeçalho do blog *Escrevinhador*, lembra: "Toda saudade é uma espécie de velhice". Hoje especialmente me senti mais velho.

Bateu uma saudade danada de outros tempos, ao assistir esse primeiro debate na Band entre os presidenciáveis.

O que vi foi triste, desmaiado, sem força nem brilho.

A melhor coisa foi aquele compacto que a Band apresentou no início, com cenas dos confrontos antigos. Brizola briga com Maluf em 1989: "filhote da ditadura" para cá; "desequilibrado" para lá. Depois, Lula e Collor se estranham.

Saudade. Velhice.

A segunda melhor coisa do debate foi o Plínio de Arruda Sampaio, veterano socialista, chamando a Marina de "ecocapitalista" e o Serra de "hipocondríaco" (o tucano só falava de saúde). Na verdade, Serra acertou tecnicamente. Pesquisas mostram que a saúde é dos pontos mais vulneráveis no governo Lula. Ele bateu nisso até não poder mais. Não tem outra escolha, precisa comer pelas beiradas. E até tentou, mas sem confrontar a figura de Lula. Tudo muito estudado, dentro do figurino.

E a Dilma? Sejamos francos: começou insegura, atrapalhada. Não terminava uma resposta no tempo. Não sabia se olhava para o adversário ou para a câmera. Alguém precisa avisar a candidata que um minuto é tempo de mais para ficar virada de lado para a câmera! O telespectador quer olhar nos olhos dela!

Depois, Dilma melhorou um pouco. Quando Serra insistia na saúde, ela devolvia com os empregos gerados na era Lula. Não deixou que o tucano pautasse todo o debate. Mas Dilma não passou emoção, não conversou com o eleitor. Parecia uma cachoeira de números rolando sobre a tela. Só melhorou no fim, quando jogou Lula na cara de Serra.

Serra também errou de câmera uma ou duas vezes. Mas estava mais solto. Aliás, dentro do esperado – porque o tucano já foi candidato a presidente, já disputou umas dez eleições. E Dilma nunca disputou; ainda tem muito chão pela frente...

O momento mais constrangedor foi o poeminha que Marina declamou no encerramento, em homenagem a um tal de Dado (menino que ela encontrou numa favela durante a campanha). Eu estava quase dormindo, achei que fosse sonho. O que foi aquilo?

Tive saudade até do Aureliano Chaves (muitos nem se lembram dele), um grandalhão candidato pelo Partido da Frente Liberal (PFL) em 1989 e que tinha sido vice-presidente do ditador João Figueiredo; ele nunca sabia quando perguntar, quando responder. Era um trapalhão engraçado.

Como disse o Plínio, esse primeiro debate de 2010 foi um desfile de bom-mocismo. Sem alma. Sem política. Como se o mundo já estivesse resolvido.

Entre o primeiro e o segundo blocos, a audiência estava em quatro pontos – muito abaixo da Globo. E o debate terminou como começou. Insosso.

Que saudade de 1989! Acho que vou sonhar com Aureliano Chaves…

7 – A vida é um moinho (19/08/2010)

A Stephanie é estagiária da redação. Trabalha muito, carrega fitas para lá e para cá, ajuda a apurar informações, está sempre ligada na notícia do dia. Em poucas palavras: ainda nem terminou a faculdade, mas está doida para aprender como se faz o tal jornalismo diário.

Pois bem. Numa noite dessas, ela estava na mesa de trabalho, ao lado deste escrevinhador e de Marco Aurélio Mello – que é editor do *Jornal da Record* e também comandante em chefe do blog *Doladodelá*. A Stephanie tinha um olho no computador e outro na TV, para acompanhar o telejornal. De repente, entra a notícia: "Vox Populi – Dilma 45%, Serra 29%. Dilma pode ganhar no primeiro turno".

O Aurélio e eu nem nos mexemos, mas a Stephanie arregala os olhos: "Gente, eu jurava que o Serra ia ganhar".

O Aurélio sorri.

"Eu leio a *Veja*, leio todos os jornais, e pelas notícias eu tinha certeza de que o Serra ia ganhar disparado".

O Aurélio sorri. Sorrio também.

"Por que vocês estão rindo? Eu não tenho a experiência de vocês, mas acompanho as notícias, e tudo indicava que a Dilma não ia conseguir nada nessa eleição".

Só aí o Aurélio resolve falar: "Acho que você andou lendo os jornalistas errados".

A Stephanie é mais uma vítima da velha imprensa, que briga com os fatos. A velha imprensa, que deu espaço para Montenegro prever que Dilma não passaria dos 15%. Deu espaço para ficha falsa de Dilma na primeira página. Deu espaço para colunistas e comentaristas dizerem os maiores absurdos sobre Lula, Dilma e o Brasil.

Essa turma enganou o seu público. Enganou a Stephanie.

Essa turma tem todo o direito de escolher um lado. Nos blogs, muita gente também escolhe um lado. Mas a velha imprensa não faz só isso. Ela esconde os fatos, e briga com a realidade.

A Stephanie – que não é tão ligada em política, não é militante, e só quer se informar – já percebeu que algo estranho ocorreu. Quantos leitores, ouvintes e telespectadores também estão percebendo?

Como diria o Cartola, naquela letra belíssima da canção *O mundo é um moinho*: "Quando notares, estás à beira do abismo, abismo que cavaste com teus pés".

No abismo não vão cair a Stephanie e o restante do público. Vai cair essa turma que briga com os fatos.

A vida é um moinho, e vai reduzir as ilusões a pó!

8 – Dilma é o encontro do PT com Vargas (24/08/2010)

Getúlio Vargas morreu há exatos 56 anos: meteu uma bala no peito em 24 de agosto de 1954. Enterrado em São Borja (RS), segue mais vivo do que nunca.

Já houve quem quisesse enterrá-lo, politicamente. Foi o então presidente Fernando Henrique Cardoso, logo depois de eleito em 1994. Não conseguiu. E parece que está amargurado com isso.

O programa que FHC propôs ao Brasil (desnacionalização, abertura total dos mercados, privatização – em suma, a receita neoliberal dos anos 1990) morreu. FHC não consegue um candidato para defendê-lo. Serra em 2002, Alckmin em 2006 e Serra de novo em 2010: todos fugiram de FHC. Três tucanos envergonhados, e um programa derrotado.

Vivo, FHC está morto e enterrado.

Morto há 56 anos, Vargas segue mais vivo do que nunca.

Dilma representa o encontro do PT com a boa herança varguista. Marxista na juventude, quando lutou contra a ditadura, Dilma filiou-se ao PDT nos anos 1980. Foi secretária de Alceu Collares, no Rio Grande do Sul. Era uma brizolista – herdeira do programa e da história de Vargas.

Dilma hoje é a candidata de Lula e do PT. Candidata de um programa que defende o respeito aos movimentos sociais, a independência nacional, o resgate do papel do Estado e o desenvolvimento de um forte mercado interno. Os três últimos pontos eram também o cerne do programa varguista – especialmente em seu segundo governo, nos anos 1950.

A candidata tem consciência da carga histórica que carrega. Uma carga que só a faz mais forte. Sobre isso, reproduzo a seguir declarações feitas por ela e por dois ex-presidentes, em momentos distintos da história, que me foram enviadas pelo leitor Mirabeu Leal – inicialmente publicadas pelo site Carta Maior:

> Já houve quem dissesse que era necessário virar a página do getulismo no Brasil. Mas não se vira a página de quem nos deixou a Petrobras, o BNDES, o salário mínimo e a proteção aos trabalhadores. (Dilma Rousseff, 18/06/2010)

> [...] o caminho para o futuro desejado ainda passa, a meu ver, por um acerto de contas com o passado... Resta, contudo, um pedaço do nosso passado político que ainda atravanca o presente e retarda o avanço da sociedade. Refiro-me ao legado da era Vargas — ao seu modelo de desenvolvimento autárquico e ao seu Estado intervencionista. (Fernando Henrique Cardoso, discurso de despedida do Senado Federal, 14/12/1994)

> Mais uma vez, as forças e os interesses contra o povo coordenaram-se e novamente se desencadeiam sobre mim. Não me acusam, insultam; não me combatem, caluniam, e não me dão o direito de defesa. Precisam sufocar a minha voz e impedir a minha ação, para que eu não continue a defender, como sempre defendi, o povo e principalmente os humildes. Contra a justiça da revisão do salário mínimo se desencadearam os ódios. Quis criar liberdade nacional na potencialização das nossas riquezas através da Petrobras e, mal começa esta a funcionar, a onda de agitação se avoluma. A Eletrobras foi obstaculada até o desespero. Não querem que o trabalhador seja livre. Não querem que o povo seja independente. (Getúlio Vargas, carta-testamento, 23/08/1954)

9 – Serra buliu com os granadeiros (29/08/2010)

> "Eu os identifico a todos. E são, muitos deles, os mesmos que, desde 1930, como vivandeiras alvoroçadas, vêm aos bivaques bulir com os granadeiros e provocar extravagâncias do poder militar".

A frase acima é de Castelo Branco, o primeiro general-presidente da ditadura instalada em 1964. Ele desprezava os civis que viviam a bater na porta dos quartéis para pedir a intervenção militar contra a turma de Vargas e Jango. No fim, Castelo ajudou a dar o golpe, mas seguiu a desprezar as "vivandeiras alvoroçadas".

Lembrei-me da frase ao ler que Serra foi ao Clube da Aeronáutica, no Rio, e pediu para falar sem a presença da imprensa. Péssimo sinal. Queria provocar extravagâncias, mas sem testemunhas por perto. Não adiantou. O portal IG publicou o que Serra, aos berros, teria dito aos militares: "O PT criou uma República sindicalista".

O tucano, desesperado e crispado de ódio pela eleição que lhe escapa entre os dedos, apela para o discurso de extrema direita. É o mesmo linguajar dos golpistas de 1964 – que agora transborda da boca de um ex-líder estudantil, perseguido pela ditadura.

Serra mudou de lado. Virou uma vivandeira, a bulir com os granadeiros.

10 – O bombardeio do JN, igual a 2006 (09/09/2010)

Em 2006, a tática no JN, da Globo, nas duas últimas semanas antes do primeiro turno, era colocar três contra um. Geraldo Alckmin, Cristovam Buarque e Heloisa Helena tinham um minuto cada um no telejornal para perguntar "de onde veio o dinheiro apreendido com os aloprados". Lula, candidato à reeleição, ganhava um minuto para tentar responder.

Naquele ano, a campanha virou samba de uma nota só no JN: era a melodia que interessava à oposição. Parecia que nada mais existia no Brasil, a não ser o "escândalo". Com quinze dias de bombardeio, mais a foto do dinheiro criada pelo delegado Bruno (e ainda o erro de Lula por ter faltado ao último debate), a mídia virou 5% dos votos e levou assim a eleição para o segundo turno.[35]

Agora, quatro anos depois, o JN repete o bombardeio. Mas de forma mais sutil. Nessa quarta-feira, conferi atentamente. Primeiro, uma reportagem sobre os partidos: PSDB acusa PT de quebrar sigilos, e o PT se defende. É a pauta que interessa a Ali Kamel. Não ao Brasil. Na sequência, mais três sobre o dia dos candidatos. Serra entra primeiro e fala – adivinhem? – sobre a quebra de sigilo. Dilma aparece na sequência para se defender. A repórter que narra a reportagem sobre Dilma ainda avisa que a candidata não falou diretamente sobre o tema. Dilma não falou diretamente, mas era isso que a Globo queria colocar no ar. Então virou a pauta do dia.

Onde está a sutileza? Na terceira candidata. Marina apareceu por último falando de... projetos para melhorar a vida das crianças. Serra e Dilma ficam na pancadaria – desagradável para o eleitor. E Marina aparece depois, correndo por fora, como a "boa moça" da campanha.

---

[35] Em 2006, eu trabalhava na Globo como repórter especial. Ao lado de outros colegas, insurgi-me contra a cobertura eleitoral enviesada da emissora e, por isso, acabei demitido. Na época, escrevi uma carta aberta aos colegas jornalistas que, talvez, possa ser lida hoje como um documento sobre as operações midiáticas nas vésperas de eleições no Brasil. Minha carta de 2006 está publicada como anexo, ao fim desta coletânea.

A tática, a essa altura, é a seguinte: bater em Dilma e no PT durante vinte dias. A tentativa é brecar o crescimento da petista. Serra pode até não subir muito. A tentativa parece ser a de empurrar Marina para roubar votos de Dilma com o escândalo.

A Globo entrou no jogo. Precisa garantir que a vitória de Dilma não seja avassaladora, que a petista fique na defensiva. E que o PT não vença em São Paulo.

Serra, que na terça-feira tinha prometido deixar o escândalo de lado, não manteve a palavra nem por 24 horas. Parece não ter escolha. A essa altura, ele já não comanda a campanha, mas é pautado pelos meios de comunicação – desesperados com a derrota iminente.

11 – Lula e Dilma cedem; a velha mídia ataca (16/09/2010)

Para atacar o centro do poder e da coligação lulodilmista, a velha mídia se aliou a um empresário que já passou dez meses na cadeia. Luis Nassif, em seu blog, explicou quem é o empresário que serviu de "fonte" para a *Folha* na nova denúncia envolvendo o nome da (agora) ex-ministra da Casa Civil Erenice Guerra.

Acho normal que a imprensa vasculhe as relações de personagens próximos aos principais candidatos. É a tal função fiscalizadora do poder. Uma questão curiosa: por que a fiscalização é unilateral e seletiva? Nos velhos jornais e revistas, nenhuma palavra sobre Ricardo Sérgio, sobre Gregório Marin Preciado e tantos outros personagens próximos a Serra. Leandro Fortes escreveu sobre o silêncio generalizado – na velha mídia – a respeito da denúncia que ele próprio levou às páginas da *CartaCapital*, mostrando de que forma a empresa de Verônica Serra, a Decidir, quebrou o sigilo de milhões de brasileiros.

Esse é o jogo. Sujo. Por isso, desde que Dilma passou Serra nas pesquisas, dedico-me a escrever aqui: calma, gente. Serra está em queda, a mídia já não tem tanto poder. Mas juntos podem, sim, provocar estragos.

A *Folha* derrubou Erenice. Esse é o fato. Um jornal que perdeu muita força, mas que hoje – como produtor de conteúdo para as edições do JN e para os programas de Serra na TV – ainda tem algum peso.

As pesquisas mostram que grande parte do eleitorado não deixa de votar em Dilma por conta do escândalo.

1. Nas camadas médias, Dilma caiu após o bombardeio; se dependesse apenas desse segmento, a eleição iria para segundo turno.
2. Nos setores populares e mais próximos do lulismo, o escândalo não pega; o que poderia pegar é o terror religioso; e isso está em marcha, como já escrevi.

Por agora, os números indicam vitória de Dilma no primeiro turno, e Serra ainda tem que pagar um preço alto por bater tanto: cresce a rejeição ao tucano. Mas, para forçar o segundo turno, basta que Dilma perca votos – mesmo que Serra não os ganhe. Para isso, existe Marina Silva. Ela é claramente contra o aborto, evangélica, pode receber parte dos votos que Dilma venha a perder se a campanha do terror religioso prosperar.

Dilma tem 51% das intenções de voto, Serra 27% e Marina 11%. Se calcularmos que Plínio e os nanicos chegarão a 1%, teremos o seguinte quadro: Dilma 51% x todos os outros 39%. Parece muita diferença, mas não é. A diferença é de doze pontos. Portanto, bastaria Serra tirar seis pontos de Dilma, transferindo esse total para Marina, Plínio e para ele próprio.

Impossível? Eu não acho. Tenho dito isso há três meses. E se agora vierem mais quinze dias de bombardeio, como em 2006? Vocês acham impossível virar seis pontos percentuais? O guru indiano, os pastores e padres de direita, os Civita, o Ali Kamel, a família Marinho e o Serra não acham. Nem eu. Lamento estar em péssima companhia.

Mesmo que Dilma vença no primeiro turno, terá que pagar um preço altíssimo pelo fato de Lula não ter usado sua força para enfrentar esse complexo midiático – transformado em partido político. Dilma iniciará o governo já na defensiva, encurralada pela velha mídia e sem o apelo da mística lulista.

Um quadro político complicado. Mesmo que hoje os números das pesquisas e da economia apontem o contrário.

12 – Passei calor para atentar contra as liberdades (24/09/2010)

Fui ao Sindicato dos Jornalistas de São Paulo ontem para "atentar contra a liberdade de imprensa". Foi assim que a velha mídia brasileira definiu o ato convocado para a noite dessa quinta-feira: seria uma manifestação contra as liberdades, promovida por "entidades chapa-branca", mais um passo na escalada rumo à ditadura lulopetista.

Desconfio que o noticiário acabou atraindo mais gente ao ato. Quando cheguei ao sindicato, por volta das 19h30, percebi que centenas de lulocomunistas tinham chegado antes de mim. Confesso: não foi fácil atentar contra as liberdades!

A perigosa horda de malfeitores já se aglomerava na rua, nos corredores, nas escadarias, dificultando a entrada no auditório Vladimir Herzog. Depois de muito empurra-empurra, finalmente cheguei ao auditório, e me aboletei num cantinho, bem ao lado de um ventilador; no ambiente calorento, aquele era o lugar ideal para atentar contra a liberdade de imprensa!

Fiquei esperando a ordem para aquela massa ignara marchar até o prédio da *Folha*, e iniciar assim a ditadura do proletariado, obrigando Otavinho a publicar textos do Fidel Castro na página dos editoriais. Mas acho que o pessoal estava com preguiça de fazer a revolução.

Repórteres da *Folha*, do *Estadão* e da Editora Abril – bravos defensores da liberdade ameaçada – misturavam-se aos raivosos lulocomunistas. E, pasmem, não foram importunados. Tomaram nota de tudo, calmamente, para depois estampar a verdade absoluta sobre o ato nas páginas impolutas dos jornais e das revistas para os quais trabalham.

Confesso também que estranhei um pouco quando vi o Gilmar Mauro (do MST) e a Luiza Erundina, deputada do Partido Socialista Brasileiro (PSB), discursando. Os dois foram aplaudidos de forma empolgada. Seriam eles também ameaças à liberdade de imprensa?

A fala da Erundina, emocionante, fechou o ato – que atraiu cerca de seiscentas pessoas ao local. Quando aquele povo perigoso começava a se dispersar, alguém teve a ideia de puxar o Hino Nacional. Não foi nada combinado, a iniciativa partiu da plateia. Debaixo do ventilador, pensei:

esses lulocomunistas são mesmo perigosos, além de tudo agora fingem que são patriotas.

13 – Onde estavam os militantes? (03/10/2010)

Acordei antes das seis horas da manhã neste domingo e segui para a gelada São Bernardo do Campo. Para quem não sabe, a cidade do Lula fica na beira da Serra do Mar. Quando chega frente fria, o vento e a garoa ali são cortantes.

Talvez isso é que tenha afastado os militantes da porta do prédio do presidente Lula. Nas outras eleições em que estive lá na condição de repórter – e foram várias –, a rua ficava tomada de bandeiras, de militantes. Dessa vez, só jornalistas. E a garoa.

Acompanhei a saída de Lula – sem tumulto, sem emoção. Ele votou numa escola do município. Ali, houve alguma comoção. Mas era diferente de outras eleições. Não vi muitos militantes do PT. O que havia era o povo, feliz por ver o presidente.

Quando Lula se foi, não vi petistas brigando pelos "últimos votos rumo à vitória" (como muita gente diz aqui na internet). No mundo das ruas, longe dos sites e da pancadaria eletrônica, esse foi um dia de votação cinzento. Sem vermelho, nem azul, nem verde.

Depois que Lula rumou para Brasília (de lá, acompanharia a apuração), segui para outro mundo: Campo Belo, bairro da zona sul de São Paulo, onde voto. Já foi um reduto malufista; hoje, a maioria é PSDB. De novo, nada de campanha. Os tucanos estavam tristes, quietos. Não havia camisetas, adesivos, nada.

Lembro bem que nos anos 1990 os militantes malufistas eram barulhentos, orgulhosos de levar no peito a marca do velho líder. Este ano, não havia nada disso. Os tucanos, brincou um amigo, pareciam ligeiramente esverdeados – apostando em Marina.

O Brasil virou um país normal. Eleição não é novidade. Até conheço gente que tentou "virar" votos de última hora, conversando com amigos. Mas esse boca a boca foi travado sem paixão, com as posições já consolidadas e argumentos muito objetivos.

Por fim, há que se levar em conta um preço que o PT e a esquerda pagam por determinadas escolhas. Lula, como diz meu amigo Luiz Carlos Azenha, fez o país avançar sem politizar o povo. É o oposto do que faz Chávez. É uma aposta no pragmatismo.

Ok, talvez a opção de Lula seja mais madura, mais democrática – por mais que a direita que baba (e como baba) enxergue em Lula e no PT "riscos para a democracia". Mas quando a água sobe e a direita vem com tudo, faltam ao povo lulista argumentos políticos para impedir a sangria de votos. Como se contrapor aos boatos de cunho religioso de que Dilma é contra a vida, contra Jesus e a favor do aborto?

Os lulistas, nos fundões deste Brasil, não estavam preparados para esse debate (difícil, eu reconheço). Por isso, em vez de debater a sério a necessidade de separar Igreja e Estado, Lula e o PT preferem pôr a candidata para batizar a neta. Eu sei: travar esse debate agora seria trágico. Dilma só perderia voto. Melhor ir para o batizado. Compreendo.

Como diz um amigo lulista, com quem jantei ontem em São Paulo: "Acho que nós é que viramos maioria silenciosa".

A esquerda sempre foi barulhenta. Hoje, quem faz barulho é a direita, são os conservadores. Tudo parecido com o quadro nos EUA, onde o Tea Party espalha que Obama é muçulmano e socialista. Enquanto a direita brasileira bate pesado (na mídia e nas igrejas), a esquerda (ou centro-esquerda, vá lá), sob liderança de Lula, optou por um trabalho silencioso.

O lulismo precisa prestar atenção a isso: como enfrentar – sem politização – o bombardeio que certamente virá no segundo turno, e nos próximos anos? Apostar só em Lula, no carisma do líder, não parece uma opção das mais seguras.

O Brasil avançou na economia e nos indicadores sociais. Agora, precisa avançar na política – pela esquerda.

14 – O círculo da direita: teocracia e medo
(07/10/2010)

Com a generosa ajuda da velha mídia brasileira, e uma mãozinha da candidatura de Marina Silva, Serra conseguiu pautar a reta final do primeiro turno e o início do segundo com uma temática religiosa. É um atraso gigantesco para o Brasil.

Parte dos apoiadores de Dilma acha que a campanha do PT deve fugir desse debate, recolher apoio de evangélicos e católicos, e rapidamente mudar de assunto.

Penso um pouco diferente. É evidente que essa temática religiosa não é o que interessa para o Brasil. Mas, se Serra escolheu o obscurantismo, é preciso mostrar isso à população. A esquerda, tantas e tantas vezes, foge dos enfrentamentos. Desse enfrentamento não deveria fugir.

O Brasil precisa comparar os resultados econômicos e sociais de FHC e Lula. E precisa de politização, precisa que se enfrente o pensamento conservador. Essa é uma boa hora para desmascarar a intolerância religiosa. Aliás, é preciso tomar cuidado ao associar apenas evangélicos a esse discurso intolerante. Os ataques mais coordenados e mais perigosos partem da Igreja Católica.

É preciso – com muito cuidado e respeito pelos milhares de católicos e evangélicos que praticam a religião apenas para confortar suas almas, e para difundir o amor ao próximo – lembrar que já houve um tempo em que a religião mandava na política.

No Brasil Colonial, tivemos a inquisição católica a prender, torturar e executar. A intolerância religiosa já matou muito no mundo inteiro. Aprendemos isso na escola, ou deveríamos aprender. Se Serra quer travar esse debate, devemos perguntar se o que ele deseja é um Estado teocrático. É isso? Do lado de Serra certamente ficará muita gente. Mas tenho certeza de que do outro lado ficará o que há de civilizado neste nosso país.

Na Espanha, esse debate é feito nas eleições. O Partido Popular (PP), que é conservador, tem uma parceria muito próxima com a Opus Dei e com o catolicismo mais reacionário. O Partido Socialista Operário Espanhol (PSOE), social-democrata, não tem medo de assumir a defesa de um Estado laico – respeitando as práticas religiosas.

O PSOE ganhou eleição prometendo união civil de homossexuais. A direita católica do PP realizou marchas, com quase um milhão de pessoas, contra essa plataforma. Levou bispos e padres (de batina e tudo) para as ruas. O PP tentou intimidar o PSOE. O que fez a centro-esquerda? Encarou o debate, deu uma banana para o terrorismo religioso, e ganhou.

É preciso ter coragem. O círculo da direita se fecha. "A ideologia da direita é o medo", já nos ensinava Simone de Beauvoir.

A intolerância e o medo é que levaram o *Estadão* (que, diga-se, abre espaços para a Opus Dei) a demitir Maria Rita Kehl por ter escrito um artigo que contraria a linha oficial de "somos Serra até a morte". Nas redações, não há espaço para dissenso: levante a cabeça e ela será cortada.

A *Folha* (com ficha falsa em primeira página), o *Estadão* (que demite colunista favorável a Dilma), a *Veja* (com seu esgoto jornalístico a céu aberto) e a Globo (sob comando de Ali "não somos racistas" Kamel) são a armada a serviço desse contra-ataque conservador. Lula parece ter minimizado essa articulação e acreditado que enfrentaria tudo no gogó – sem politizar o debate. Não deu certo. É preciso enfrentamento, politização.

Não dá para fazer de conta que isso não está acontecendo. Há espaço para uma centro-direita civilizada no Brasil? Claro. Mas essa direita que avança com Serra não merece respeito. Merece ser combatida tal como o fez Ciro Gomes.

Com coragem.

15 – A ficha falsa: da *Folha* ao poste na periferia (09/10/2010)

A ficha falsa de Dilma, publicada na primeira página da *Folha* no ano passado, chegou à periferia de São Paulo.

Uma leitora enviou-me as fotos que ela mesma fez, mostrando a ficha afixada nos postes e pontos de ônibus da zona leste. Anotem aí: essa é a próxima onda preparada pela campanha de Serra: a Dilma guerrilheira. A mídia (*Folha*, *Veja* e Globo) ajuda, mas o que vale mesmo é o corpo a corpo – na internet, na boataria que ganha as ruas.

A ficha falsificada vira munição de campanha.

A campanha de Dilma demorou a perceber que o perigo – no primeiro turno – não vinha só da grande mídia, mas da boataria conservadora disseminada pelas igrejas.

A bala de prata não era uma só. Eram várias. E seguem fazendo efeito.

Se, em vez de consultar apenas pesquisas qualitativas e marqueteiros, a campanha do PT prestasse atenção ao que está na internet, teria reagido antes. Escrevemos durante três semanas sobre a boataria religiosa. Dilma só reagiu a três dias da eleição.

Agora, apresentamos aqui as fichas que foram colocadas nos postes da periferia. É terrorismo completo.

Não se brinca com a direita. Há uma campanha muito bem montada para entregar o Brasil à direita. A ela aderiu Serra, o sujeito que militou na esquerda na juventude, cuja biografia pode ser resumida assim: da Ação Popular (AP) à Tradição, Família e Propriedade (TFP).

Se Serra ganhar, com essa coalizão que está ao lado dele, teremos terra arrasada e um clima de conflagração no Brasil.

16 – Dilma joga para a militância, com firmeza (11/10/2010)

O primeiro debate do segundo turno, na Band, foi assim: audiência baixa, cerca de três pontos. Quem estava acompanhando? O público mais ligado em política – dos dois lados. Dilma falou para a militância. E surpreendeu positivamente a todos.

A turma do PT – meio ressabiada porque esperava liquidar tudo no primeiro turno e porque não via reação da campanha à onda difamatória das últimas semanas – recebeu uma injeção de ânimo.

Em vez de bater pesado no horário político gratuito (visto por um público maior, que poderia rejeitar a estratégia mais dura), Dilma deu as respostas no debate – assistido pela militância. Foi estratégia inteligente, certeira.

Serra, ao que parece, não esperava por isso. Engoliu em seco várias vezes. E acusou o golpe, falando que Dilma estava "agressiva". Machismo puro. Mulher quando enfrenta o adversário é "agressiva".

O tucano é mal-acostumado. Tem a sua volta uma imprensa amiga, que não o incomoda. E quando aparece um jornalista ou outro a fazer pergunta "inconveniente", ele liga para a redação e pede a cabeça do repórter. Ou então confisca as fitas (como fez depois de uma entrevista para a Márcia Peltier, na CNT).

Ao fim do debate, eu olhava para o Serra (que parecia aturdido e contrariado por apanhar tanto) e pensava comigo: será que ele vai ligar para o Lula e pedir a cabeça da Dilma?

Durante uma panfletagem no Rio, há poucas semanas, Serra pôs a mulher dele a acusar Dilma de "matar criancinhas": é o papo sujo do aborto. Quando ficou frente a frente com Dilma, no domingo (10 de agosto), ele não sustentou a frase. Fugiu. E não defendeu a mulher. Covardia típica de machão. Ainda por cima, não gostou da Dilma "agressiva".

No conteúdo, Dilma foi bem ao desmascarar a campanha de calúnias e ao marcar na testa de Serra o rótulo de "privatista". Tão incomodado Serra ficou, que naquela entrevista rápida pós-debate fez questão de dizer: "Sou defensor das empresas estatais".

Sentiu o golpe.

Mauricio Stycer, ótimo repórter do UOL, postava no Twitter pouco depois do encerramento: "Petistas comemoram e tucanos criticam estratégia de Dilma".

Esse também é um bom resumo.

Os petistas gostaram de ver a candidata firme. Esse debate volta a lançar otimismo para o lado dilmista. E projeta sombras para o lado dos tucanos.

Essa campanha já teve vários momentos:

1. No início do ano, os tucanos menosprezaram Dilma, espalharam que ela não tinha personalidade, e era um "poste"; o menosprezo fez com que fossem surpreendidos pela arrancada de Dilma dos 15% a mais de 50% nas pesquisas.
2. Em setembro, foi o PT que menosprezou a capacidade de reação dos tucanos e de seus aliados midiáticos; denúncias e boatos levaram votos para Marina, garantindo segundo turno.
3. Agora, já se ouvia na internet o discurso dos tucanos: "Ah, o PT perdeu uma eleição ganha; agora Serra vai crescer até a vitória, Dilma está perdida, e a eleição está no papo".

Os tucanos sentaram na cadeira antes da hora. A soberba parece ter castigado Serra nesse domingo. Ele entrou no debate confiante demais. Apanhou até ficar tonto.

Dilma recuperou o favoritismo inconteste. E, dessa vez, sem a soberba que deu errado no primeiro turno.

É o quadro que vejo nesta segunda-feira, a vinte dias da eleição.

17 – Cadê o Lula? (14/10/2010)

É hora de jogar as "qualis" fora. As "qualis" são subproduto da marquetagem. Com base nas pesquisas qualitativas, a campanha de Dilma, na reta final do primeiro turno, achou que estava tudo tranquilo e que a eleição estava decidida. Na internet e nas ruas, duas semanas antes, quem tem faro já percebia que a boataria religiosa e a campanha de calúnias estavam a mil por hora.

Ok. Veio o segundo turno. Um amigo diz que o PT achou melhor deixar Lula fora da campanha, porque as qualis mostram que é preciso reforçar a imagem de Dilma. Ela precisa ganhar luz própria. Sabem o que eu acho? Joguem as qualis fora e chamem o Lula.

Sejamos objetivos: Dilma não vai reforçar imagem nenhuma em duas semanas. Ela tem uma história respeitável, e pode ser boa administradora. Mas a Dilma, como candidata, existe por causa do Lula.

Foi Lula quem levou Dilma do quase anonimato para os 55% que ela chegou a ter em agosto. Agora, os gênios da marquetagem acham que é preciso "guardar o Lula".

Lula será usado na hora certa, dizem alguns. A hora certa era na volta do segundo turno, quando Dilma sofreu o maior ataque conservador da história brasileira recente. Lula era (e é) o escudo que pode impedir essa campanha caluniosa e nefasta de fazer mais estragos.

Sobre os números das últimas pesquisas, é preciso dizer:

1. Serra cresceu bastante do primeiro para o segundo turno; teve 33 milhões de votos no dia 3, e agora parece ter conquistado mais 12 milhões dos 20 milhões de votos totais que Marina recebeu no primeiro turno.
2. Dilma cresceu pouco: teve 47 milhões de votos dia 3, e parece ter conquistado entre 4 e 5 milhões, no máximo (incluindo os poucos eleitores de Marina, mais à esquerda, e parte do eleitorado de Plínio).

Dilma teve 47% dos votos válidos dia 3. E agora tem algo entre 52% e 54%. Serra teve 33% dos válidos. E agora tem algo entre 44% e 47%.

É muito provável que a quinzena final da eleição traga Dilma e Serra em empate técnico. Para a petista, o que é mais grave não são os números, mas a tendência: Serra está em alta, e ela está praticamente parada. Isso significa que Dilma caminha inexoravelmente para a derrota? Não.

Lembro-me da campanha de 1989. Collor chegou ao segundo turno com o dobro de votos de Lula. Só que Lula chegou em alta. Lula foi o beneficiário de uma onda que uniu Brizola, Covas, Miguel Arraes e Luiz Carlos Prestes numa grande frente de centro-esquerda. Lula foi subindo, como foguete. Collor, impávido, não reagia.

Dez dias antes da eleição, uma pesquisa chegou a apontar vantagem para Collor no limite da margem de erro: Collor 48% e Lula 44%. Aí, Collor reagiu. Levou à TV a bomba atômica: um depoimento nojento de uma ex-namorada de Lula (mãe da filha dele) dizendo que o petista era a favor do aborto. A bomba atômica freou o crescimento de Lula, que parecia caminhar para a vitória certa.

Dilma tem a bomba. A bomba é Lula. Lula precisa ir para a TV e dizer a verdade: "Votar no Serra é jogar fora os avanços dos últimos anos; o PSDB governa para os ricos. Vocês querem isso?".

Lula tem mais força do que bispos católicos, Globo, *Veja* e as difamações. Não há vergonha nenhuma em assumir isso: Dilma é Lula. Lula é Dilma.

O resto é marquetagem. É hora de jogar a marquetagem fora.

18 – Exclusivo: dona da gráfica é filiada ao PSDB (17/10/2010)

Já passava das duas da manhã deste domingo. Na porta da gráfica Pana, no Cambuci, região central de São Paulo, um grupo de cinquenta a sessenta pessoas seguia de plantão para evitar a distribuição dos panfletos (supostamente encomendados pelo bispo católico de Guarulhos) recheados de mistificação religiosa e de ataques contra a candidata Dilma Rousseff. Mais um capítulo da guerra suja travada nessa que já é a mais imunda eleição presidencial desde a redemocratização do Brasil.

Na internet, durante a madrugada, outro plantão: tuiteiros, blogueiros e leitores de todo o Brasil buscavam informações sobre os donos da gráfica e sobre as possíveis conexões deles com o mundo político.

Stanley Burburinho e Carlos Teixeira fizeram o trabalho. Troquei com eles algumas dezenas de mensagens. E essa apuração colaborativa levou à seguinte descoberta: uma das sócias da gráfica Pana é filiada ao PSDB desde 1991!

Trata-se de Arlety Satiko Kobayashi, vinculada ao diretório da Bela Vista, região central de São Paulo. Nenhum problema com a filiação de Arlety ao partido que bem entender. O problema é que a gráfica de sua propriedade foi usada para imprimir panfletos aparentemente encomendados por um bispo, mas que "coincidentemente" favorecem o candidato do partido dela.

Publicamos no blog o contrato social da empresa – em que Arlety Kobayashi aparece como uma das sócias – e a lista de filiados do PSDB, em que ela aparece no diretório zonal da Bela Vista.

Mais um detalhe: Arlety é também funcionária pública, tem cargo na Assembleia Legislativa de São Paulo. E tem um sobrenome com história entre os tucanos: Kobayashi. Paulo Kobayashi ajudou a fundar o partido, ao lado de Covas, e foi vereador e deputado por São Paulo.

Arlety surge como doadora da campanha de Victor Kobayashi ao cargo de vereador, em 2008. Victor concorreu pelo PSDB.

A conexão está clara. Os tucanos precisam explicar:

1. Por que o panfleto com calúnias contra Dilma foi impresso na gráfica de uma militante do PSDB?

2. Quem pagou: o bispo de Guarulhos, algum partido, ou a igreja?

Os panfletos do Cambuci são mais uma prova da conexão nefasta que, nessa eleição, aproximou os tucanos da direita religiosa – jogando no lixo a história de Covas, Montoro e tantos outros que lutaram para criar um partido moderno, que renovasse os costumes políticos do país. Serra lançou esse passado no esgoto – e promoveu uma campanha movida a furor religioso.

Há mais mistérios entre o céu e o Serra do que supõe nossa vã filosofia. Mistérios que não serão decifrados por teólogos, mas por delegados e agentes federais. É caso de polícia. E não de religião.

19 – Debate morno: alívio no PT, Paulo Preto incomoda tucanos (18/10/2010)

O debate na Rede TV, na noite desse domingo, foi talvez o mais morno desde o início da campanha eleitoral. Nada parecido com o que se viu na Band semana passada. Dilma e Serra pareciam cansados, esgotados depois de tantas viagens pelo país, e depois de tanta tensão desde o primeiro turno.

O melhor trecho foi quando os jornalistas puderam fazer perguntas aos candidatos – fórmula parecida com a adotada pela Record no primeiro turno. Foram perguntas duras, diretas, bem formuladas. Para Dilma, sobre Erenice. Para Serra, sobre Paulo Preto. Foi o pior momento para Serra no debate.

Isso ocorre porque Serra não está acostumado a ser apertado pelos jornalistas nem a ser confrontado. A imprensa amiga – especialmente em São Paulo – permite a Serra passar anos e anos sem ser incomodado. Dilma, apesar de menos experiente nesses embates, está mais acostumada a apanhar da imprensa.

O mais curioso foi a fórmula encontrada por Serra para explicar por que disse num dia que não conhecia Paulo Preto e, no dia seguinte, saiu em defesa do ex-assessor (entre uma e outra declaração, Paulo Preto deu uma entrevista fazendo ameaças veladas aos tucanos): "Eu disse que não conhecia Paulo Preto porque eu o conhecia como Paulo Souza, aliás, pra mim, Paulo Preto é até um tratamento racista".

Todos no PSDB chamam de Paulo Preto o ex-diretor da companhia de Desenvolvimento Rodoviário S.A. (Dersa) – estatal paulista que administra milhões de reais na construção de rodovias. E Serra não sabia. Curioso.

As informações que chegam do PT são de que a distância entre Dilma e Serra está um pouco maior do que no início da semana, chegando perto dos dez pontos.

Informações que devem ser tomadas com reserva, naturalmente. Mas se a primeira semana do segundo turno foi de pânico entre os dilmistas, a segunda termina com decepção para os serristas: eles, que chegaram a falar em vitória na terça (12/10), quando até *trackings* do PT mostraram diferença de apenas cinco pontos entre os dois, viram a diferença se alargar de novo.

Dilma lidera por uma margem que não chega a ser confortável a ponto de permitir relaxamento para os petistas.

Serão quinze dias quentes.

Dilma enfrenta a maior máquina de propaganda conservadora no país desde 1964. O susto no fim do primeiro turno colocou em alerta os militantes e a liderança lulista mais combativa: não se pode mesmo menosprezar as forças que estão do outro lado. Eles vão tentar de tudo, e ainda vão aprontar muito até o dia 31.

20 – Bolinha de papel: o dia em que até a Globo vaiou Ali Kamel (22/10/2010)

Passava das nove da noite dessa quinta-feira quando, como acontece nas ocasiões em que o *Jornal Nacional* traz matérias importantes sobre temas políticos, a redação da Globo em São Paulo parou para acompanhar nos monitores a reportagem sobre o episódio da "bolinha de papel" na cabeça de Serra.

A imensa maioria dos jornalistas da Globo/SP (como costuma acontecer em episódios assim) não tinha a menor ideia sobre o teor da reportagem, que havia sido editada no Rio com um único objetivo: mostrar que Serra fora, sim, agredido de forma violenta por um grupo de "petistas furiosos" no bairro carioca de Campo Grande.

Na quarta-feira, Globo e Serra tinham sido lançados ao ridículo porque falaram numa agressão séria – enquanto Record e SBT mostraram que o tucano fora atingido por uma singela bolinha de papel. No *Viomundo*, blog do jornalista Luiz Carlos Azenha, vocês podem comparar as reportagens das três emissoras. Globo e Serra tiveram que enfrentar o incômodo de ver o presidente Lula dizer que Serra agira feito o Rojas (goleiro chileno que simulou ferimento durante um jogo no Maracanã).

Ali Kamel não podia levar esse desaforo para casa. Por isso, na quinta-feira, preparou um VT especial – exemplar típico do jornalismo kameliano. Foram sete minutos no ar para "provar" que a bolinha de papel era só parte da história. Teria havido outra "agressão". Faltou apenas localizar o Lee Oswald de Campo Grande!

O JN contorceu-se, estrebuchou para provar a tese de Kamel e Serra. Os editores fizeram todo o possível para cumprir a demanda kameliana, mas o telespectador seguiu sem ver claramente o "outro objeto" que teria atingido o tucano. Serra pode até ter sido atingido duas, três, quatro, cinquenta vezes. Só que a imagem da Globo de Kamel não permite tirar essa conclusão.

Aliás, vários internautas (como Marcelo Zelic, em ótimo vídeo postado aqui no *Escrevinhador*) mostraram que a sequência de imagens – quadro a quadro – não evidencia a trajetória do "objeto" rumo à careca lustrosa de Serra.

Mas Ali Kamel precisava comprovar sua tese. E foi buscar um velho conhecido (dele), o perito Ricardo Molina. Quando o perito apresentou sua tese no ar, a imensa redação da Globo de São Paulo – que acompanhava a reportagem em silêncio – desmanchou-se num enorme "uuuuuhhhhh!", mistura de vaia e suspiro coletivo de incredulidade.

Boas fontes – que mantenho na Globo – contam-me que o constrangimento foi tão grande que um dos chefes de redação da sucursal paulista preferiu fechar a persiana do "aquário" (aquelas salas envidraçadas típicas de grandes corporações) de onde acompanhou a reação dos jornalistas. O chefe preferiu não ver.

A vaia dos jornalistas, contam-me, não vinha só de eleitores da Dilma. Há muita gente que vota em Serra na Globo, mas que sentiu vergonha diante do contorcionismo do JN.

Terminado o telejornal, os editores em São Paulo recolheram suas coisas e abandonaram a redação em silêncio – cabisbaixos alguns deles.

Sexta pela manhã, a operação kameliana ainda causava estragos na Globo de São Paulo. Uma jornalista com muitos anos na casa dizia aos colegas: "Sinto vergonha de ser jornalista, sinto vergonha de trabalhar aqui".

Serra e Kamel não sentiram vergonha.

21 – Dilma e o marqueteiro: erros e acertos (10/11/2010)

O marqueteiro de Dilma, João Santana, deu uma longa entrevista a Fernando Rodrigues, jornalista da *Folha*. Foi brilhante em vários momentos, por exemplo, quando mostrou o erro brutal da oposição ao subestimar Dilma.

Em outra passagem, o marqueteiro lembrou até a sofisticação de conceitos do antropólogo pernambucano Gilberto Freyre: foi quando disse que Dilma pode ocupar um lugar vazio na cultura política brasileira – a "cadeira da rainha". Definição sutil e precisa.

Falei dos méritos da entrevista. Agora, faço a crítica. Santana disse que o fator determinante para levar a eleição ao segundo turno foi o caso Erenice. E minimizou a boataria religiosa. Nesse caso, parece-me que o marqueteiro procurou encobrir um erro estratégico da campanha que ele dirigiu. Ao apontar o caso Erenice como decisivo, ele joga a responsabilidade no governo Lula (ou no PT). E tira o corpo fora.

A realidade não foi essa. Quem acompanhou de perto a eleição sabe: o caso Erenice freou o crescimento de Dilma, sim. Mas, apesar do escândalo, Dilma seguia na liderança, com folga para liquidar a fatura em primeiro turno, até que os adversários passaram a usar a estratégia do terror.

Aqui no blog, vocês são testemunhas, escrevi duas semanas antes do primeiro turno que a boataria religiosa corria solta nos subterrâneos. E a campanha não reagiu.

O PT e (pelo visto) também o marqueteiro estavam preparados para balas de prata convencionais. E o que veio foi uma ação sombria. Contra ela não havia estratégia.

O pouco caso da campanha do PT diante da boataria religiosa, na reta final do primeiro turno, quase custou a vitória de Dilma. Além disso, Santana parecia despreparado para o segundo turno. A campanha bateu cabeça durante uma semana. O marqueteiro e os coordenadores fingiram que tudo devia seguir "como planejado".

O que garantiu a vitória, em minha humilde opinião? O debate na Band, o primeiro do segundo turno – quando Dilma partiu para cima de Serra e mudou a pauta da eleição: trouxe Paulo Preto à cena, carimbou Serra como caluniador, falou abertamente sobre o episódio de Mónica Serra. Foi isso que motivou a militância e virou a pauta do segundo turno.

O debate na Band foi no dia 10 de outubro. Nos dias 11 e 12, os *trackings* internos da campanha do PT chegaram a mostrar que a diferença entre Dilma e Serra era de apenas cinco pontos (refletindo ainda o mau momento de Dilma na semana anterior). Lá pelo dia 14, depois de quatro dias de repercussão do episódio de Paulo Preto, e com a militância reanimada, Dilma recuperou terreno. Lembrem-se de que o Datafolha de 15 de outubro mostrou diferença de sete pontos (um alívio geral para os petistas, àquela altura).

Os dias 11, 12 e 13 de outubro foram os mais difíceis de toda a campanha para Dilma. Os tucanos acharam que podiam ganhar. E o PT achou que a vitória podia, sim, escapar. Lembrem-se de que foi nesse período que Sérgio Guerra, presidente do PSDB, chegou a dizer: "O país caminha para uma transição rumo a um novo governo e o PT não quer aceitar". E FHC anunciou que chamaria Lula para uma conversa. Os tucanos acreditaram que a virada estava a caminho. E ela poderia ter vindo.

Se Dilma tivesse seguido o palpite de manter o time na retranca, hoje Serra poderia ser o presidente da República. E, em vez de João Santana, Luiz Gonzalez é que estaria dando entrevista para a *Folha*.

22 – Lula avisa: serei blogueiro, tuiteiro (24/11/2010)

A dinâmica da entrevista não foi a ideal, certamente: só uma pergunta por entrevistado, sem possibilidade de réplica, para que os outros blogueiros pudessem perguntar também. Em coletivas convencionais, repórteres brigam pelas perguntas, atropelam-se uns aos outros muitas vezes; os blogueiros combinaram de agir de outra forma.

Além disso, faltaram as mulheres (só Conceição Oliveira entrou, via Twitcam). Fizeram muita falta.

Mas o importante é registrar o fato histórico: blogs sem ligação com nenhum portal da internet foram recebidos pelo presidente da República numa coletiva no Palácio do Planalto. E os portais tradicionais (quase todos) abriram janelas na capa para transmitir a entrevista ao vivo.

Não sei se os leitores têm a dimensão do que isso significa: quebrou-se o monopólio. Internautas puderam fazer perguntas, via Twitter. O mundo da comunicação se moveu. Foi simbólico o que vimos hoje.

A velha mídia vai seguir existindo. Ninguém quer acabar com ela. Mas já não fala sozinha.

Quanto ao conteúdo, importante registrar o anúncio de Lula de que, quando "desencarnar" da presidência (expressão repetida várias vezes durante a coletiva), vai entrar na internet: "Serei blogueiro, serei tuiteiro".

O presidente deixou algumas questões sem resposta. Não explicou de forma convincente dois pontos: por que o Brasil não abre arquivos da ditadura e por que Paulo Lacerda foi afastado da PF e da Agência Brasileira de Inteligência (Abin) depois da Satiagraha. Sobre esse último ponto, Lula chegou a comentar: "Tem coisas que não posso dizer como presidente da República". Frustrante. O mistério ficou. Paulo Lacerda contrariou quais interesses?

Os blogueiros não perguntaram sobre reforma agrária. Falha grave. Nem sobre saúde. E sobre política externa nada disseram. Felizmente, Lula desembestou a falar sobre o tema, mesmo sem ser perguntado, contando um ótimo episódio de bastidores sobre as conversas dele com o líder iraniano.

Natural que muitas perguntas tenham se concentrado na questão das comunicações. É essa a batalha que move os blogueiros. Mas ainda bem que surgiram também outros temas, como direitos humanos, jornada de trabalho, fator previdenciário, Judiciário, composição do Supremo.

Poderíamos ter feito mais, sem dúvida. Da próxima vez, devemos debater melhor a composição da bancada de entrevistadores. Importante é que esse canal está aberto.

23 – Dói o fígado de *O Globo*: por que será? (25/11/2010)

O jornal da família Marinho publicou chamada na capa sobre a entrevista de Lula aos blogueiros. E, numa página interna, estampou matéria de alto de página sobre a coletiva no Palácio do Planalto. O objetivo, evidentemente, era esculhambar os blogueiros e o presidente da República.

Achei muito engraçado: a turma de Ali Kamel está perdida. Passar recibo dessa forma a meia dúzia de blogueiros? Isso mostra o quê? Que eles temem a blogosfera. O fígado dói porque eles já não falam sozinhos no Brasil.

Alguns amigos me escreveram para perguntar se não seria necessária uma resposta para *O Globo*. Outro bom amigo, o Beto Pandini, ligou cedo para avisar: "Você não pode deixar de ler *O Globo*, a cobertura deles sobre a entrevista com Lula é de rolar de rir".

Concordo com o Beto. É engraçado *O Globo* chamar os blogueiros de "chapas-brancas".

As Organizações Globo cresceram sob a ditadura, de braços dados com os militares. Depois, nomearam Antônio Carlos Magalhães para ministro das Comunicações de Sarney. Na sequência, elegeram Collor. E ajudaram o país a vender suas estatais na era FHC. Essa é a história da TV Globo e de *O Globo*. Conheço bem, até porque lá trabalhei por doze anos.

Globo, *Folha*, Editora Abril e outros estão esperneando contra os blogueiros. É o ódio de quem já não pode ditar os rumos do país sentado na varanda da casa-grande – esse tempo se foi.

Alguns de nós, que estávamos na sala do palácio a entrevistar Lula, no passado éramos vistos apenas como possíveis empregados da velha mídia. Hoje, podemos também ser concorrentes. Ainda que de forma modesta. Isso eles não perdoam.

De minha parte, digo sempre: tenho lado e me orgulho disso. Sou de esquerda e defendo as ações do governo Lula que considero favorecerem a justiça social e o avanço do Brasil. Resguardo, no entanto, o direito de criticar tudo aquilo que achar necessário. E procuro não brigar com os fatos.

O Globo também tem lado. Finge que não tem. E assim se torna ainda mais ridículo.

O lado em que está *O Globo* vive hoje na defensiva. Maior sinal disso é que tenha passado recibo gigantesco: o velho jornal carioca gastou papel, manchetes e mentiras para atacar meia dúzia de blogueiros "sujos".

Como diz o Beto, é até engraçado.

24 – 2010: o ano dos blogs sujos e do Sujinho (29/12/2010)

Este foi dos anos mais duros – e mais ricos – da minha vida de jornalista, blogueiro e cidadão.

Fui a Joanesburgo, no meio de 2010, cobrir a Copa do Mundo. Gostei de ver de perto a engrenagem do futebol – essa megaempresa mundial. E adorei, sobretudo, conhecer a África – ainda que de forma limitada, com as lentes embaçadas pelo espetáculo da bola.

Muitas lembranças boas ficaram. Uma tarde de rúgbi no Soweto, uma boa conversa com a bailarina que, durante o apartheid, dava aula de dança para negros e brancos, desafiando o regime racista; a visita ao Cabo da Boa Esperança, ou Cabo das Tormentas (histórias de navegantes portugueses sempre me emocionam), com mar bravio e paisagem maravilhosa; e a Cidade do Cabo, tão linda. Quero voltar para lá em breve.

No primeiro semestre, fundamos o Centro de Estudos Barão de Itararé. Ideia do Altamiro Borges. Quando ele me ligou, no fim de 2009, com o convite para que eu entrasse na diretoria do Barão, cheguei a desdenhar: "Mas, Miro, pra que outra entidade na área de comunicação?". Ele me convenceu. E o Barão já fez muito. Foi no lançamento do instituto que surgiu a ideia de organizar um encontro nacional de blogueiros. Ideia do Azenha, que viu esse movimento florescer nos Estados Unidos. E que nós colocamos em prática aqui no Brasil.

Foi uma delícia organizar o encontro. Primeiro, pelas reuniões. Todas elas no glorioso Sujinho, o bar-restaurante paulistano. Serra deve ter ficado sabendo, por isso resolveu chamar (acusar?) os blogueiros de "sujos". Assumimos o apelido, como uma medalha!

Mas o melhor foi ver o evento acontecer em São Paulo, no mês de agosto. Trezentos e tantos blogueiros de dezenove estados. Uma trabalheira organizar isso tudo. Mas uma maravilha conhecer tanta gente boa.

Logo depois, a pauleira da eleição presidencial. A mais suja da história; e aí a culpa não foi nossa. Era bola cantada.

Tive o orgulho de participar das batalhas – ajudando a desmontar farsas e a iluminar um pouco o caminho: a bolinha de papel, o aborto, a gráfica dos panfletos...

Naquele sábado em que os panfletos foram encontrados em São Paulo, passei a madrugada com mais dois companheiros internéticos fuçando arquivos e documentos que ajudaram a descobrir a verdade: a gráfica pertencia à irmã de um dos coordenadores de campanha de Serra. Foi furo nosso, da blogosfera, e o *Escrevinhador* deu a história em primeira mão!

Tenho orgulho também de ter dito, três semanas antes do primeiro turno, que a bala de prata não era uma só. Mas uma sequência de balas.

Aí veio o segundo turno. Horrível. Mas com momentos hilários – como a tentativa de Serra de virar um Lacerda. Em vez de tiro no pé, levou bolinha de papel na cabeça. De todo jeito, foi tiro no pé.

A vitória de Dilma foi importante. Histórica. Dilma derrotou Serra e a direita religiosa. Derrotou também Ali Kamel, Otavinho e o bando tresloucado de colunistas de *Veja*, *Estadão* e adjacências.

O que não deve nublar a verdade: o PT tentou ganhar sem fazer política. Quem politizou a eleição de 2010 foi Serra. Pela direita. Obrigando Dilma a buscar apoio da militância no segundo turno.

O Brasil conheceu uma nova direita. A nova classe média, gestada na era Lula, já nasceu conservadora. A médio prazo, a equação pode não fechar para a esquerda. Isso ficou claro na campanha dominada por aborto, bispos, padres, pastores e reuniões com milicos de pijama.

O PT mostrou-se uma máquina eleitoral, cada vez mais afastado do "voto de opinião" e das antigas bases. Elegeu bancada forte apoiando-se no prestígio de Lula. Mas abriu mão de sustentar valores de esquerda. Essa omissão (ou opção) pode custar caro mais tarde.

Novembro ainda foi mês cheio de emoções, com a entrevista histórica de Lula aos blogueiros. Um marco que muitos não entenderam. *O Globo* entendeu e desceu o sarrafo, passou recibo com chamada em primeira página. Algo se moveu na comunicação.

Tive também a alegria de ver uma série de reportagens sobre sítios clandestinos de tortura ser premiada pelo Movimento de Justiça e Direitos Humanos (MJDH), de Porto Alegre. Foi trabalho árduo de uma equipe grande da TV Record – com destaque para Luiz Malavolta e Tony Chastinet.

No mesmo ano, o trabalho na TV me deu a alegria de ir à Copa e de recontar um pedaço perdido da história da ditadura. Nada mau. Sem falar em mais uma meia dúzia de séries de reportagens especiais e de entrevistas (na Record News) das quais – quase sempre – só tenho motivos para orgulho.

Neste ano de 2010 também passei a escrever para a revista *Caros Amigos*. Estreei a coluna "Tacape" no mês em que meu ídolo – o doutor Sócrates – era capa da revista. E o mais curioso: o "colega de página" era Fidel Castro. Que responsa!

Cheguei a dezembro quase sem gás. Tirei uma semana de férias no Uruguai. Visitei as ruas, os cafés e as livrarias de Montevidéu, conheci praias lindas e travei contato com a prosa e a poesia de Mario Benedetti. Um respiro ao lado da Teresa, minha mulher.

Descanso agora em São Paulo, que está estranhamente vazia, e no dia 30 pego o avião para cobrir a posse de Dilma e a despedida de Lula. De Brasília, pretendo atualizar o blog com as impressões do dia 1º de janeiro. A era Lula acabou. Acabou? Tenho dúvidas...

O ano de 2010 foi intenso. Só comparável a 1989, quando eu ainda era um estudante e militante nas ruas – sem internet, com mais esperanças e também com mais ilusões. Daquela vez, senti o gosto da derrota. Dessa vez, sinto-me vitorioso – como tantos brasileiros. Mas sem ilusões. O que talvez seja uma vantagem.

III – Dilma e os impasses do Lulismo

– a crise de 2013 e a campanha de 2014

1 – A fama de Pochmann e o pernil de Delfim (16/02/2011)

Essa história de oferecer cem dias de trégua para o governo que se inicia é um modismo que vem dos EUA, mas faz algum sentido. É um tempo mínimo para que as equipes se organizem e para que as primeiras diretrizes sejam tomadas, indicando os rumos da nova administração.

O governo Dilma não chegou nem à metade dos cem dias. Ainda assim, já é possível identificar algumas tendências – não só do governo que começa, mas também do quadro político brasileiro.

Neste primeiro texto, vou me concentrar na economia.

Os primeiros sinais do governo Dilma indicam reversão da política expansionista adotada no segundo governo Lula para enfrentar a crise econômica mundial iniciada em 2008. O ministro Guido Mantega, da Fazenda, teve papel fundamental em 2009 e 2010, ao adotar um programa que em tudo contrariava a velha fórmula utilizada pelos tucanos em crises anteriores: quando o mundo entrou em recessão, com os EUA lançados à beira do precipício, o Estado brasileiro baixou impostos, gastou mais e pôs os bancos estatais a emprestar.

O Brasil saiu bem da crise – maior, gerando emprego, e ainda distribuindo renda. Lula, quando falou em "marolinha" naquela época, foi tratado como um néscio. E Mantega, ao abrir as torneiras do Estado, foi tido como um estúpido economista que se atrevia a rasgar a bíblia neoliberal.

Lula pediu que o povo seguisse comprando. Os tucanos (e os colunistas e economistas a serviço do tucanato) diziam que era hora de "apertar os cintos". Lula e Mantega, ao contrário, soltaram as amarras da economia e evitaram o desastre.

As primeiras medidas adotadas por Dilma vão no sentido inverso: corte de despesas estatais, alta de juros, aumento moderado do salário mínimo. É fato que a inflação em alta impunha algum tipo de medida para frear a economia. Mas a fórmula adotada agora indica um conservadorismo, ou tecnicismo, a imperar nas primeiras decisões do governo Dilma. Não é à toa que a velha imprensa se derrama em elogios à nova presidenta, tentando abrir entre Dilma e Lula uma cunha: Lula era o populismo "atrasado" e "irresponsável", Dilma é a linha justa: discreta, moderada, a seguir a velha fórmula liberal de gestão.

As centrais sindicais fazem grande barulho por conta de o salário mínimo subir apenas para R$ 545. Acho positiva a pressão. O movimento sindical deve criar um espaço para mais autonomia em relação ao governo. Mas, modestamente, acho que a medida mais danosa adotada pela administração Dilma, nesse início, é a alta dos juros.

O impacto dos juros altos é devastador para a estrutura econômica brasileira. O aumento da taxa serve para frear a demanda (e, assim, segurar a inflação), mas tem o efeito colateral de atrair cada vez mais dólares para o Brasil. Isso é ruim? Em parte é. Com os juros brasileiros em alta, investidores do mundo inteiro despejam aqui dinheiro que não vem para investimento, mas para o cassino financeiro. E qual a consequência? O real fica cada vez mais forte em relação ao dólar. Já bate em R$ 1,65. Isso provoca um estrago sem precedentes na indústria nacional. Fica muito mais fácil importar do que produzir qualquer coisa aqui no Brasil.

Meses atrás, entrevistei na Record News o professor Marcio Pochmann, presidente do Instituto de Pesquisa Econômica Aplicada (Ipea). Ele, que é uma das melhores cabeças do governo, dizia-me que o Brasil corre o risco de se perder na fórmula fácil da "fama".

Não se trata do Big Brother Brasil. A "fama", diz Pochmann, é a mistura de fazenda com indústrias maquiladoras (como as existentes no México).

Ou seja: com câmbio desfavorável, por causa dos juros altíssimos que inundam o país com dólares, o Brasil só conseguiria manter competitividade na agricultura contentando-se com o papel de grande fazenda do mundo, a fornecer grãos e carne para chineses e europeus. Do lado da indústria, aconteceria algo parecido ao que ocorreu no México depois de assinar o Nafta, tratado de livre comércio com EUA e Canadá. A indústria mexicana foi dizimada. Quase tudo vem pronto de fora, e o México mantém apenas maquiladoras para fazer a montagem final dos produtos (aproveita-se, para isso, a mão de obra barata do país).

O Brasil tem um parque industrial sofisticado – construído a duras penas, desde a era Vargas. Nossa indústria parece ter resistido às ondas de abertura recentes. Mas tudo tem limite.

Em artigo na *CartaCapital*, o ex-ministro Delfim Netto – a quem se pode criticar por ter servido à ditadura, mas que nunca desistiu de pensar no futuro do Brasil – tratou desse assunto de forma incisiva:

> Não é preciso ser economista para entender uma coisa simples: cinco anos atrás, quando não se falava de desindustrialização, as condições importantes para o trabalho das indústrias eram as mesmas que são hoje. Qual é a única grande diferença entre o que tínhamos naqueles anos e o que temos hoje? É um câmbio extremamente valorizado por uma política monetária que mantém a taxa de juros brasileira no maior nível do mundo. O Brasil continua sendo aquele pernil com farofa à disposição do sistema financeiro internacional, mesmo fora da época das festas.

As primeiras medidas econômicas tomadas pela equipe de Dilma podem indicar um caminho perigoso na direção da "fama" do Pochmann e do "pernil com farofa" do Delfim.

Lula e Palocci, dirão alguns, começaram do mesmo jeito em 2003, lançando os juros na estratosfera. A diferença é que o Brasil vinha de uma campanha eleitoral, em 2002, em que se tinha vendido para o mercado (ou pelo mercado) o "risco Lula". Era preciso evitar o risco. Agora, Dilma encontrou o país crescendo, bem arrumado.

O governo Dilma vai significar um movimento em direção ao centro, com a gestão "técnica" da economia que tanto encanta colunistas e economistas tucanos?

A presença de Mantega na Fazenda parece indicar que não... Ou que nem tanto.

Dilma chegou a afirmar em entrevistas que uma das metas de seu governo – além de eliminar a pobreza extrema – seria trazer os juros reais do

Brasil para patamares "civilizados". Pode ser que a meta seja essa, a médio prazo. Mas o risco é se perder no meio do caminho.

2 – PT rumo ao centro, oposição na UTI (25/02/2011)

Dias atrás, fiz um balanço centrado nas ações econômicas de Dilma nos primeiros dias de governo. Agora, faço o balanço político.

Os sinais evidentes são de um governo que ruma para o centro. Isso já estava desenhado desde a campanha eleitoral de 2010. Lula havia feito movimento semelhante ao escolher José Alencar para vice e ao lançar a "Carta ao povo brasileiro", em 2002. Mas o movimento de Lula não tinha nitidez institucional. Ele se aproximou de personagens avulsos no mundo empresarial (além de Alencar, Jorge Gerdau e Abilio Diniz), e não fechou aliança formal com o Partido do Movimento Democrático Brasileiro (PMDB), mas apenas com pequenos partidos conservadores: Partido Liberal (PL), depois Partido da República (PR), PTB e PP.

O movimento de Dilma é mais claro, mais institucional. Michel Temer na vice-presidência. PMDB na aliança formal. O início de governo aprofundou esse movimento. Ao adotar, agora, prática econômica apoiada pelos liberais, Dilma capturou a simpatia (real? duradoura?) de setores da mídia que estiveram fechados com Serra durante a campanha. Faz o mesmo em relação à política internacional (menos terceiro-mundista do que Lula, como comemora a *Folha* em editorial nesta sexta-feira). E já há sinais de que o governo pode abandonar a proximidade estratégica que mantinha com movimentos como o MST – sinais que vêm de dentro do Instituto Nacional de Colonização e Reforma Agrária (Incra), por exemplo. A conferir.

Lula já ocupara a esquerda e a centro-esquerda; agora, o projeto petista expande-se alguns graus mais – rumo ao centro!

Esse movimento é fruto também dos erros de Serra durante a campanha de 2010. Muita gente avalia que a votação expressiva (de 44 milhões de votos no segundo turno) significou apenas meia derrota para o paulistano da Mooca. Do ponto de vista numérico e eleitoral, isso é verdade. Mas a derrota política de Serra foi acachapante.

Serra abriu mão de defender o programa liberal e privatizante do PSDB, e escondeu o ex-presidente FHC. Depois, tentou se mostrar como o "verdadeiro" herdeiro de Lula, ajudando assim a legitimar o lulismo. Na reta final, de forma errática, aderiu a um discurso conservador amalucado, trazendo temas morais, como o aborto, para o centro do debate.

Serra fez, portanto, um duplo tuíste carpado rumo ao precipício: primeiro, legitimou o lulismo; depois, afundou-se rumo à direita. Achou que podia ganhar assim. E, de fato, ficou perto de ganhar. Mas, no fim, a "meia derrota" eleitoral significou "derrota e meia" política.

Lula e Dilma sabem que é mais fácil enfrentar os tucanos, desde que eles se mantenham na direita.

Lula tem apoio forte tanto da esquerda tradicional (sindicalistas e movimentos sociais) quanto do povo deserdado que vê nele um novo "pai dos pobres". Dilma joga para a classe média urbana e pragmática, que – em parte – preferiu Marina no primeiro turno de 2010.

Dilma, com essas ações, deixa muita gente da esquerda confusa e irritada. Mas que se reconheça: é estratégia inteligente.

Qual o risco disso tudo?

O risco é embaralhar a política e apagar as diferenças.

Paulo Henrique Amorim costuma dizer que, sem politização, a classe C de Lula vai eleger um Berlusconi em 2014.

O petismo conta com Pelé no banco. Se o quadro ficar confuso, chama-se Lula. Arriscado. Mas esse parece ser o jogo. Gostemos ou não.

3 – Privatas do Caribe: o livro de Amaury (05/09/2011)

Na tela do computador, o título chamativo: *A grande lavanderia*. Logo abaixo, um pequeno resumo explica o que são "as ilhas que lavam mais branco...". É o capítulo quatro, de um total de quinze que já seguiram para a editora. Agora, falta a revisão final. E, depois, tudo vai para a gráfica.

À frente do computador, o jornalista responsável pela investigação: Amaury Ribeiro Junior. "Olha essa frase, tá bom isso, ocê não acha? Hem? Hem?", ele saboreia cada capítulo como se fosse um filho.

"Siga o dinheiro, ele sempre conta a história", diz Amaury, resumindo o foco de uma apuração que durou dez anos. O repórter premiado começou a investigar os caminhos (e descaminhos) do dinheiro das privatizações da era FHC quando ainda era repórter de *O Globo*. Pergunto se conseguiu publicar alguma coisa no jornal carioca: "Ocê é doido, rapaz, eles não mexem com isso, não!".

O Amaury tem um jeito de matuto. Numa profissão em que jovens jornalistas gostam de se vestir como se fossem executivos do mercado financeiro, ele prefere a simplicidade. E com esse jeito de mineiro que não está entendendo bem o que se passa em volta, consegue tudo: papéis, documentos, informações.

Sobre a mesa de trabalho, o caos criativo. Parte daquela papelada vai parar no livro, na forma de anexos: são documentos que ajudam a contar a história. "Tá bom o livro, não tá? Hem? Hem?". Quase todas as frases do Amaury terminam com esse "hem, hem!".

Outro colega passa em frente à mesa do Amaury e finge que vai levar parte dos documentos: "Ocê é doido? Faz isso não". Depois, emenda uma frase meio enrolada. Parece que ele usa aquela tática do velho Miguel Arraes: metade do que o Amaury diz a gente não entende. Mas o que ele escreve é fácil de entender.

O capítulo quatro conta a história da Citco, empresa com sede nas Ilhas Virgens Britânicas. "E o que é a Citco?", eu pergunto. "A Citco é uma espécie de barco dos corsários, é por ali que o dinheiro circula". Segundo Amaury Ribeiro Junior, a Citco é especializada em abrir empresas offshore. O termo vem da época dos corsários de verdade: "Eles saqueavam os mares, e depois escondiam o fruto dos saques offshore, ou seja, fora da costa, longe dos olhos das pessoas", explica o repórter.

Em setembro de 2010, publiquei no *Escrevinhador* um aperitivo sobre o tema: "Citco, esse é o mapa da mina". Agora, recebo mais detalhes, que estarão no livro. "Quem já usou esse esquema, Amaury?", pergunto. "Os doleiros do Banestado usavam, a turma da Jorgina usava nas fraudes da Previdência e a turma que faturou com as privatizações também usou". É o que Amaury vai explicar (e provar, ele garante) no livro *Os privatas do Caribe*. Hoje, ele me mostrou alguns capítulos. Já estão todos prontos.

Vocês se lembram que, durante a campanha eleitoral de 2010, Amaury foi acusado de quebrar o sigilo da família de Serra, num esquema que serviria ao PT? Amaury nega tudo. Ele tem certeza de que as acusações – publicadas com destaque na imprensa serrista – eram uma retaliação: "Os tucanos sabiam que eu tinha investigado isso tudo, e que a investigação ia virar livro, tentaram me queimar". Na reta final da eleição, um emissário de Serra chegou a procurar Amaury. O jornalista acha que os tucanos queriam propor algum tipo de acordo...

Ao fim da campanha, com Serra derrotado, muita gente chegou a duvidar da existência do livro sobre as privatizações. "O Amaury blefou", diziam alguns leitores. A própria turma do PSDB deve ter achado que ele não teria coragem de publicar os resultados da investigação de uma década. Agora, podem ter uma surpresa. Mas não pensem que o livro ficará barato para o PT. Amaury virou pivô de uma luta interna nos bastidores da campanha de Dilma. Um capítulo inteiro é dedicado a essa história.

Amaury só não explica uma coisa: como é que consegue escrever livro sobre dinheiro no Caribe, produzir reportagens especiais para emissora de TV em São Paulo e ainda administrar "a melhor pizzaria do Brasil"?

A pizzaria fica em Campo Grande (MS). "Amaury, repórter dono de pizzaria é piada pronta", provoco. "Ocê precisa experimentar minha pizza, é a melhor do Brasil", diz ele, maroto. E emenda mais uma frase incompreensível sobre mussarela e calabresa.

A pizza eu não quero. Prefiro o livro.

4 – Cadê a indústria que estava aqui? A China comeu (05/03/2012)

O Brasil está em processo de desindustrialização. Logo no início do governo Dilma, publiquei um modesto artigo que tocava nesse ponto – lembrando os alertas lançados por dois importantes economistas: Delfim Netto e Marcio Pochmann. Agora, Dilma diz na Alemanha que o Brasil vai se proteger da guerra cambial que ameaça ainda mais a indústria brasileira.

Lembro bem que, durante o governo FHC, a cada reclamação do setor, gente ligada ao tucanato ia para a imprensa e chamava o prédio da Fiesp de "monumento ao custo Brasil". Quase na galhofa. Os tucanos (ou parte deles, porque havia gente ajuizada como Luiz Carlos Bresser-Pereira, que não achava graça nenhuma em jogar fora o capital nacional) pareciam ter um desejo sádico de quebrar a indústria nacional, arrebentar esse patrimônio construído a duras penas desde o governo Vargas.

O tucanato podia se dar a esse luxo. Afinal, na ampla coalizão que sustentava FHC, o setor financeiro era claramente hegemônico (basta ver onde foi trabalhar o ministro Pedro Malan após deixar o governo).

Lula/Dilma mantiveram o setor financeiro na grande aliança que sustenta o governo. Isso é inegável. Mas a ênfase mudou. Lula cumpriu o velho programa dos "economistas do MDB", que passaram anos e anos lutando para que o Brasil priorizasse o mercado interno de massas e crescesse dividindo o bolo. Isso só pode ser feito em aliança com a indústria. Lula tentou colocar em prática também a velha tese do Partidão: a famosa "aliança do operariado com a burguesia industrial". Lula fez isso e ao mesmo tempo incorporou 20 milhões de miseráveis ao mercado. E – ufa! – sem desagradar a banca. Ficou de fora do grande arranjo lulista a classe média tradicional (ou "pequena burguesia"); não é à toa que dela venha a oposição mais virulenta a Dilma/Lula.

Mas essa é outra história. Quero me concentrar em outro ponto. O compromisso de Lula com o setor produtivo industrial, de certa forma, era sinalizado pela presença de um "capitão da indústria" na vice-presidência. José Alencar passou oito anos brigando para derrubar os juros. Era a forma de Lula equilibrar o jogo, ainda que no primeiro mandato a balança tenha pendido mais para o núcleo duro financista, representado pela dupla Palocci e Meirelles.

No segundo mandato, a presença de Mantega na Fazenda foi decisiva para que, na crise de 2008, Lula adotasse uma saída "expansionista" para enfrentar a marolinha. Uma das medidas para fazer o Brasil resistir foi a redução de alíquotas de imposto para os carros. Isso mostra o papel dinâmico da indústria. Mostra por que é fundamental preservar o imenso patrimônio industrial brasileiro. Lula manteve a aliança com a banca. Mas deu mais ênfase ao mercado interno e à indústria. No governo dele, ninguém chamava a Fiesp de "monumento ao custo Brasil".

Mas o fato é que mudar a ênfase é muito pouco. Do contrário, qualquer dia vamos acordar, olhar para o lado e perguntar: "Cadê a indústria que tava aqui?". A China comeu.

Ok, talvez não consigamos concorrer com os chineses, a não ser aqui na América Latina, o que já não seria pouco. Mas o principal, agora, é fazer a defesa de nosso mercado interno. Isso é urgente. O governo precisa adotar medidas duras para conter a valorização do dólar e para impedir a entrada dos produtos chineses.

Recentemente, entrevistei o professor Bresser-Pereira, e ele foi claro. O Brasil precisa controlar a entrada e a saída de dólares. Se Dilma não fizer isso agora, o estrago pode ser definitivo.

O que nos consola é que esse não é um drama apenas brasileiro. O mundo vive a tal guerra cambial. EUA e China usam suas armas. Precisamos usar as nossas, lembrando sempre da velha frase do Mario Henrique Simonsen: "A inflação aleija, mas o câmbio mata".

5 – O caminho para 2014: perdas e ganhos
(31/10/2012)

Na eleição mais importante do país, Fernando Haddad derrotou o PSDB de São Paulo.

Os tucanos paulistas – capturados pela irracionalidade de blogueiros medonhos da *Veja* e de pastores com estranhas fixações sexuais – falam cada vez mais apenas para convertidos. Caíram no gueto, e ali chafurdam.

A primeira conclusão óbvia que a eleição municipal nos traz é esta: o PSDB só vai sobreviver se trocar o eixo de comando. Saem os paulistas de calças sociais e camisas azuis. Entram os mineiros joviais.

Os tucanos acham que podem atrair Eduardo Campos e o fortalecido PSB para uma aliança de ocasião contra o lulismo. Como eu havia escrito aqui, logo após o primeiro turno, o mais provável é que o PSDB vire linha auxiliar do neto de Miguel Arraes. Vejamos...

O PSB conquistou o maior número de capitais. Virou o quarto partido brasileiro, atrás apenas do PT, PSDB e PMDB. Isso é fato. E há mais: ao contrário dos tucanos, Eduardo pode – legitimamente – ensaiar um discurso "pós-Lula", do tipo "gostamos do Lula, respeitamos o legado dele, mas é hora de seguir para uma nova fase". Aécio dizer isso não cola, porque ele estará cercado por fantasmas dos velhos tempos fernandistas. Eduardo Campos dizer isso cola, sim!

Portanto, Eduardo tem base eleitoral de saída (Nordeste e algumas cidades grandes Brasil afora), e tem discurso. A questão é: a hora é 2014? Ou 2018? Isso depende do que acontecer com o PT. Lula colheu uma vitória maiúscula com a eleição de Haddad.

O PT vive uma situação curiosa. Consolidou-se no Sul/Sudeste com vitórias ou grandes votações em cidades importantes de São Paulo, Minas, Paraná, Rio... Ao mesmo tempo, no Norte/Nordeste, conquistou prefeituras de pequeno porte, mas fracassou nas cidades grandes (com exceção de João Pessoa e Rio Branco). Qual a explicação? Erros políticos apenas (como se viu no Recife e em Fortaleza)? Ou há motivação econômica?

A hipótese que se levanta é que as melhorias econômicas provocadas pelo Bolsa Família, crédito consignado, Luz para Todos estariam se esgotando nas cidades grandes do Norte/Nordeste. Nas pequenas, esses programas ainda fazem a diferença.

O PT viveria a aparente contradição de ser – ao mesmo tempo – um partido dos grotões nordestinos e das cidades grandes e médias com ampla população industrial ou já na era dos serviços.

Que partido ocupa o lugar que o PT perdeu no Norte/Nordeste? PSB em boa parte.

Dilma tenta inaugurar nova fase de crescimento – com juros baixos, obras públicas, redução de impostos. Os reflexos só devem aparecer em 2013-2014. Se a economia acelerar, os primeiros a sentirem a arrancada serão os moradores dos grandes centros. Assim, o PT poderá recuperar parte do eleitorado perdido em 2010 e 2012. Nesse caso, sobrará pouco espaço para uma aventura de Eduardo Campos.

Mas e se a economia andar "de lado", com crescimento tímido?

Aí teremos uma eleição mais aberta. Dilma poderá chegar a 40% ou 45%. Dificilmente vencerá no primeiro turno.

O melhor para Aécio e Eduardo não seria uma aliança no primeiro turno. Mas candidaturas separadas, com possibilidade de apoio num segundo turno, a depender da conjuntura.

Eduardo teria peso (e coragem) para confrontar a "candidata do Lula" em 2014? Hoje, acho pouco provável.

6 – Carta aberta ao UOL: represália foi da Globo (05/02/2013)

Fui procurado por e-mail, nesta terça-feira, pela jornalista Carla Neves – que se apresentou como repórter do UOL no Rio de Janeiro. Ela queria declarações minhas sobre o processo movido contra este blogueiro por Ali Kamel, diretor da Globo.

Pedi que ela mandasse as perguntas por escrito. Não tenho motivos para desconfiar da colega jornalista, mas tenho todos os motivos para desconfiar das intenções do UOL – ligado ao Grupo Folha. Por isso, e pelo teor de uma das perguntas, tomei a liberdade de publicar aqui a íntegra das respostas que estou enviando à jornalista.

Curiosidade: o Tribunal de Justiça do Estado do Rio de Janeiro (TJRJ) me condenou há três semanas, e naquele dia o UOL já havia registrado o fato. Agora, o TJRJ publica um release com mais informações – que viram gancho para o UOL voltar ao tema... Parece jogo combinado (cada um conclua o que quiser).

A seguir, minha mensagem completa para o UOL.

Carla, seguem minhas respostas:

Seu advogado vai recorrer da decisão?

Sim, meus advogados vão recorrer da decisão, que considero injusta e equivocada.

O que você achou da conclusão do desembargador, especialmente do seguinte trecho: "A crítica, ao contrário da notícia, é o exame valorativo, o juízo de valor, positivo ou negativo, resultante da aplicação de uma reflexão sobre o fato noticiado. Em outras palavras, é o direito de opinião atrelado à informação jornalística, o qual permite aos órgãos de comunicação a valoração do objeto informativo, seja do ponto de vista científico, artístico, literário ou político, e a consequente emissão de opiniões, não estando o crítico, por isso, sujeito às ações civis ou criminais. Assim, pelo exercício do direito de crítica, possibilita-se ao emissor instituir relações entre os fatos noticiados e determinada interpretação ou juízo valorativo, favorável ou desfavorável, por ele formulado. A liberdade de crítica é uma liberdade natural. Contudo, criticar não é destruir, ofender, injuriar, difamar, violentar a dignidade alheia"?

Considero que os desembargadores cometeram alguns equívocos. No entanto, mais importante que minha opinião sobre a decisão foi o que disseram, nos autos, dois especialistas em comunicação: da Universidade Federal do Rio de Janeiro (UFRJ) e da Universidade Federal do ABC (UFABC). Eles atestaram que meus textos eram opinativos, e refutaram essa ideia de "direito de opinião atrelado à informação jornalística". Meus textos não eram "informativos", nunca "informei" que Kamel (o diretor da Globo) fosse Kamel (o ator pornô). Isso não me interessava. Se ele era ou não o ator pornô, não estava em questão para mim.

Utilizei a homonímia (Ali Kamel é o nome de um ator do filme *Solar das taras proibidas*; é o nome que aparece nos créditos, e também na ficha do IMBD) como metáfora para criticar o papel de Kamel à frente do jornalismo da Globo. O Arnaldo Jabor, que trabalha sob as ordens de Kamel, escreveu um livro chamado *Pornopolítica*. Só a Globo pode usar metáforas?

Importante: a juíza de primeira instância negou-se a ouvir especialistas em comunicação ou testemunhas. E os desembargadores não fizeram sequer referência aos argumentos apresentados por esses especialistas, por escrito, nos autos.

Na verdade, fui condenado por usar ironia e por usar metáforas para criticar Ali Kamel.

Por que você foi dispensado do núcleo de jornalismo da Globo? O que escreveu seria uma represália?

Curioso, Carla, você não me perguntar se o processo de Kamel poderia ser uma represália contra o que escrevo em meu blog. Permita-me dizer: sua premissa está equivocada. E, ao testar essa hipótese, você me leva a imaginar quem pode ter sugerido que o UOL entrasse nesse assunto, e com esse enfoque.

Não, Carla. Minha saída da Globo (em 2006) é que foi uma represália por meu posicionamento crítico à cobertura feita pela emissora. Na época, entrei na sala do diretor da Globo/SP, com outros colegas, e manifestei minha discordância com a cobertura que eu considerava (e considero) tendenciosa para beneficiar o candidato tucano em 2006. Não o fiz sozinho.

Outros colegas de trabalho também se insurgiram, negando-se a aderir a um abaixo-assinado que a direção da Globo levou aos jornalistas, para que defendessem a cobertura eleitoral feita pela emissora. Coincidentemente, esses colegas que se insurgiram também tiveram que deixar a emissora logo depois. Não fui o único.

O processo de Kamel, por sua vez, parece-me também uma represália contra o papel que um grupo de blogueiros passou a exercer no país, como contraponto ao jornalismo de bolinhas de papel comandado pela Globo. Não sou o único blogueiro processado por Ali Kamel. Há pelo menos outros cinco. Quase todos os processos foram abertos na mesma época, logo após a eleição de 2010 – em que a Globo e Kamel foram, de novo, derrotados pelos fatos e pelos eleitores.

Acho que isso deixa claro quem está fazendo represália. Será que você perguntou a Kamel se esses processos todos contra blogueiros são uma represália? Quem sabe...

Não tenho contra Ali Kamel nada do ponto de vista pessoal. Não há "rancor", como Kamel tentou apresentar à Justiça do Rio. Há, sim, críticas e discordâncias profundas sobre a maneira de fazer jornalismo, além de diferenças políticas insanáveis. O processo foi a forma que ele encontrou para judicializar um debate que é político. Se a ideia dele era intimidar, vai se dar mal. Esses processos todos só tornam os blogueiros mais aguerridos. E nos trazem mais apoio de quem acompanha a guerrilha informativa travada, diariamente, na blogosfera e nas redes sociais.

Por último, Carla, uma dúvida: de que forma um blogueiro que, nos momentos de maior audiência, não chega a 30 mil leitores/dia, poderia "destruir" a reputação do diretor da poderosa Rede Globo – como sugerem os ínclitos desembargadores?

O sujeito dirige a TV Globo, tem influência sobre CBN, GloboNews, G1, jornal *O Globo*... e um simples blogueiro incomoda tanto assim? Há algo de desproporcional nisso tudo.

O Kamel deve ser um grande leitor dos blogs. Especialmente do meu. Agradeço a preferência.

7 – O futuro se escreve nas ruas (17/06/2013)

Às 19h, já era possível afirmar que a onda de manifestações pelo Brasil era a maior desde o movimento pelo impeachment de Collor. Quarenta mil pessoas em São Paulo. Outras 40 mil no Rio de Janeiro. Belo Horizonte teve milhares nas ruas, com bombas jogadas dos helicópteros pela PM mineira. Em Brasília, a marcha avançava em direção ao Congresso Nacional.

Tudo isso e a Globo passava novela das sete. Fingia que nada estava acontecendo no Brasil. Talvez para não estragar a Copa das Confederações. Os jovens nas ruas parecem ter deixado a direita indignada e a esquerda perplexa. Ninguém entendeu nada.

Durante o dia, setores do conservadorismo mudaram o discurso. Arnaldo Jabor, que na semana passada havia avacalhado os manifestantes com um comentário boçal, mostrava-se arrependido (ou foi o "comitê central" global que mudou as orientações?), pediu até desculpas. Outros comentaristas da rádio CBN pareciam confiantes na estratégia de levar Dilma para o centro dos protestos. Mesmo assim, a TV escondia as manifestações. Tudo confuso. A família Marinho parecia não saber bem para que lado correr.

Record e Band mostravam as manifestações Brasil afora. Pela internet, informações transbordavam das redes sociais.

Via Twitter, ficamos sabendo que manifestantes ergueram faixas dizendo: "Não existe Jabor em SP".

Haddad também apanhou. "Haddad eu não me engano, esse aumento tem bico de tucano", gritava a multidão.

Quem vai sair vitorioso dessa batalha? A quem interessa?

A direita faz o cálculo: governadores tucanos podem ser atingidos, mas o que interessa é levar Dilma junto. Isso igualaria o jogo político, deixando tudo em aberto para 2014.

Na Espanha (numa conjuntura muito diferente, com desemprego e crise), os jovens ocuparam praças, fizeram barulho e, no fim, o que vimos? O PP (partido de direita franquista) foi para o poder.

Na Argentina, o povo gritou: *"Que se vayan todos!"* (que saiam todos!). E terminou em quê? A esquerda ganhou com Kirchner.

Ou seja, um quadro como esse que vemos no Brasil pode terminar numa vitória rotunda do conservadorismo. Mas pode significar também uma retomada do movimento de massas, a possibilidade de criar um novo modelo de desenvolvimento.

Como vai terminar? Não sabemos. A disputa está nas ruas.

8 – "Foda-se o Brasil", gritava o rapaz em SP (18/06/2013)

A chegada ao Viaduto do Chá foi rápida. Trabalhadores e lojistas tinham ido embora mais cedo, deixando o centro de São Paulo estranhamente vazio às seis horas da tarde. Contornei o Teatro Municipal, e segui a pé para cruzar o viaduto rumo à prefeitura – onde os manifestantes se concentravam. Estava acompanhado da equipe de gravação da TV.

No sentido contrário, a massa marchava. Pareciam estudantes razoavelmente organizados: carregavam faixas de diretórios acadêmicos, bandeiras da União da Juventude Socialista (UJS), e também muitos cartazes desenhados à mão: "O Brasil acordou", "Fora, FIFA", entre outros. Um rapaz me informou: "Estamos indo pra Paulista porque o Haddad nem está mais aí na prefeitura". Haddad tinha ido ao encontro da presidenta Dilma, para uma reunião no Aeroporto de Congonhas. Pensei em tomar o rumo da avenida Paulista, mas meu chefe de reportagem avisou pelo rádio: "Acho melhor você ficar por aí, porque um grupo pequeno resolveu ficar para atacar a prefeitura".

Pouco a pouco, me aproximo do prédio. O grupo não era tão pequeno assim. O que vejo é estranho. Há homens mascarados, muita gente de coturno. E há também jovens que conversam com a gíria típica da periferia paulistana. Misturados a eles, moleques com jeito de playboys de classe média gritam palavras de ordem de forma desorganizada e aleatória.

Um menino ao meu lado grita: "Fora, petralhada! Fora, Dilma!". Puxo papo, e ele conta: "Sou do grupo Mudança Já, que luta por menos impostos e por uma gestão eficiente". Esse não parece ser da periferia. De fato, mora no Jabaquara – bairro de classe média. O menino fala mal do Movimento Passe Livre (MPL), que puxou as manifestações desde o início. "Esses não me representam, são agitadores e falam com jeito de comunista".

Epa!

De repente, o grupo dos mascarados se exalta e avança sobre os portões da prefeitura. Voam pedras, arrancadas do calçamento do centro antigo. Pedras portuguesas. Jovens mascarados arremetem contra os homens da Guarda Civil Metropolitana (GCM). Um deles usa camiseta branca justa, bota em estilo militar e age com a volúpia típica dos provocadores que conhecíamos tão bem nos anos 1980 – quando a democracia ainda engatinhava.

Alguns picham as paredes da prefeitura. A turma mais moderada grita: "Sem vandalismo". Os mascarados devolvem: "Sem moralismo". Um rapaz passa ao meu lado e grita: "Vamos quebrar tudo!". E quebram mesmo.[36] Pedras voam perigosamente sobre nossas cabeças.

Mas a imagem mais chocante eu veria logo depois. Um grupo segura uma bandeira brasileira e queima. Um rapaz grita: "Foda-se o Brasil, nacionalismo é coisa de imbecil". E aí tenho certeza de que há um caldo de cultura perigoso por aqui.

Um Brasil fraco, um Estado nacional sob ataque não será capaz de melhorar a vida do povo. Isso interessa aos conservadores e a seus aliados nos Estados Unidos.

Um funcionário da prefeitura meio gordinho aparece na janela. Ao meu lado, um grupo berra para ele: "Gordo filho da puta, você vai morrer. Você come nossos impostos, filho da puta!".

Penso com meus botões: essa turma foi para a rua pedir serviços públicos de qualidade e, de repente, está pedindo também menos impostos, menos Estado. E queimando a bandeira do Brasil. O que é isso?

Ah, é o sintoma de uma sociedade que incluiu jovens pelo consumo, sem politização. Ok. Isso está claro. Desde 2010, dizíamos nos blogs que essa equação do lulismo poderia não fechar. Despolitização? Ou, pior que isso, um pé no fascismo? O discurso que nega a política é a melhor forma de deixar a avenida aberta para uma política autoritária.

A esquerda organizada, hoje tive certeza, precisa disputar as ruas. Lula precisa reaparecer.

Nas ruas há uma mistura: ultraesquerda, nova esquerda, indignados em geral e, infelizmente, também há o velho lúmpen, que pode virar fácil, fácil caldo de cultura para uma saída autoritária.

---

[36] Ao fim da manifestação, parte dos jovens mascarados avançou em direção ao carro da TV Record que estava diante da prefeitura e tocou fogo no veículo. Tudo que parece ser – ou é – símbolo de poder acaba virando alvo. Nenhum jornalista ficou ferido. O alvo era a empresa.

Quem conhece a história do Brasil não ficaria surpreendido se, desse processo todo, nascesse não uma nova política, mas um governo conservador, que pusesse o Brasil de novo "nos trilhos" da submissão aos EUA, jogando fora os tênues avanços da era Lula.

Afinal, "foda-se o Brasil", não é? Esta cena não vou esquecer: a nossa bandeira queimada por jovens tresloucados que afirmam querer mudar o país. Foi estranho.

9 – Esquerda x direita na Paulista: ares fascistas (21/06/2013)

As ruas do Brasil em 2013, capturadas pelo ódio ao PT.

A marcha em São Paulo, nessa quinta-feira (20/06), foi convocada pelo MPL para comemorar a vitória obtida com a redução nas tarifas de ônibus e metrô. Era para ser uma festa. Virou mais um sintoma preocupante do avanço da extrema direita nas ruas. É o que mostra a foto acima (portal Terra): um manifestante morde a bandeira do PT. Outras bandeiras foram queimadas. Nenhuma era de partidos de direita, como PSDB ou Democratas (DEM). Não. O ódio antipartido tem um sentido muito claro.

Eu estava lá. Vi de perto. Como já acontecera em outras manifestações nas últimas duas semanas, grupos organizados – e que se dizem "apartidários" (o que, aliás, é um direito de qualquer cidadão) – tentaram impedir que os partidos políticos e as organizações sociais erguessem suas bandeiras na avenida Paulista. Agrediram militantes do Partido Socialista dos Trabalhadores Unificado (PSTU), xingaram a turma do Partido Socialismo e Liberdade (PSOL) e ameaçaram a militância do PT. Na minha frente, um homem com capacete de motoqueiro e jaqueta de couro tentou bater numa senhora com mais de sessenta anos, que carregava uma bandeira vermelha. "O PT não vai sair desse quarteirão, não vamos deixar o PT pisar aqui, é a nossa avenida", ele gritava descontrolado.

Mas o motoqueiro selvagem foi afastado a pontapés. E o PT marchou. Não eram muitos os petistas. Mas estavam lá, num gesto simbólico de que o partido precisa voltar para a rua. Será que aquele era o momento? Daquele jeito? Naquele cenário? Temo que não tenha sido uma boa ideia.

Acho que há bons motivos – sempre – para criticar os partidos. Faz parte da democracia. O PT, especialmente, pode ser criticado por ter cedido demais aos "acertos de gabinete". Mas querer impedir – na marra – que partidos e organizações sociais participem de um ato público não tem outro nome: fascismo.

Não é nenhum exagero. Quem estava lá na Paulista sentiu de perto. O clima de ódio era tão grande que a manifestação adotou um formato curioso: em uma faixa da avenida, marcharam o MPL, seguido por UJS, União Nacional dos Estudantes (UNE), MST e por militantes de partidos como PT, PSOL, PSTU e Partido da Causa Operária (PCO), os três últimos bastante críticos em relação a Dilma e ao PT.

A esquerda foi hostilizada seguidamente e o alvo principal era o partido de Lula. "Ei, PT, vai tomar no cu", gritava um grupo de jovens de classe média, bem ao meu lado. O curioso era que quem passava por eles carregando bandeiras vermelhas não eram petistas, mas adeptos do PCO. Eu disse isso a um dos rapazes: "Olha, esses aí não são do PT". E ele: "Não? Ah, mas são todos comunistas".

A direita babava. E se sentia forte. Jovens bombados, meninas bem-vestidas e a turma de engravatados que saía dos escritórios gritavam: "O povo, unido, não precisa de partido". O mote ecoava entre jovens de periferia, skatistas, secundaristas, além de famílias nitidamente de classe média. Tentei conversar com um desses jovens: "Rapaz, a última vez que fecharam ou proibiram partidos no Brasil foi na ditadura". E ele, com mais revolta do que ódio: "Não quero saber, nos partidos só tem vagabundo".

Tentei seguir na argumentação (juro que tentei, apesar do barulho e das hostilidades): "Mas muitos desses partidos é que ajudaram a construir a democracia que permite a todos nós estarmos na avenida". E ele: "Foda-se".

Essa turma dos "sem-partido" marchou pelo lado oposto da Paulista... As duas marchas seguiam lado a lado, com muitas hostilidades. Militantes da esquerda montaram um "cordão de isolamento" para evitar que os fascistas mais exaltados conseguissem arrancar bandeiras ou agredissem as pessoas.

Pouco antes de a marcha (sempre partida em dois grupos) chegar ao prédio da Fundação Cásper Líbero, um grupo mais exaltado de direita atacou. Alguns usavam capacetes, outros tinham camisas com inscrições de lutas marciais. Um amigo disse que viu um sujeito com taco de beisebol na mão. Os agressores invadiram a marcha da esquerda e criaram um impasse. Naquele momento, poderia ter havido um conflito de grandes proporções.

Vi militantes de esquerda, naquele momento, recolhendo bandeiras e se dispersando. Tinham conseguido marchar pela Paulista. Mas a direita mostrara mais vontade de combater.

Dez minutos depois, surgem ao meu lado dois rapazes do MPL – desolados. O ato de festa tinha sido dispersado na porrada. O MPL tentou reorganizar a bateria à frente da caminhada, e retomar as palavras de ordem por transporte público de qualidade. Mas a maioria já não queria ouvir.

"Chega de corrupção", "fora, Dilma", "PT lixo" eram as palavras de ordem que dominavam a Paulista às oito da noite...

Era curioso ver todos os partidos de esquerda, juntos, resistindo aos fascistas. A direita gritava enfurecida: "Sem partido". A turma da esquerda devolvia: "Sem fascismo". Isso o Brasil não viu na GloboNews. A emissora (e dizem-me que o JN fez cobertura parecida) tentou criar um clima de civismo unificado, contra a bandalheira.

Foi assim que a direita encurralou Vargas em 1954. Foi assim que se iniciaram os ataques a Jango em 1964.

Pelo que vi hoje em São Paulo, sigo acreditando que esse é um movimento em disputa. A esquerda organizada entrou na luta, talvez de forma atabalhoada. Mas por enquanto está perdendo a batalha simbólica.

Quem está ganhando? A direita fascista (pelo menos em São Paulo foi o que vi). E a pauta do "civismo" da Globo.

Em outras cidades brasileiras, ganha o jogo uma espécie de caos: sem bandeiras claras, impera o "cantemos o Hino Nacional contra tudo que está aí"; ou o cerco ao Congresso Nacional, louvado como "ato de coragem do povo".

O jogo ainda precisa ser jogado até o fim. Mas os sinais não são bons. E vejo que não sou o único preocupado.

A sugestão mais ponderada ouvi de meu filho de dezesseis anos: "Acho que tá na hora de parar, pensar com calma, e lutar por uma causa de cada vez".

É isso. A esquerda teve uma vitória com a redução das tarifas. Precisa encontrar foco para seguir na rua, e enfrentar a pauta da direita com coragem. O caldo de cultura que vi em São Paulo mostra que há uma avenida aberta para uma direita que não é mais neoliberal. Pior que isso: é uma direita que gostaria de fechar os partidos e viver num mundo onde o povo se dissolve gostosamente numa unidade artificial – sem partidos, sem os detestados políticos.

De novo: que outro nome dar a isso, se não fascismo?

10 – Tempo da gestão técnica fica para trás (29/06/2013)

Ninguém acha que é possível dirigir o Brasil como se fosse um grêmio estudantil ou uma associação de moradores.

Quem dirige o país, no Executivo, não pode tudo. Há que se respeitar a famosa "correlação de forças". Isso é evidente. Mas é evidente também que aqueles que ocupam o centro do governo (ainda mais se representam forças que historicamente lutaram por mudanças estruturais do Brasil) têm a obrigação de batalhar para que a correlação de forças se altere e permita mais e mais reformas.

O governo Dilma, nesse sentido, é um equívoco completo. Concentrada em derrubar os juros e enfrentar os setores financeiros (associados ao monopólio midiático e à classe média tradicional, esses setores compõem o principal núcleo opositor ao governo petista), Dilma abriu mão de qualquer mudança na comunicação.

A "Ley de Medios" foi enterrada. Dilma começou o governo preparando omeletes na Ana Maria Braga. Foi ao convescote da família Frias (dona da *Folha*) e ainda lançou a frase brilhante: "Controle da comunicação só se for o controle remoto".

Agora, está aí o resultado. A velha mídia transformou as manifestações de rua, que eram contra aumento de ônibus e contra a violência policial, numa grande festa cívica cujo alvo era (e é) Dilma.

A pesquisa Datafolha é a demonstração de que a mídia quebrou os ovos e se prepara para transformar o governo Dilma num omelete: bom/ótimo recuaram de 57% para 30%.

Sinto-me à vontade para falar porque comentei nesse mesmo tom quando Dilma tinha 70% ou 80% de popularidade. Naquele tempo, Dilma acreditou que tudo era uma questão de "gestão técnica".

As "rebeliões de junho" – ainda sem um desfecho claro – colocam Dilma e esse PT dominado pelo pragmatismo numa encruzilhada. Os tempos dos acertos de bastidores acabaram. A era dos vacarezas e bernardos já era. Agora, é guerra aberta. E a disputa está nas ruas.

Inação e acordos de gabinete significam derrota certa da centro-esquerda em 2014. Mobilização e Política (com "P" maiúsculo) são a chance para nova vitória.

Não está escrito em lugar nenhum que o lulismo estará derrotado em 2014. Mas, para ganhar, terá que ser outro lulismo.

A direita, meus amigos, vem babando. E ela não costuma fazer omeletes na cozinha do inimigo quando ganha a parada.

11 – Relatório aponta sonegação da Globo (30/06/2013)

A data: 5 de setembro de 2006. Vésperas do pleito em que Lula conseguiria a reeleição, e quando a Globo foi acusada de esconder um acidente aéreo para apresentar no JN, com grande destaque, fotos do dinheiro dos "aloprados petistas".

Sob aquela conjuntura, um auditor fiscal da Receita Federal, Alberto Sodré Zile, deixava registrado: "Nesta data procedi ao encerramento deste volume I do processo acima identificado, o qual contém 200 fls., inclusive a presente, todas numeradas e rubricadas". O processo seria encaminhado em seguida ao delegado da Receita no Rio de Janeiro.

O objeto do relatório de Alberto Sodré Zile: a TV Globo.

A acusação: a televisão da família Marinho teria sonegado 183 milhões de reais, numa operação estranhíssima envolvendo até uma empresa (de fachada?) nas Ilhas Virgens Britânicas. O valor corrigido poderia passar de 2 bilhões de reais.

Há anos, nos bastidores do jornalismo, fala-se dessa investigação da Receita. E, há anos, quem bate às portas do governo federal para indagar sobre os fatos recebe a resposta: "Não vamos comentar, as investigações são sigilosas."

Pois bem, o silêncio se quebrou. E não foi a *Veja*, nem a *Folha*, nem o *Estadão* o responsável por romper o pacto de silêncio. Foi um blogueiro, Miguel do Rosário, que trabalha sozinho num blog com o singelo nome de *O Cafezinho*. Miguel publicou cópias dos documentos, que merecem ser lidos com atenção.

Num momento em que se quer "passar a limpo" o país, perguntamos: não seria o caso de abrir também a caixa-preta desse monopólio da comunicação? Claro, a Globo merece se defender, e deve ter bons argumentos para justificar a estranha operação. Deve ter também muito poder, para ter mantido tudo isso em sigilo durante quase oito anos.

Há aspectos ainda nebulosos: uma empresa sob investigação pode receber recursos federais? A Globo recebe milhões em propaganda oficial mesmo sob investigação da Receita? Ou não está mais sob investigação?

O caso está parado? Ou foi arquivado? A Globo pagou a multa em sigilo? Por que o governo Lula não levou a investigação a fundo? O episódio (ocorrido em 2006) explicaria a animosidade da TV Globo contra Lula naquela eleição?

Vale a leitura do papelório, que precisa ser mais bem decifrado. De saída, cabe atentar para um fato: as Ilhas Virgens Britânicas, onde a Globo é acusada de ter aberto uma empresa de fachada (ou "em aparência", como diz o relatório da Receita), é o mesmo paraíso fiscal denunciado por Amaury Ribeiro Jr. em *A privataria tucana*.

12 – A Globo piscou: "desculpem a nossa falha" (01/09/2013)

As instituições, da mesma forma que as pessoas, cometem erros. E é salutar que, quando possível, venham a público e peçam desculpas pelas faltas cometidas. Mas o caso da Globo é estranho: o jornal da família Marinho acaba de publicar editorial reconhecendo que o apoio ao golpe de 1964 foi "um erro". O reconhecimento, diz o próprio jornal, vem após as manifestações de junho, em que as ruas do Brasil foram tomadas por gente que gritava palavras de ordem, e entre elas as mais ouvidas eram: "A verdade é dura, a Rede Globo apoiou a ditadura".

Ou seja, a Globo levou quase cinquenta anos para reconhecer o erro. E o fez não a partir de uma avaliação honesta, mas sob o impacto de ter virado alvo do povo.

As Organizações Globo não estiveram sozinhas no apoio à ditadura. Isso é fato. E o editorial se escora malandramente nisso para criar uma justificativa na base do "eu fiz, mas todos fizemos".

Quase todos os jornais brasileiros clamaram pela derrubada do presidente constitucional João Goulart, em 1964. Eram todos (e seguem a ser) parte do PIG – Partido da Imprensa Golpista.

O apoio à ditadura, no caso da família Marinho, não foi apenas uma parceria ideológica – num momento em que o mundo estava cindido pela Guerra Fria. Não. O jornal colheu dividendos empresariais por ter mantido fidelidade canina aos militares.

Os militares ofereceram à Globo a estrutura do Estado para a criação de uma rede efetivamente nacional (daí, por exemplo, o nome do *Jornal Nacional*). A história da Globo é indissociável da ditadura. É a história de um quase monopólio midiático construído às sombras de uma relação incestuosa com os milicos. E isso, não há pedido de desculpas que resolva.

A Globo está com medo. O cenário empresarial ainda é amplamente favorável à família Marinho: BV, poder político no Congresso e a covardia de certos setores governistas garantem conforto à maior emissora do país. Mas o sinal amarelo acendeu. O cenário pode mudar rápido. E a Globo é grande demais, "pesada" demais...

Se a situação piorar, será que a Globo reconhecerá também o erro histórico que foi ter nomeado um diretor de jornalismo como Ali Kamel, que nega a existência de racismo no Brasil?

Será que a Globo, daqui a vinte ou trinta anos, vai se desculpar pela cobertura criminosa da campanha das Diretas Já em 1984? Ou pela perseguição insidiosa a Brizola? Ou ainda pela edição do debate Lula/Collor em 1989? E o que dizer da cobertura das eleições em 2006 (vi de perto, eu estava lá) e em 2010 (com a exploração da bolinha de papel no JN para ajudar Serra na reta final)?

Aguardemos novos sinais. Esse é um jogo bruto, que se decide nos bastidores. Longe das telas e das tribunas.

13 – Eduardo morre e urubus fazem contas
(13/08/2014)

Os corpos ainda não haviam sido localizados. Os bombeiros ainda procuravam as caixas pretas do avião em que viajavam Eduardo Campos e mais seis pessoas. Mas o mercado e a gloriosa mídia brasileira já faziam suas contas.

A *Folha* adianta-se e faz pesquisas, já perguntando: "Ontem, o candidato Eduardo Campos morreu em um acidente de avião; na sua opinião o PSB deveria: 1) lançar Marina Silva como candidata a presidente; 2) lançar outro candidato...".

No começo da tarde, comentaristas da GloboNews tentavam estabelecer o novo quadro político. No rádio, uma analista de mercado dizia que a morte de Eduardo (os outros seis mortos nem são levados em conta) cria um "fato novo" na campanha eleitoral. A analista chegou a dizer que isso poderia ser "positivo para o Brasil".

Há certa excitação no ar. Excitação mórbida. Comentaristas gagos, acadêmicos globais e outros que tais se animam com a possibilidade de que Marina seja candidata e ajude a levar a eleição ao segundo turno. É a torcida da revista *Veja*. Torcida que se exalta, e não respeita nem os mortos, nem as famílias, nem nada mais.

Não me espanta. Tenho ouvido coisas incríveis pelas ruas. O Brasil está envenenado.

O eleitor nordestino de Eduardo é muito sensível ao que indicar Lula. O ex-presidente guarda um silêncio respeitoso, enquanto revistas da marginal e marginais de revistas fazem cálculos, contas, e insuflam a onda de ódio no Brasil.

Tudo isso por cima dos cadáveres de Eduardo e das outras vítimas do acidente.

Marina é útil? Ótimo. Falta combinar com o eleitor.

14 – Depois de todo junho há um agosto
(26/08/2014)

Depois de junho há sempre um... agosto. Sim, é como se este agosto de 2014 fosse a continuação inexata e algo surpreendente daquele junho de 2013 – que levou milhares às ruas.

O nome de Marina Silva não foi gritado nas ruas em junho de 2013. Não. Aquele foi um movimento inorgânico, um sintoma de que a grande mudança social operada no Brasil dos anos Lula havia gerado contradições quase insanáveis. E de que o petismo estava mal preparado para lidar com elas.

Os manifestantes berravam contra a política em 2013: "Fora os partidos!", gritavam muitos jovens de junho. Ninguém me contou, eu vi nas ruas. Aquela foi uma miscelânea: justas reivindicações progressistas, lado a lado com o grito fascista de gangues – que surravam qualquer um de camisa vermelha pelas ruas. Isso foi junho de 2013. Eu vi. Ninguém me contou.

Dilma fez a leitura correta de junho. Foi à TV e propôs a Reforma Política – reconhecendo a esclerose de um sistema político dominado pelo peemedebismo que gera asco entre jovens e velhos, entre conservadores e esquerdistas. A única forma de derrotar a "não política" é com mais política...

Mas o PMDB e o tucanato, junto com o conservadorismo bacharelesco e seus aliados midiáticos, barraram Dilma. A reforma foi enterrada, a presidenta capitulou, não enfrentou o debate. Achou que seria possível adiar tudo para um segundo mandato.

O mais irônico é que, apesar do governo mediano, que não empolga, tudo parecia seguir o roteiro traçado pelos marqueteiros e estrategistas de Dilma. No início de agosto de 2014, dentro da campanha tucana, começava-se a acreditar que Aécio não teria mesmo força para deslanchar: ficava claro que o PSDB e mesmo Eduardo não conseguiriam empunhar a bandeira da "mudança".

Dilma preparava-se para ganhar um segundo mandato, percorrendo uma passagem estreita e sobrevivendo ao mal-estar de junho de 2013. A Copa não fora o desastre previsto. A economia tinha problemas, mas com os tucanos poderia ser até pior – reconheciam muitos. A avaliação popular do governo começava a melhorar.

Exatamente aí veio o 13 de agosto. No avião em que estavam Eduardo e seus assessores, naquela manhã terrível em Santos, estava também uma conjuntura política que não se vai refazer. Aécio e sua tentativa de "tucanismo renovado" caíram no avião, com Eduardo. A estratégia dilmista de ganhar sem disputa, quase sem política, também se esfacelou com o avião.

A velha UDN vai embarcar no voo solo de Marina?

O Ibope mostra Dilma com 34%, Marina com 29% e Aécio com 19%. Números forçados? Na margem de erro? Quem sabe... Mas o fato é que Marina Silva emerge de agosto como a favorita para vencer.

Há, sim, certo temor (nas elites e nos setores orgânicos de trabalhadores) diante de uma candidata que mistura um discurso de defesa ambiental com um moralismo tosco e perigoso. Há a desconfiança diante de uma candidata que tem a cara de junho, ou seja: pode ser tudo e nada ao mesmo tempo. Só que o cansaço com vinte anos de PSDB e PT parece ser maior ainda.

A eleição caiu no colo da Marina. Ela só perde se errar muito. Ela só perde se o PT, Dilma e Lula fizerem política em vez de terceirizarem a eleição para João Santana.

Depois de todo junho há um agosto. Mas depois de agosto, há ainda setembro e outubro para que o Brasil decida se – pela terceira vez na história (depois de Jânio e Collor) – vai apostar numa liderança política que finge não fazer política.

Junho de 2013 foi política em estado bruto: gente fazendo política nas ruas e nas telas, mas berrando contra a política. Agosto de 2014 parece ser a continuação desse engano. Há tempo de desfazer o engano? Pouco tempo.

Só a política de outubro, na boca da urna, pode evitar um mergulho que não seria rumo ao desconhecido, mas rumo a uma história que conhecemos tão bem.

Dois mil e catorze, seu outro nome é 1960? Veremos em breve.

15 – Dilma x Aécio: a maturidade do voto (06/10/2014)

Dilma vai enfrentar Aécio Neves no segundo turno. É o tradicional confronto PT x PSDB que se repete. Isso significa que a "velha" política ganhou da "nova"?

Não. Significa que a democracia brasileira mostrou maturidade. Marina tem uma biografia respeitável, mas tentou ganhar a eleição tratando o eleitor feito criança. "Eu sou o novo" (sei...), "vou governar com os 'bons' de cada partido" (só faltava escolher os maus), "quero menos Estado e mais política social" (mágica?), "no meu governo não haverá toma lá dá cá no Congresso, contaremos com a pressão das ruas" (seria um governo bolchevique, com o Congresso cercado pelas massas, enquanto a Neca Setúbal acerta o resto com os bancos?).

A nova política era uma miragem. E junho de 2013? Onde foi parar? Nos 1,5% de Luciana Genro?

Marina se desmanchou. Nunca numa eleição presidencial se viu nada parecido. O Brasil não engoliu Marina. E Marina foi engolida pela realidade. Em 2014, sai da eleição menor do que em 2010. Apesar de ter conquistado cerca de dois pontos percentuais a mais do que na última eleição. Mas queimou patrimônio político.

Aécio sai do primeiro turno com 33% (exatamente o mesmo percentual de Serra em 2010). Dilma sai com 42% (cinco pontos abaixo de 2010; fruto das dificuldades concretas do governo, da economia que cresce menos do que em 2010). Isso aponta para um segundo turno mais difícil do que em 2010.

Mas voltemos a Marina. No fim de agosto, a candidata chegou a aparecer dez pontos à frente de Dilma em simulações de segundo turno. Aécio era dado como morto. Mas a política se impôs. Não a nova, nem a velha, mas a política.

Dilma partiu para o combate aberto, fez o contraponto, mostrou as incongruências de Marina. Desmontou a tese do BC independente, do desprezo pelo pré-sal. Não foi uma campanha de mentiras. Foi o confronto político. Marina mostrou a consistência de um sorvete derretido.

Aécio fez o mesmo: mostrou o "risco" Marina, e retomou espaço, apesar da derrota acachapante em Minas do candidato tucano a governador.

Isso tudo mostra, sim, a maturidade da democracia brasileira.

E o segundo turno? Será duríssimo. Virão as denúncias da *Veja*, as matérias de Ali Kamel no *Jornal Nacional*. Tudo contra Dilma. Nada de novo.

Mas Dilma é favorita. Jamais um candidato que venceu o primeiro turno sofreu virada em eleições presidenciais no segundo turno. Fora isso, Aécio não terá a máquina tucana nos três colégios eleitorais onde o tucanato é mais forte: Minas (PSDB sai humilhado), São Paulo e Paraná (onde Alckmin e Beto Richa colheram vitórias já no primeiro turno, e a máquina partidária tende a funcionar de forma mais preguiçosa no segundo).

O PT deve vencer – mas com uma margem mais estreita do que nas eleições passadas. O clima de ódio é maior, as dificuldades na economia são reais.

O que joga a favor de Dilma? Os programas sociais, o desemprego baixo e a imagem pessoal de retidão.

Aécio vai contar com a máquina midiática e com o ódio militante da classe média. Mas parece que isso não tem sido suficiente para ganhar eleição no Brasil – desde 2006.

A oposição precisava de um projeto novo. Alguns setores tentaram inventar o "Projeto Marina". Fracassou. Agora, volta-se ao velho leito liberal.

Aécio é FHC. Se a imagem do ex-presidente supostamente ajudou o tucano mineiro a chegar no segundo turno, agora vai virar uma bola de ferro – que o senador mineiro terá que arrastar pelas ruas, Brasil afora.

Lula x FHC. Dois projetos. O Brasil vai decidir de novo o que prefere.

16 – Elitismo tucano: ataque aos nordestinos
(11/10/2014)

A base política do PSDB é contra o Bolsa Família, chamado de "bolsa esmola" pelos tucanos há dez anos. E economistas tucanos acham que é preciso reduzir salários para dar mais competitividade à economia.

Não é boato. É fato.

É preciso mostrar isso ao povo nordestino, ao povo trabalhador que vive nas periferias de São Paulo, Rio, Belo Horizonte.

Não é por outro motivo que Aécio é considerado o candidato que representa os ricos, segundo pesquisa do Ibope.

O PSDB iniciou a primeira semana do segundo turno no salto alto. Um amigo participou de reunião num órgão público ligado ao governo paulista, na segunda-feira seguinte ao primeiro turno, e o clima era de euforia: "Vamos salvar o Brasil", dizia um tucano (talvez imbuído do espírito da Revolução de 1932).

Àquela altura, já se multiplicavam nas redes sociais os ataques aos nordestinos – que haviam votado massivamente em Dilma. Ataques vindos especialmente de São Paulo.

Mesmo os tucanos mais comportados escreviam mensagens dizendo: "Aqui é São Paulo!" (numa referência à consistente votação recebida por Aécio em terras paulistas).

Para completar, FHC deu a declaração desastrada dizendo que o PT só tem voto entre os "desinformados". Ok, são mais de 40 milhões de desinformados. Muita gente entendeu a declaração de FHC como ataque frontal ao Nordeste.

Hum...

Nas artes marciais, há um conceito interessante: é sempre possível usar a força do adversário para derrotá-lo. O PSDB é forte em São Paulo. O ódio ao PT em São Paulo é também fortíssimo. São fatos inegáveis.

Só que isso parece ser, ao mesmo tempo, a fraqueza dos tucanos.

Nas redes e nas ruas, iniciou-se uma reação aos ataques da elite de São Paulo contra o povo nordestino. O PSDB ganhou (de novo?) o rótulo de partido dos elitistas, preconceituosos. Claro que o PSDB não é só isso. Mas o tema correu pelas redes e o PSDB agora corre para desfazer o estrago.

Durante a semana, o partido chegou a espalhar nas redes sociais pesquisa falsa (publicada pela revista *Época* – que pertence à Globo) – que daria oito pontos de vantagem a Aécio.

Nada disso! Há empate técnico – confirmado por Ibope e Datafolha.

Dilma sofre um bombardeio midiático por conta de uma "delação" que foi vazada para a Globo – sem provas e com ataques ao PT. Mas, por baixo do discurso oficial, nas redes e à boca pequena, a arrogância tucana ofereceu ao PT um mote que parece ter chegado ao povo: Aécio é o candidato da elite, especialmente da elite paulista.

Aécio permanece no salto alto. Ele tem como certo que já assegurou os votos marinistas. A eleição será duríssima, e 49% dos eleitores seguem acreditando que Dilma será eleita, contra 42% que apostam em Aécio.

Levantamentos internos mostram que Dilma já começa a recuperar eleitores, e que há um rigoroso empate entre os dois candidatos.

A questão nordestina parece ser o calcanhar de aquiles do PSDB de Aécio e FHC. Com fama de elitistas, e com um candidato que tem fachada de playboy, os tucanos terão dificuldades se essa imagem se cristalizar entre o povo.

E isso começou a acontecer.

17 – A força simbólica do ato na PUC
(21/10/2014)

Desde a campanha de 1989 que não se via um ato político com tamanha carga de emoção em São Paulo. Os paulistas que votam no PT foram nessa segunda-feira, 20 de outubro, para o Tuca – histórico teatro da PUC-SP, no bairro de Perdizes.

O local tem um peso simbólico. E o PT, há tempos, se descuidara das batalhas simbólicas. O Tuca foi palco de manifestações contra a ditadura, foi palco de atos em defesa dos direitos humanos. Portanto, se há um lugar onde os paulistanos podem se reunir para dizer "basta" à onda conservadora, esse lugar é o teatro da PUC.

O PT previa um ato para quinhentas ou oitocentas pessoas, em que Dilma receberia apoio de intelectuais e artistas. Aconteceu algo incrível: apareceu tanta gente que o auditório ficou lotado e se improvisou um comício do lado de fora – que fechou a rua Monte Alegre.

Em frente ao belo prédio, com suas arcadas históricas, misturavam-se duas ou três gerações: antigos militantes com bandeiras vermelhas, jovens indignados com o tom autoritário e cheio de ódio da campanha tucana, e também o pessoal de quarenta ou cinquenta anos – que lembra bem o que foi a campanha de 1989.

No telão, a turma do lado de fora conseguiu acompanhar o ato que rolava lá dentro. Um ato amplo, com gente do PT, do PSOL, PCdoB, PSB, além de intelectuais e artistas que estão acima de filiações partidárias (como o escritor Raduan Nassar), e até ex-tucanos (Bresser-Pereira).

Bresser, aliás, fez um discurso firme, deixando claro que o centro da disputa não é (nunca foi!) corrupção, mas o embate entre ricos e pobres. "Precisou do Bresser, um ex-tucano, pra trazer a luta de classes de volta à campanha petista" – brincou um amigo jornalista.

Gilberto Maringoni, que foi candidato a governador pelo PSOL em São Paulo, mostrou que o partido amadurece e tende a ganhar cada vez mais espaço com uma postura crítica – mas não suicida. Maringoni ironizou o discurso da "alternância de poder" feito pelo PSDB e pela elite conservadora: "Somos favoráveis à alternância de poder. Eles governaram quinhentos anos. Nos próximos quinhentos, portanto, governaremos nós".

Logo chegaram Dilma e Lula (que vinham de outro ato emocionante e carregado de apelo simbólico, na periferia da zona leste paulistana). Brinquei com um amigo: "Bem que a Dilma agora podia aparecer neste balcão do Tuca, virado pro lado de fora, onde está o povo...".

Vieram os manifestos de artistas e professores, lidos por Sergio Mamberti. E surgiram também depoimentos gravados em vídeo: Dalmo Dallari (o antigo jurista que defende os direitos humanos) e Chico Buarque.

Quando este último falou, a multidão veio abaixo. A entrada de Chico na campanha teve um papel que talvez nem ele compreenda. Uma sensação de que – apesar dos erros e concessões em doze anos de poder – algo se mantém vivo no fio da história que liga esse PT da Dilma às velhas lutas em defesa da democracia nos anos 1960 e 1970.

Nesse sentido, Chico Buarque é um símbolo só comparável a Lula na esquerda brasileira.

Aí chegou a hora das últimas falas. Lula pediu que se enfrente o preconceito. Incendiou a militância. E Dilma fez um de seus melhores discursos nessa campanha. Firme, feliz.

Dilma mostrou – de forma tranquila, sem ódio – que o PSDB tem um projeto de apequenar o Brasil. Lembrou os ataques ao Brasil nas manifestações contra a Copa (sim, ali o que se pretendia era rebaixar a autoestima do povo brasileiro, procurando convencê-lo de que seríamos um povo incapaz de receber evento tão grandioso), lembrou a incapacidade dos adversários de pensarem no Brasil como uma potência autônoma.

Dilma mostrou clareza, grandeza e calma. Muita calma.

Quando o ato terminou, já passava das onze da noite. E aí veio a surpresa: Dilma foi, sim, para a janela, para o balcão do teatro voltado para a rua.

No improviso, sem microfone, travou um diálogo com a multidão, usando gestos e sorrisos. Parecia sentir a energia que vinha da rua. Dilma, uma senhora já perto dos setenta anos (xingada na abertura da Copa, atacada de forma arrogante nos debates e na imprensa), exibiu alegria e altivez.

Foram dez minutos, sem microfone, sem marqueteiro. O povo cantava, e Dilma respondia – sem palavras. Agarrada às grades do pequeno balcão, pulava e erguia o punho cerrado para o alto. Não era o punho do ódio. Mas o punho de quem sabe bem o lado que representa.

Dilma não é uma oradora nata, não tem o apelo popular de um Lula. Mas nessa campanha ela virou líder. O ato no Tuca pode ter sido o momento a marcar essa passagem. Dilma passa a ser menos a "gerente" e muito mais a "liderança política" que comanda um projeto de mudança iniciado há doze anos.

Dilma traz ao PT uma pitada de Vargas e Brizola, de trabalhismo e de defesa do interesse nacional. E o PT (com apoio da militância popular, não necessariamente petista) finalmente parece ter incorporado Dilma, não como a continuadora da obra de Lula, mas como uma liderança que se afirma por si. Na luta concreta.

18 – Dilma derrota o ódio (26/10/2014)

Há vitórias maiúsculas, obtidas com ampla margem sobre o oponente. E há vitórias gigantescas, obtidas com estreita margem.

A reeleição de Dilma é uma vitória do segundo tipo. Gigantesca, pelo tamanho da onda conservadora que a candidata teve que enfrentar. Dilma derrotou o ódio, derrotou a maior onda conservadora no Brasil desde 1964.

Muita gente comparou essa campanha de 2014 à eleição de 1989 – que opôs Collor a Lula. Concordo, apenas em parte. O grau de tensão e terrorismo midiático foi semelhante. Mas há uma diferença importante...

Collor era um líder solitário, com apoio da Globo e um discurso messiânico. Aécio representa outra coisa: a direita orgânica, com apoio dos bancos, de toda a velha mídia, da classe média raivosa, do pensamento econômico conservador, dos pastores mais reacionários, dos *pitboys* de academia que querem pendurar negros nos postes, do discurso antipetista, antinordestino.

Ganhar, tendo que enfrentar uma onda de tamanha proporção, significa uma vitória gigantesca – que precisa, sim, ser comemorada. Com serenidade, mas também com alegria.

Dilma derrotou Aécio Neves, o típico garotão arrogante da elite brasileira. Derrotou o sorriso de deboche e a (falsa) superioridade que Aécio exibiu nos debates. Derrotou o discurso de ódio que ele ajudou a disseminar – dizendo que pretendia "libertar o Brasil do PT".

O Brasil se libertou de Aécio e seus aeroportos privados, de Aécio e sua irmã das sombras, de Aécio e sua corja de apoiadores na imprensa mais porca que o Brasil já teve.

Dilma derrotou a revista da marginal e seus colunistas de longas e conhecidas carreiras. Nos momentos de euforia, esses colunistas se veem gigantes. Mas são anões do jornalismo.

Dilma derrotou os blogueiros apopléticos e seus castelos de areia, derrotou os comentaristas gagos, as mírians, os mervais e outros que tais.

A vitória de Dilma é a derrota de ex-cineastas e ex-roqueiros que se afogam na baba elástica do ódio. Mas Dilma também derrotou os neoliberais, os armínios e os fhcs. Esses, talvez, os mais honestos adversários – posto que apresentaram seu programa e o debateram de forma aberta.

O Brasil rejeitou, pelo voto, o discurso de combate aos programas sociais, de redução do Estado: foi a quarta derrota seguida do liberalismo tucano – que quebrou o país nos anos 1990.

Também derrotados foram a Globo e Ali Kamel: quarta derrota seguida. Kamel é o comandante de um império jornalístico em decadência.

O Brasil votou pelo planejamento e contra o privatismo – que entrega até água para o mercado, matando São Paulo de sede.

Foi a vitória da razão de Estado contra o fundamentalismo do mercado.

Foi a vitória do trabalhismo contra o moralismo rastaquera.

Dilma derrotou o ódio nas urnas. Agora é preciso derrotar o golpismo midiático.

Na última semana de eleição, já estava claro que o aparato midiático conservador apostaria num terceiro turno.

O PSDB e a velha mídia partirão para o ataque agora, porque sabem que em quatro anos terão que encarar outro osso duro de roer: Lula.

O Brasil deve dizer a eles que tenham paciência. O ano de 2018 é logo ali.

Os tucanos que se recolham às fronteiras de 1932. E façam o debate com Lula em 2018.

Dilma certamente sabe que sua vitória gigantesca só foi possível porque a campanha caminhou alguns graus à esquerda – incorporando jovens e coletivos populares que são até críticos ao governo petista, mas sabem o que significa o tucanato.

Com a onda popular no segundo turno, a presidenta deixou de ser a gerente, a administradora escolhida por Lula. Dilma virou a líder de um projeto que só avançará se ela tiver coragem para colher nas ruas o apoio que talvez lhe falte no Congresso.

Alianças ao centro serão necessárias, mas o que vai garantir que o projeto siga adiante é o apoio popular (o verdadeiro apoio) – se o aparato conservador partir mesmo para o terceiro turno.

O Brasil ficou mais forte. O ódio perdeu. De novo.

IV – De Dilma a Temer
– a direita nas ruas e o golpe de 2016

1 – Levy e a república dos economistas
(06/01/2015)

O Brasil já teve sua República dos Bacharéis. Durante a primeira fase republicana (1889-1930), o ambiente político era dominado pelo vocabulário jurídico e recheado de frases pomposas em latim – forjadas nas academias de direito (especialmente na Faculdade do Largo de São Francisco, em São Paulo).

Era um saber disponível para poucos. Era a marca distintiva do poder.

Numa aproximação simplista, penso nos bacharéis ao deparar-me com o ambiente que domina o debate político no Brasil nesse início do segundo mandato de Dilma. Em vez de República dos Bacharéis, vivemos sob uma República dos Economistas.

Reparem nos símbolos, nas operações poucos sutis – escancaradas pela capa da *Veja*. A revista conservadora paulista contrapõe Dilma a Joaquim Levy, sob o título: "O poder e o saber".

É como se a legitimidade não estivesse nas mãos de quem elegemos pelo voto, mas no "saber" de poucos escolhidos – os únicos capazes de adotar a "verdadeira" cartilha econômica. É um saber disponível para poucos. É a marca distintiva do poder.

FGVs, PUCs/RJ e FEAs/USP substituem a velha academia do Largo de São Francisco. Só há hoje um vocabulário aceitável no trato das coisas de Estado. O poder está nas mãos dos economistas e consultores. É uma questão "técnica".

A razão de Estado está sequestrada por um saber técnico que encobre interesses claros: os consultores que pedem juros mais altos trabalham para bancos que ganham com os juros.

Simples, mas bem disfarçado.

Levy é festejado pela velha mídia. Somos informados que alguns dos escolhidos pelo novo ministro estudaram em Chicago – que há tempos substituiu a velha Coimbra, como meca acadêmica para onde a elite envia seus filhos e netos.

Em verdade, desde a redemocratização, em 1985, o debate político vinha sendo dominado pelos economistas. Mesmo aqueles avessos ao liberalismo de manual – como Sayad e Bresser-Pereira, nos idos do governo Sarney...

Foi, aliás, o mais medíocre dos economistas sarneysistas quem virou dono da principal consultoria econômica liberal: o ex-ministro Maílson da Nóbrega criou a empresa de consultoria Tendências – com escritório (sintomaticamente) na rua Estados Unidos, em São Paulo. Nos anos 1990, eu era um jovem repórter da Globo, e era na Tendências que íamos colher entrevistas de "especialistas" que endossavam a política neoliberal de Malan/FHC.

Maílson, funcionário público de carreira – quadro forjado no Estado brasileiro e que chegou quase por acaso a ministro da Fazenda com Sarney –, colocou-se alguns anos depois a serviço de um projeto que defendia o desmonte do Estado.

Naquela época de FHC, Gustavo Franco, Pedro Malan e Armínio Fraga – secundados pela rapaziada das consultorias e pelos colunistas ligados ao mercado – fizeram crer que só havia uma saída para o país: "fazer a lição de casa", expressão que ainda hoje me revira o estômago.

Os economistas sabiam o que era melhor para o Brasil: privatizar, reduzir o tamanho do Estado, abrir o país, "enterrar a era Vargas" (como ousou dizer FHC – o sociólogo que chefiava a tropa de economistas liberais).

Lula aceitou o jogo em 2002. Rendeu-se (ou parecia ter se rendido) ao discurso da lição de casa. Iniciou o primeiro governo com a dupla Palocci/Meirelles e sob a égide mercadista. Mas, a partir de 2005/2006, mudou a tática, com Guido Mantega.

A República dos Economistas quer interditar o debate. Quer fazer crer que a única saída é fazer (de novo?!) a "lição de casa" liberal.

O mundo entrou em crise em 2008 porque os países centrais do capitalismo aceitaram a desregulamentação total – sob domínio do mundo financeiro. O Brasil saiu-se razoavelmente bem da crise porque Mantega/Lula não optaram pela receita liberal diante da crise.

Claro que o Brasil precisa de algum ajuste em suas contas (gastou-se demais para incentivar o mercado interno). Claro que a conjuntura externa (com queda do preço das chamadas commodities) mudou.

Mas alto lá!

No Brasil, o Estado sempre puxou o desenvolvimento. Com Vargas e o trabalhismo, com a ditadura militar, com Lula/Mantega.

Dilma tentou dar mais um passo, reduzindo os juros. Ganhou a eleição de 2014, mas perdeu o debate. É o que parece. Com Levy, o setor financeiro está agora reocupando posições estratégicas na gestão econômica – e tenta fazer crer que "não há saída".

Na época dos bacharéis, na República Velha, quando os fazendeiros perdiam dinheiro com as variações do preço do café no mercado externo, o Estado era chamado para acudi-los. Liberalismo de araque. Da mesma forma, os ultraliberais da era FHC/Malan falavam grosso com o "excesso de direitos trabalhistas", mas aceitavam que os bancos deviam ser salvos pelo Estado para evitar "crises sistêmicas". O Programa de Estímulo à Reestruturação e ao Fortalecimento do Sistema Financeiro Nacional (Proer), lembram-se?

Era o ponto cego da política liberal de FHC. Uma vez revelado, mostrou que esse discurso de "menos Estado", seja com Malan ou com Levy, serve sempre para encobrir a prática de "menos Estado para as maiorias e mais Estado para os ricos".

Votei em Dilma (votaria de novo, repetidas as condições de 2014). E posso entender que o manejo de um país gigantesco requer concessões variadas. Mas aceitar que o discurso liberal fajuto ganhe de novo a hegemonia no debate é ceder em tudo.

Não se trata, aliás, de "Estado x mercado". Não! A disputa central no governo Dilma é outra: mais Estado para muitos ou mais Estado para atender aos interesses de poucos.

2 – O PT e o esgotamento de um modelo (12/02/2015)

Não há nenhuma dúvida de que o governo petista e o próprio PT enfrentam a crise mais grave desde que Lula chegou ao poder em 2003.

Muito mais grave do que a do mensalão em 2005: naquela época a economia não estava à beira da recessão, e o núcleo dirigente do PT e do governo era mais consistente.

A eleição de Eduardo Cunha não foi um raio em céu azul, mas o sinal de esgotamento de um modelo.

Lula aproveitou a maré favorável na economia internacional para articular um projeto de distribuição de renda, com fortalecimento do mercado interno, recuperação do papel do Estado e crescimento econômico – ajudando também a costurar um novo bloco de poder internacional, que se contrapôs à hegemonia dos Estados Unidos e Europa.

Não digo que Lula tenha sido apenas um "sortudo" (como afirmam certos economistas e colunistas ligados ao tucanato). Não. A fase de crescimento mundial, com valorização do preço das commodities (grãos, petróleo, minério de ferro), puxada principalmente pela China, foi o pano de fundo. Mas a oportunidade poderia ter sido desperdiçada. Não foi.

O que se fez nos últimos doze anos não foi pouco. A incorporação de 30 milhões de brasileiros ao mercado de consumo e ao de trabalho é um patrimônio que deve ser defendido. Assim como o projeto de uma Nação autônoma – recuperado nos anos Lula/Dilma.

O mérito do projeto lulista/petista foi ter aproveitado a maré internacional favorável para melhorar a vida dos trabalhadores e dos mais pobres no Brasil. Mas isso foi feito sem nenhuma mudança estrutural, sem ameaçar o poder efetivo dos mais ricos. Foi feito com acordos por cima e por baixo. E com acomodação no Congresso.

O projeto lulista, na feliz definição de André Singer, era (vejam que uso o verbo no passado) o de um "reformismo fraco". Reformas sem confronto.

Muitos lamentam que Lula não tenha trabalhado para politizar mais a sociedade enquanto esteve no poder. E que o PT tenha se acovardado diante da máquina midiática conservadora. Esse seria o motivo para o avanço da direita, que está ganhando a batalha das ideias, certo?

Nos últimos tempos, tenho sido levado a pensar que a explicação não é assim tão simples...

Vejamos: Argentina e Venezuela têm governos muito mais politizados (e politizantes), adotaram o confronto de ideias, fizeram o debate sobre a mídia. No entanto, vivem hoje em situação também delicada. A conclusão óbvia é que a conjuntura econômica tem um peso decisivo.

O modelo inicial lulista, em verdade, mudou bastante a partir de 2008. Quando a crise das hipotecas originada nos Estados Unidos travou a economia ocidental (reduzindo um pouco também o ímpeto chinês), o Brasil já tinha erguido um gigantesco mercado interno – graças às políticas sociais de Lula (Bolsa Família, forte recuperação do salário mínimo).

Foi esse mercado que garantiu ao Brasil (entre 2009 e 2014) níveis de crescimento razoáveis e desemprego muito baixo, em comparação com a tragédia social ocorrida no sul da Europa (Espanha/Portugal/Grécia) e em partes dos Estados Unidos.

Ao fim do primeiro governo Dilma, no entanto, também essa segunda fase parecia esgotada. Se desde 2008 já não se podia contar com a economia internacional, em 2014 ficou claro que o mercado interno (baseado mais em crédito e em desonerações fiscais do que em investimento) mostrava também sinais de esgotamento.

Dilma tentara aprofundar as mudanças, mas perdeu a batalha da redução dos juros: a burguesia nacional/industrial faltou ao encontro com a Nação e, em vez de se aliar ao esforço de redução dos juros, manteve-se fiel ao velho rentismo (melhor ganhar um dinheirinho com aplicação no banco do que com projetos produtivos).

Em 2014, já estava claro que seria preciso iniciar um novo ciclo, com novo projeto. Era preciso fazer algum ajuste nas contas do governo. A questão era (e é): ajuste para quem? Comandado por quem? Na campanha eleitoral, Dilma acenou à esquerda. Garantiu que ajuste neoliberal era coisa de Marina e Aécio. Passada a eleição, virou à direita.

Esse é o novo ciclo que o PT oferece ao Brasil? Para isso já há o PSDB e seus aliados midiáticos.

Ah, mas Lula fez parecido em 2003. Ora, há uma diferença brutal: Lula fez a "Carta aos Brasileiros" antes da eleição, em 2002. Dilma fez um "contrato" para vencer a eleição, em 2014. E, no primeiro mês de mandato, rompeu em parte o contrato. Dilma apostou tudo na governabilidade, e jogou fora parte da energia das ruas que garantiu sua vitória.

A eleição de Eduardo Cunha, em si, não deveria ser uma surpresa. O Congresso que saiu das urnas em 2014 era claramente dominado pelo Centrão.

A presidenta agora se defronta com o pior dos mundos: não tem a governabilidade no Congresso e perdeu o apoio de quem poderia defendê-la nas ruas contra manobras golpistas. Sejamos claros: quem irá para a rua defender Dilma e a política recessiva do Levy, se vier um pedido de impeachment?

A economia vai para a recessão. Isso já não é mais uma hipótese. Mas uma certeza. Além disso, o país vai parar com a nova CPI da Petrobras. E a Lava Jato vai arrastar dezenas de parlamentares para a lama. Tudo isso sem que o PT tenha qualquer capacidade de reação.

O cenário no Brasil é de um bombardeio midiático ininterrupto, baseado no discurso moral. Já vimos para onde isso nos levou em 1954 – quando o mar de lama udenista terminou em tragédia.

O tempo dos acordos e do reformismo fraco está encerrado. Sem renovação imediata, o PT não vai acabar (como afirmou Marta, de forma açodada e oportunista), mas definhar. Nesse caso, o PT não seria derrotado pelo "mar de lama" – como afirmam mervais e colunistas toscos na revista da marginal. Mas pela falta de capacidade de reagir à agenda conservadora, e pelo fato de não propor um novo modelo de desenvolvimento alternativo ao neoliberal.

3 – Ódio contra Lula: bombas e palavras
(31/07/2015)

Na história da humanidade foi sempre assim: o ódio das bombas é precedido pelo ódio das palavras.

O Instituto Lula, em São Paulo, acaba de ser atacado por uma bomba caseira, lançada durante a noite. Imaginem um Instituto Clinton, ou uma Fundação Chirac, ou ainda uma Fundação FHC atacados de forma violenta. Um escândalo. Um ataque à democracia.

A bomba foi precedida pelo ódio disseminado há anos e anos por blogueiros, colunistas e revistas que se transformaram em panfletos do ódio e da mentira.

A polícia precisa dizer quem lançou a bomba no prédio, no bairro do Ipiranga. Não sabemos a identidade do criminoso. Mas sabemos bem quem disseminou o ódio que produziu o demente do Ipiranga.

Você não precisa gostar do Lula e do PT para entender que algo está errado. Estamos em meio a uma escalada autoritária. Que pode virar, sim, um surto fascista.

O demente que lançou a bomba contra o Instituto Lula foi precedido por colunistas, blogueiros e pelo bando que – nas redes e nas ruas – espalha o ódio, trata os adversários como "facção criminosa" e alinha-se com o que o mundo produziu de pior no século XX: o fascismo.

O ataque ao Instituto Lula é terrível. Mas deve servir para trazer os tucanos e conservadores mais lúcidos à razão. É preciso frear essa escalada.

É preciso isolar a direita fanática, é preciso trazer os centristas para o combate em defesa da democracia.

Está na hora de traçar uma linha no chão.

Não brinquem com a democracia no Brasil!

4 – O velho conservadorismo na Paulista
(17/08/2015)

Nasci em São Paulo. Sou filho da classe média desta cidade e reconheço os conservadores paulistanos na primeira frase.

Eles já foram janistas (contra o "FHC ateu" em 1985), depois malufistas (nos embates contra a Erundina "sapatão" e a Marta "vagabunda" – que agora acha que será aceita de volta). Nos últimos tempos, se disfarçam de tucanos. Mas podem virar bolsonaristas, caiadistas... Qualquer coisa serve, desde que signifique a defesa de um estilo de vida individualista, dominado por falso moralismo e por clara devoção aos EUA.

Aos catorze ou quinze anos, eu já ouvia o papo de que "os nordestinos estragaram essa cidade", ou de que "na época do Médici não tinha essa bagunça". Ouvia piadinhas em ambientes sociais sobre como era bom "não ter negros por perto".

Digo isso para explicar que não preciso de pesquisa para saber quando estou diante do velho conservadorismo paulistano: ele tem cara, sotaque, roupas e trejeitos próprios.

Passei algumas horas do domingo na avenida Paulista. Logo vi as senhoras aloiradas, com a deselegância (in)discreta de que fala Caetano, e os senhores barrigudos, com ares de prosperidade e arrogância de quem espera o manobrista trazer o carro depois de um jantar nos Jardins. Esses eram os tipos mais comuns na Paulista.

Causou-me algum asco a procissão de motoqueiros velhos sobre suas Harley-Davidsons enfeitadas com "fora, Dilma", "prendam o Lula", "abaixo o comunismo" (qual comunismo? O do PT?). Aceleravam os motores, num exibicionismo constrangedor e agressivo. Eram muitos. Contei quase quinhentos na esquina da rua Augusta com a avenida Paulista.

Mas, claro, ali estavam também representantes da baixa classe média: "Na época do militarismo [eles preferem esse termo, em vez de usar 'ditadura'; os mais escolarizados falam em 'regime militar' ou 'época dos militares', jamais 'ditadura'], só bandido era morto, a gente podia andar tranquilo", diz um homem que se apresenta como taxista.

Esse era o povo da Paulista: maioria de ricos, brancos, e alguns remediados – mas adeptos da ideia do *self-made man*. Todos ultraconservadores. Conheço pelo faro. Posso andar entre eles, porque venho desse mesmo chão.

Por volta de meio-dia, cheguei a gravar o depoimento de uma senhora na esquina da avenida Paulista com a rua Peixoto Gomide: um curto vídeo – que já tem mais de 60 mil visualizações. Ela pedia a morte de Dilma e a volta dos militares.

Portanto, não me surpreende o perfil traçado pelo Datafolha das cerca de 130 mil pessoas que estiveram na manifestação paulistana:

1. 76% cursaram o ensino superior (a média brasileira, segundo o Instituto Brasileiro de Geografia e Estatística (IBGE), é de 7,9%).
2. 40% ganham mais de 3.900 reais por mês (ou seja, quase metade dos presentes está nas classes A/B).
3. 77% votaram em Aécio no segundo turno em 2014, e apenas 5% cravaram Dilma.

Esses números bastam para entender um fato: não estavam na rua os "novos" descontentes com a presidenta – que viraram as costas para o governo por causa das escolhas "levyanas".

Sim, Dilma tem hoje índices muito baixos de aprovação. Mas quem foi à rua nesse dia 16 para pedir o impeachment ou a morte de Dilma/Lula foi a turma que sempre detestou o PT (muito antes de qualquer denúncia de corrupção), e que já havia votado em Aécio no ano passado.

Os arreganhos fascistas na Paulista não significam que uma onda de eleitores indignados passou para o lado da oposição. Essa gente da Paulista sempre esteve na oposição desde 2002.

A diferença é que agora o conservadorismo se sente à vontade para pedir "intervenção militar", "morte de Dilma", "fim do PT" (até porque houve ampla semeadura do discurso de intolerância por parte de blogueiros da revista da marginal *et caterva*).

Sim, é assustador ver a face obscura e odienta dos senhores de meia idade da Paulista e de Copacabana. Mas eles sempre estiveram aí. A mim, não me enganam. São os de sempre – agora mais assanhados.

É preciso enfrentá-los. Não é possível convencê-los.

O conservadorismo (com toques fascistas) está em alta. E não vai sumir só com acertos e conciliações. Será preciso derrotá-lo nas ruas e nas redes.

5 – A resposta da esquerda nas ruas
(21/08/2015)

Sim, havia menos gente nas ruas nessa quinta (20 de agosto) do que no último domingo (16 de agosto). Mas ainda assim as marchas pela democracia resultaram num grau de mobilização surpreendente, dadas as condições objetivas em que a guerra se trava.

A manifestação golpista do dia 16, lembremos, teve amplo apoio midiático: a Globo passou a manhã fazendo chamadas para inflar o ato da tarde em São Paulo. E ainda assim o número de manifestantes na Paulista foi de 130 mil pessoas – menos, muito menos do que na manifestação golpista do dia 15 de março.

A marcha desse dia 20, em São Paulo (e em outras partes do Brasil foi igual), não tinha famílias inteiras na rua nem gente com a camisa da CBF. Era o povo organizado, eram os militantes de movimentos sociais, sindicatos, estudantes. Muitas mulheres, muitos negros. A cor da rua era a cor do povo brasileiro, com sua diversidade e sua riqueza.

A CUT, com base em avaliação da PM, chegou a falar em 60 mil pessoas no Largo da Batata (zona oeste de São Paulo), onde se deu a concentração no fim da tarde. Jornalistas experientes calculavam que havia algo entre 40 e 50 mil pessoas quando a multidão começou a caminhar em direção à Paulista, debaixo de garoa fina.

Ao fim, o Datafolha estimou em 37 mil o total de presentes. Ok, digamos que tenham sido cerca de 40 mil, ou seja, um terço do que havia na marcha golpista de domingo.

No domingo (dia 16), estavam na rua os ricos e brancos que defendem: "derrube-se a Dilma", "prenda-se o Lula", "acabe-se com o PT e todos os males do Brasil estarão resolvidos".

Na quinta (dia 20), estavam na rua os que defendem: "cumpra-se a Constituição", "respeite-se o voto da maioria", "combata-se a corrupção de todos os partidos". A mídia velha queria que se acreditasse que o ato do dia 20 era "a favor de Dilma" de forma incondicional. Mas não era.

O grito de guerra mais ouvido, além de "não ao golpe", foi: "Fora daqui o Eduardo Cunha, e leve junto o Levy".

A guerra de narrativas traduziu-se também numa guerra de imagens. Se os tucanos, com ajuda da Globo, tentaram no domingo inflar a imagem de um Lula "presidiário" (o boneco inflável do ex-presidente faz parte de uma estratégia de apoio das estripulias do juiz Sergio Moro), o povo que foi às ruas nesse dia 20 deu o troco: Serra e Aécio foram "homenageados", vestidos igualmente de presidiários.

Eduardo Cunha recebeu tratamento idêntico. E Joaquim Levy completava o exótico grupo de bonecos – com uma diferença visível: ao contrário dos outros três, Levy não foi tratado como "bandido" preso, mas apenas como inimigo vestido com uma casaca preta de banqueiro.

O ato do dia 20 pode ter sido menor do que o do dia 16. Mas mostrou um grau de unidade e maturidade da esquerda que há muito não se via. E isso tudo sem mídia, com um governo acuado.

Não havia nenhum grande líder a chamar a multidão. Novos líderes estão sendo forjados nesse processo, e se há uma voz que se afirma, ela é a de Guilherme Boulos, do Movimento dos Trabalhadores sem Teto (MTST), que fala grosso contra a direita, sem ceder um milímetro para as "levyandades" do governo.

Essa maturidade será cada vez mais necessária daqui para a frente.

6 – O ajuste de Levy: maior ameaça a Dilma (10/09/2015)

Quarta-feira à noite. No intervalo do futebol, na Globo, o locutor interrompe o show de gols para uma chamada jornalística sobre "esse dia difícil na economia brasileira". Fiquei a esperar a pancada, uma frase de Sardenberg ou do Jabor. Que nada.

No estúdio do *Jornal da Globo*, a sorridente (e tensa) apresentadora dá destaque para a entrevista exclusiva do ministro da Fazenda Joaquim Levy, que seria levada ao ar logo depois.

A notícia, na Globo, já não era o corte do grau de investimento pela agência Standard & Poor's. A Globo lançou a boia para salvar Levy. A Globo – que alimentou a pauta mercadista do "corta gasto, sobe juros, prende e arrebenta" – corre o risco de ser tragada pelo turbilhão da instabilidade.

Dilma foi eleita porque enfrentou o discurso mercadista. E prometeu que não se curvaria a ele. Passado o pleito, escolheu Levy como ministro, cedendo às chantagens.

Algum ajuste era necessário. Isso é fato. Mas Dilma escolheu o ajuste ultraliberal. Não buscou medidas simbólicas para taxar os ricos. Tinha capital político (força das urnas) para isso em janeiro. Hoje, esse capital político já não existe.

Banqueiros, "analistas" e mídia encostaram a faca no pescoço de Dilma e disseram: entregue-nos a chave do cofre, ou caia fora.

O estrago está feito. Dilma perdeu apoio popular, esfarelou a base organizada do lulismo. E ficou também sem o grau de investimento. Pior: perdeu a possibilidade de reagir à chantagem mercadista.

A receita de Levy é suicida. Os cortes brutais geraram contração do PIB, acompanhada de aumentos escorchantes de juros: tudo "para conter a inflação". Mas, ora essa, a inflação no Brasil não é provocada por demanda aquecida (ao contrário, a demanda está indo para o subsolo), então os juros são o remédio errado, na dose errada, no momento errado.

PIB em baixa e dívida pública em alta: o resultado dessa equação é que a relação dívida/PIB só aumenta. Até agora, quem saiu às ruas para pedir a derrubada de Dilma foi a turma que sempre votou nos tucanos. Se a presidenta não defenestrar Levy e mudar a economia, em poucos meses podem estar contra ela também os filhos do lulismo – órfãos de um governo que se acovardou.

Este blog é absolutamente contra qualquer movimento em favor do impeachment. Não há base jurídica para isso. Nesse momento, o impeachment é o golpe dos que perderam a eleição. Mas o fato é que Dilma está se esfarelando.

Agora é hora de decidir o que vale mais: a democracia ou a sanha dos mercados. A primeira vem perdendo de goleada. O risco, no Brasil, é a democracia também perder o grau de investimento. Não estamos tão longe disso.

7 – As ilegalidades de Moro: Lula sequestrado (04/03/2016)

Há duas formas de avaliar as reações aos abusos cometidos pela Polícia Federal nesta sexta-feira de infâmia judicial e midiática.

Uma é constatar a imensa capacidade de mobilização dos cidadãos, dos movimentos sociais, dos sindicalistas e trabalhadores. Foi impressionante a forma com que as pessoas, sem nenhuma liderança aparente, passaram a se articular e se manifestar desde as primeiras horas do dia, percebendo a gravidade da situação.

Atos de militantes e cidadãos tomaram conta de várias capitais. Isso tem sua importância porque mostra aos golpistas da Globo e do Judiciário que não darão golpe sem resistência. Em 1961, Brizola disse aos golpistas: "Não darão um golpe pelo telefone; se quiserem o poder na marra, terão que lutar". E, assim, se barrou o golpe.

Há, nesse momento, uma tentativa de criminalizar e expurgar da vida institucional todo um campo político, que representa algo entre 25% e 40% do povo brasileiro.

A reação foi importante. E será necessário manter a mobilização nas próximas semanas, porque Moro é um homem traiçoeiro. Ele vai seguir adiante, até porque conta com cobertura midiática. Por isso, em minha modesta opinião, a Globo deveria ser o alvo de toda a reação.

A Globo é o centro do golpe! Moro, com apoio da Globo e do PSDB, cruzou a fronteira da legalidade nesta sexta-feira de infâmia.

O professor de direito constitucional Pedro Serrano, da PUC/SP, acaba de publicar um texto límpido na *Folha*, mostrando que a condução coercitiva de Lula atropelou as regras legais em dois pontos:

1. A medida é prevista na fase de julgamento do processo, e não durante o inquérito policial.
2. Só pode ser aplicada se o acusado não tiver atendido à intimação anterior, o que não aconteceu no caso de Lula.

A Polícia Federal agiu fora das normas legais, sob a guarda de Moro e do aparato midiático.

Mas digamos que vocês queiram ouvir outras vozes. Então sugiro que ouçam o que diz o ministro do Supremo Tribunal Federal, Marco Aurélio Mello:

> Condução coercitiva? O que é isso? Eu não compreendi. Só se conduz coercitivamente, ou, como se dizia antigamente, debaixo de vara, o cidadão que resiste e não comparece para depor. E o Lula não foi intimado. Precisamos colocar os pingos nos "is". Nós, magistrados, não somos legisladores, não somos justiceiros. Não se avança atropelando regras básicas.

Moro é um justiceiro que atropela as regras e põe a Justiça a serviço de propósitos partidários. O senador Roberto Requião, mais direto, definiu bem a situação em sua conta no Twitter: "Tirar de madrugada, de casa, para depoimento coercitivo, uma pessoa que não foi intimada nem se recusou a depor é sequestro".

Lula foi sequestrado pela PF, com a guarida de Moro. Foi isso. Nem mais nem menos.

Operou-se um golpe contra a Constituição. E só foi possível porque se criou no país um clima de ódio, insuflado pela Globo, pelos irmãos Marinho e por seus capatazes.

Vocês conseguem imaginar FHC sendo conduzido coercitivamente para depor sobre as privatizações criminosas que praticou? Ou Aécio sendo conduzido para falar sobre os vários delatores que o apontam como beneficiário de propinas?

Não conseguem imaginar. Nem eu. Porque seria ilegal. E porque a Justiça e a PF não teriam coragem de fazê-lo.

Hoje vi Aécio pedindo "serenidade" no Twitter. Não, senador, não haverá serenidade. Moro/Globo/PSDB cruzaram a fronteira da legalidade. Agora, segurem a onda.

8 – Gilmar barra Lula e o golpe avança
(19/03/2016)

Nesse 18 de março de 2016, não houve ódio. Na rua, mostrou-se a firme disposição de defender a democracia e as conquistas dos últimos treze anos. Houve também a denúncia da ação de um juiz – Sergio Moro – que rompeu com a lei e se transformou num baderneiro da Justiça. E houve o ataque firme ao golpismo descarado da Globo.

Lula falou ao povo, que se mostrou em sua diversidade: negros, brancos, mestiços; mulheres e homens; gays e travestis; funcionários públicos, estudantes de classe média, operários e agricultores. Tudo junto e misturado. Havia muito mais do que 100 mil pessoas na Paulista. Pelo menos o dobro disso.

A ação de Gilmar Mendes nessa noite de 18 de março de 2016, suspendendo a posse de Lula como ministro, foi tomada exatamente no momento em que as manifestações se dispersavam, e não deixa dúvidas: o golpe não vai parar.

Lula no governo não é importante para escapar da Justiça. Isso é uma mentira. Gilmar sabe disso. Impedir a posse é estratégico para impossibilitar que Lula aglutine a base de centro e barre o impeachment. É disso que se trata.

O fato é que as instituições cercaram o projeto que se saiu vitorioso nas urnas, nas últimas quatro eleições. No Judiciário, no Congresso, na PF e na mídia há um cerco absoluto. E sem volta.

Há vários meses, Moro testa os limites da institucionalidade. Prendeu várias pessoas de forma ilegal. Viu que não seria detido, e seguiu adiante.

Desde o dia 4 de março, a rigor, assistimos a um golpe em câmera lenta: 1) a condução coercitiva de Lula, precedida de intensa manipulação midiática produzida pela Globo; 2) a invasão de sindicatos pela PM paulista; 3) a queima de sedes de partidos e sindicatos Brasil afora; 4) os ataques fascistas no meio da rua, intimidando homens e mulheres; 5) a divulgação ilegal de grampos da presidenta da República; e 6) a violação do sigilo telefônico de 25 advogados, por parte do juiz Moro.

A escalada está clara. Só não enxerga quem não quer.

A Constituição de 1988 está sendo pisada, a institucionalidade destruída. Os votos de 54 milhões de pessoas, jogados no lixo. É um ataque frontal à democracia. Na sequência, viria um governo Temer/Serra/Cunha, vendido como "governo de união nacional".

Lula, a essa altura, faria bem se pedisse apoio ostensivo no campo internacional; deveria entrar numa embaixada estrangeira e repetir o papel de Julian Assange: denunciar o consórcio midiático-conservador que tentasse tomar de assalto o Estado brasileiro.

Lula numa embaixada seria o símbolo de que o Brasil já não é mais uma democracia. E essa, sim, seria uma imagem simbólica desmoralizadora para os golpistas.

Não há exagero nem dramatismo nessa análise. Estamos a um passo de um novo 1964. Dessa vez, pessoas não vão sumir. Serão destruídas moralmente, terão sua vida revirada e exposta à execração pública. Em três ou quatro anos, parte da classe média vai se arrepender de ter gerado esse monstro. Mas será tarde.

Lula precisa ser preservado para ser uma voz de denúncia. E o Estado brasileiro não é mais um lugar seguro. É preciso buscar a proteção de outros estados, em que a lei ainda vale e a democracia não foi pisoteada.

No Brasil, já vivemos num estado de exceção jurídico e midiático.

É essa a realidade que vejo.

9 – O golpe dos corruptos (18/04/2016)

Depois de assistir à sessão do golpe, em Brasília, entendi por que a TFP (velha instituição católica de ultradireita que defendeu a ditadura em 1964) entrou em decadência.

A TFP tornou-se desnecessária. O discurso da "família acima de tudo" ganhou a parada.

"Pela minha família, pelos meus filhos, pela minha mulher", gritou um deputado/delegado de Goiás.

"Voto em nome do povo de Jesus", dizia uma moça com jeito de santinha.

Um amigo escreveu: "Ninguém agradeceu à (ou ao) amante?".

Deus e a família embalaram as declarações de voto. Quase ninguém lembrou das pedaladas fiscais. E assim a Câmara mais nojenta da história votou pelo impedimento de uma presidenta contra a qual não há acusações formais de crime.

Consumou-se o golpe dos corruptos. A imprensa mundial já havia percebido que este é o jogo: um bando de larápios se reúne sob o comando de um bandido para entregar o poder a um traidor com cara de mordomo de filme de terror.

Na sessão, um deputado do PSOL do Rio, Glauber Braga, chamou Cunha de "gângster". Cunha não moveu um músculo. Cumpriu sua missão. Entregou a cabeça de Dilma na bandeja.

Bolsonaro encenou a cena mais absurda quando comemorou o golpe, ao declarar seu voto: "Perderam em 1964, perderam de novo em 2016". E depois exaltou a memória do torturador Brilhante Ustra. Tudo sob risos cínicos e aplausos. Levou uma cusparada de Jean Wyllys; o que foi pouco, muito pouco diante do gesto brutal e patético do ex-militar Bolsonaro.

A extrema direita, o PSDB derrotado quatro vezes, o PMDB do traidor Temer, o baixo clero que teme a Lava Jato: todos se uniram no golpe parlamentar. O golpe dos corruptos.

O Brasil ingressa assim num túnel assustador. Os 54 milhões de votos foram jogados no lixo. Cunha ri da sua cara, da minha. E é tratado como um lorde pela imprensa mais venal da história brasileira.

Com o golpe consumado, histéricos na zona sul de São Paulo bateram panelas e gritaram durante meia hora o "fora, PT". Pronto, aliviaram suas frustrações...

Talvez os paneleiros não saibam, mas ingressamos na zona cinzenta do vale-tudo. Hoje você comemora porque a regra é quebrada para atender à sua vontade. Amanhã, a vítima pode ser você.

O programa Temer/PSDB/Globo significa aprofundar a recessão, cortar direitos, entregar o Brasil. Esse programa – a curto prazo – só se sustenta debaixo de pancada: PM na rua, Justiça cada vez mais partidarizada, intimidação e mídia a serviço do ajuste conservador.

Tudo em nome da família e de deus!

10 – Dilma aos blogueiros: "é minha absoluta obrigação resistir" (21/05/2016)

> "Eles montaram um ministério de velhos, ricos e brancos. Sem negros e mulheres. Quem dá as cartas é o Cunha."

Passando das cinco da tarde, este blogueiro, que acabara de se instalar no hotel, no centro de Belo Horizonte, ouve ao longe a voz que berra no megafone: "Tchau, querida", "fora, petralhas". O tom é de cafajestice e deboche.

Caminho, então, até a janela; e lá embaixo observo o ridículo grupo vestido de amarelo, postado em frente ao hotel. Dos carros que passam, surgem gritos contrários: "Golpistas, amigos do Cunha".

Aos poucos, uma pequena multidão de vermelho se planta do outro lado da avenida Afonso Pena.

Inicia-se a troca de ofensas.

Os dois grupos estavam ali no aguardo da primeira aparição pública de Dilma Rousseff, depois do afastamento dela pelo Senado.

Às sete horas da noite, o grupo de amarelo se retira, até porque ficara em minoria esmagadora quando uma passeata de apoiadores da democracia chega ao local. Os coxinhas (agora chamados de "trouxinhas", pelo fato de terem sido usados pelo PMDB de Cunha/Temer) não empolgam. O outro grupo, em compensação, não para de crescer.

Quando Dilma chega ao hotel para participar do 5º Encontro de Blogueiros e Ativistas Digitais, a multidão já tomava conta das duas faixas da avenida. Entre 10 e 20 mil pessoas se aglomeravam – numa demonstração impressionante de persistência, depois do início arrasador do governo golpista de Michel Temer.

Dilma desce do carro por volta das 20h15, e decide caminhar em direção ao povo. A equipe de apoio dela agora é pequena: desde que foi afastada, tem apenas quatro seguranças à disposição. O que garante a segurança e a estrutura, ali no meio da rua, é o movimento social.

A presidenta se emociona com a multidão: chora, mas logo se recompõe para discursar rapidamente, agradecendo o apoio.

Lá dentro, mais de quinhentas pessoas já haviam iniciado o encontro de blogueiros. Energizada pela rua, Dilma parece leve quando entra no hotel e pisa no palco do anfiteatro lotado. Sorri muito, carrega crianças no colo e é recebida numa atmosfera de emoção.

Na plateia, as mulheres são maioria – como tem ocorrido em tantos atos de resistência contra o golpe parlamentar. Há militantes negras, portadoras de deficiência, além de homens e mulheres com bandeiras multicoloridas do movimento LGBT. Ao meu lado, uma jovem ergue bem alto o cartaz: "Somos todas Vana" (alusão ao sobrenome menos usado por Dilma).

Antes da presidenta, fala Renata Mieli, dirigente do Fórum Nacional pela Democratização da Comunicação (FNDC). Ela destaca os interesses internacionais envolvidos no golpe, que chega para sabotar a integração latino-americana e os Brics, e afirma: "Talvez esse golpe seja ainda mais terrível que o de 1964, porque se desenvolve sob a máscara da legalidade. Voltamos ao governo dos homens ricos, de terno preto".

O ministro Patrus Ananias (PT), ex-prefeito de BH, lembra a mobilização dos mineiros contra o golpe: "Quando Minas se levanta, o Brasil se levanta. Começamos hoje a jornada para levar Dilma de volta à presidência".

O microfone então passa para Dilma. A presidenta parece liberta daqueles discursos cheios de números e explicações burocráticas. Ela fala de improviso, mas logo para quando observa a poucos metros uma mulher chorando na frente do palco. E diz: "É isso mesmo, bobeou a gente chora; eu mesma acabo de chorar vendo a multidão ali na rua".

Dilma fala com emoção, firmeza, e um surpreendente bom humor. Mas não foge das questões duras. Volta a chamar o golpe pelo nome: "O governo provisório é produto de um golpe. É provisório porque é ilegítimo. Não é produto do desejo popular". E crava mais uma vez: "Eles montaram um ministério de velhos, ricos e brancos. Sem negros e sem mulheres". A plateia se encanta com essa Dilma mais política e menos tecnocrática.

A fala leva mais de quarenta minutos. Na saída, Dilma não dá entrevista para a imprensa convencional – sócia do golpe. Vai para uma sala ao lado do anfiteatro, e conversa mais meia hora com um grupo de blogueiros. Este escrevinhador estava lá.

Ela volta a apontar o dedo de Eduardo Cunha como coordenador do governo golpista: "Esse golpe tem endereço, telefone, impressão digital e foto 3x4". Ou seja: é um golpe que produziu um "governo provisório" (Dilma repetiu pelo menos cinco vezes essa expressão) completamente rendido a Cunha. E continua: "Essa aliança é uma aliança de direita. E não se iludam: quem dá as cartas na liderança do governo, e em vários postos, pra não dizer até mesmo no núcleo duro do governo, é ele [Cunha]".

Dilma reafirma que tem fé numa reviravolta no Senado: "É minha absoluta obrigação resistir. Vou lutar contra isso até o fim. E ganhar. Só lutar, não. Ganhar!".

Perguntada por um blogueiro sobre a intimação do STF para que explique por que tem usado a palavra "golpe", Dilma foi irônica: "Gostei muito, vou fazer um grande esclarecimento (risos); além disso, ninguém pode impedir ninguém de falar em golpe".

V – O governo golpista e a eleição de 2018

– a toga, a farda e a prisão de Lula

1 – Moro manda sequestar blogueiro (21/03/2017)

O juiz das camisas pretas cometeu mais uma arbitrariedade. Não é novidade. Um juiz que vaza ilegalmente conversa sigilosa de presidente da República (como fez com Dilma); um juiz que oferece à mídia conversas pessoais da ex-primeira-dama Marisa Letícia; um juiz que vai às redes sociais pedir apoio popular, como se fosse um justiceiro de filme de bangue-bangue; um juiz que confraterniza com a direção do PSDB, entre conversas de pé de ouvido e risos cínicos... Esse ser ainda pode ser chamado de juiz?

Hoje, Sergio Moro deu mais um passo em sua carreira de arbitrariedades. Mandou a Polícia Federal bater à porta do blogueiro Eduardo Guimarães, um dos mais ácidos críticos da Lava Jato. E determinou que se apreendessem todos os equipamentos (laptop, computador, celulares) do blogueiro que, há doze anos, cumpre papel jornalístico divulgando informações relevantes e expressando opinião no *Blog da Cidadania*.

Ninguém mais está a salvo das arbitrariedades da vara de Curitiba. Depois de atentar contra a democracia e o voto, depois de enterrar segmentos importantes da economia nacional, Moro e a Lava Jato investem agora contra a liberdade de informação.

Em fevereiro de 2016, Eduardo Guimarães publicou em primeira mão a informação de que a Lava Jato se preparava para conduzir Lula coercitivamente e invadir o Instituto Lula. Alguns dias depois, em 4 de março, os fatos se confirmaram. Isso enfureceu os procuradores da Lava Jato e o próprio Moro. O jornal de direita *O Globo* fez reportagens mostrando que Guimarães deveria ser alvo de investigação. E assim se fez.

Oficialmente, o juiz determinou agora a condução coercitiva de Eduardo Guimarães para que ele revelasse, na qualidade de "testemunha", quem foi a fonte que vazou a informação sobre a operação. Trata-se de um atentado à liberdade de informação. A Constituição estabelece o princípio do sigilo da fonte.

Moro argumenta que Eduardo não é jornalista, por isso não estaria coberto por tal garantia. Aí está a malandragem. O provável é que Moro saia derrotado nesse debate jurídico, já que o STF já deu decisão clara sobre o fato.

Por que então conduzir Eduardo?

Primeiro, para intimidar quem ouse criticar a Lava Jato. Moro, inicialmente, vai intimidar os críticos mais identificados com a esquerda; depois, partirá para cima de qualquer um. Não é à toa que jornalistas com posições tão diferentes como Ricardo Noblat, Kennedy Alencar e André Forastieri já se manifestaram publicamente contra a ação ilegal.

Em segundo lugar, o objetivo da Lava Jato não foi apenas sequestrar Eduardo Guimarães para que ele revelasse a fonte que vazou informações em 2016 (até porque o blogueiro saiu da PF, no início da tarde de terça, com a nítida impressão de que seus interrogadores já sabiam quem era o vazador). O objetivo pode ter sido sequestrar o celular do Eduardo, o computador do Eduardo, e vazar de forma lenta, a conta-gotas, qualquer conversa reservada, pessoal, que possa ser constrangedora ao Eduardo.

Se não houver contenção organizada ao juiz arbitrário, ele se sentirá livre pra partir para cima de qualquer um que ficar à sua frente. Ninguém estará a salvo. Ou a sociedade contém agora o juiz das camisas pretas, ou ele fará jus ao uniforme que nos lembra os tempos tristes de Mussolini na Itália.

2 – A justiça assume o poder, sem voto nem povo (12/04/2017)

O sistema político implodiu. A República de 1988 chegou ao fim, mesmo que ainda tenha forças para se arrastar moribunda pelo chão.

O Poder Judiciário e o Ministério Público, numa aliança prolongada com a Globo e a mídia comercial, assumem o poder. Reparem: são três poderes que não se submetem à chancela do voto. MPF, STF e Globo. E se retroalimentam absorvendo a legitimidade que tiraram do sistema político.

A cobertura da Globo sobre a lista de Fachin/Janot, com depoimentos de executivos da Odebrecht, segue a lógica esperada: dez minutos de bombardeio intenso contra Lula, e uma cobertura muito mais diluída quando os alvos são tucanos. Mas a novidade é que se rompeu a blindagem tucana.

O PSDB deveria anotar esta data: 12 de abril de 2017. Desde hoje, o partido perdeu a utilidade como contraponto ao PT. Serra, Aécio, Alckmin e FHC (ah, o aluno de Florestan Fernandes não conhece a história brasileira?) cumpriram o destino de Lacerda: usaram o moralismo e a histeria das classes médias para tramar o golpe contra Dilma. E no fim acabaram tragados pela onda que ajudaram a fomentar.

Este blogueiro escreve sobre isso desde 2015: engana-se quem pensa que Moro e a Lava Jato cumprem uma agenda tucana. A agenda do partido da justiça, em aliança com a Globo, segue ritmo próprio. A aliança com o PSDB era meramente tática. E se desfez.

O objetivo não era destruir o PT, mas implodir a ordem democrática de 1988, o que em parte já se conseguiu.

O clima agora é de salve-se quem puder. A sina de 1964 se repete. Os espertalhões do golpismo acharam que empunhariam o poder. Mas a derrubada do trabalhismo significa que o poder está agora nas mãos de uma corporação sem votos, associada à família mais rica do Brasil: a família Marinho.

Se Moro mandar o camburão da PF parar na frente da casa de qualquer empresário/jornalista/operário/professor, a condenação já estará estabelecida. A Justiça pode tudo. Todos são suspeitos.

Caminhamos para um caos, num Estado que se desmonta.

Das ruas, pode vir alguma resistência. Mas o fato é que vivemos numa espécie de 1968 sem AI-5 declarado.

Esse tipo de processo, baseado numa caça às bruxas e no denuncismo permanente, tende a devorar inclusive seus filhos. A lógica é essa. E o caminho estará aberto para as falanges fascistas e histéricas que votavam no PSDB e agora tentarão conduzir ao poder algo muito pior. O caos será prolongado.

3 – A greve geral e o monstro midiático (28/04/2017)

Greve não é comício! Objetivo de greve não é encher as ruas, mas esvaziar locais de trabalho e barrar a produção. As cenas de um Brasil quase vazio, em plena sexta-feira, neste 28 de abril de 2017, indicavam a vitória total da maior greve dos últimos trinta anos. É a luta mais básica no capitalismo: quem produz se recusa a produzir.

Logo pela manhã, cruzei a região de Pinheiros e Perdizes, na zona oeste de São Paulo, e tive o primeiro impacto: a cidade estava vazia, parecia manhã de domingo. Com um agravante: não vi um ônibus sequer circulando num trajeto de cerca de oito quilômetros.

Pelas redes sociais, saltavam imagens idênticas Brasil afora: ruas vazias, terminais de ônibus desertos.

Da tela das tevês, também brotava o divórcio com a realidade. Relatos de colegas jornalistas eram de que as chefias, nas redações, tinham uma cartilha definida: proibido usar a expressão greve geral, obrigatório mostrar imagens de pequenos grupos de manifestantes nas ruas vazias (para dar a ideia de "manifestação de poucos"), valorizar cenas de confrontos/brigas, acrescidas da informação de que a greve foi organizada pelos sindicatos (ia ser organizada por quem? Pelo Silvio Santos?), e destacar sempre o drama dos trabalhadores prejudicados pela greve.

O dia 28 de abril deixou claro que se pratica no Brasil um jornalismo de guerra. E o alvo não é apenas a esquerda partidária, não é apenas Lula, mas todo tipo de manifestação coletiva que ouse desafiar o projeto de desmonte dos direitos sociais sob comando de Temer/PSDB.

Mais triste: o alvo é a verdade; mente-se descaradamente.

A mídia tradicional, azeitada por anúncios federais, tentou construir a narrativa de uma greve de poucos. Por isso, a insistência de certos canais de TV em mostrar ruas vazias era além de tudo obtusa. As cenas do vazio, em plena sexta-feira, indicavam a vitória, e não o fracasso da greve.

Às 14 horas, fui ao centro de São Paulo. Metrô Anhangabaú fechado, Viaduto do Chá vazio. Calçadão da Barão de Itapetininga às moscas. De cada dez lojas, uma estava aberta.

O dia 28 de abril coloca a disputa em outro patamar. Trabalhadores perceberam que estão diante de um ataque sem precedentes, que não é ao PT, aos sindicatos, mas a todo aquele que não é patrão. E a turma do golpe mostrou que partiu para guerra total.

De um lado, a PM com seus carros de combate, que parecem aqueles usados pelos israelenses para massacrar palestinos, aprofunda a violência – em parceria com um sistema judicial que mais e mais será utilizado para criminalizar quem se manifesta. De outro, nas telas a mídia aprofunda a violência simbólica, ajudando a sustentar essa narrativa.

O sistema golpista – baseado num componente policialesco, que vende a imagem do combate à corrupção, mas tem como objetivo eliminar direitos sociais e trabalhistas – não se sustenta sem uma imprensa mentirosa e vendida.

Até 2013, quando o país crescia e o lulismo era forte, havia brechas em setores da imprensa convencional para estabelecer algum contraditório. Isso desapareceu. Agora, há uma ordem unida sem espaço para qualquer contraditório nas redações.

Já na internet, há pelo menos três bolhas em disputa, que pouco se comunicam: a da esquerda, com algumas nuances; a da direita antipetista, que se divide entre a liberal e a abertamente fascista; e a turma nem lá nem cá.

Para alguns analistas, esse é o desenho dos novos tempos. Toda a estratégia deveria ser: como conversar com as outras bolhas e, principalmente, como ganhar adeptos entre a turma que fica no meio do caminho.

Tenho visão diferente. O desenho acima descreve apenas parte do que se passa na batalha de comunicação brasileira.

No Brasil atual, convivem dois tipos de comunicação: o mundo das redes (horizontal), com muitas vozes e em disputa permanente; e o mundo da comunicação convencional (corporações de mídia, sob liderança da Globo), absolutamente vertical, controlado com um discurso cada vez mais unificado.

O mundo das redes (horizontal) e o da comunicação corporativa (vertical) se interpenetram. A mídia convencional mantém o poder não só de formar o discurso da bolha de direita, mas a capacidade de influenciar de forma quase irreversível a turma do meio do caminho.

Num dia histórico como esse 28 de abril, nós aqui vamos resistir e mostrar que a narrativa de uma greve de poucos é mentira grosseira. Certamente, o campo que se informa a partir dessa área terá argumentos e informação para sustentar essa narrativa.

Mas do outro lado há a mídia convencional, com um bombardeio absolutamente unificado. E poderoso. Contra ela, não podemos quase nada. Quem teria força para enfrentá-la seriam os governantes, no poder. Durante treze anos, os governos Lula e Dilma fizeram o oposto: em vez de desconstruir o discurso dessa mídia, ajudaram a dar legitimidade a ela.

Milhões de brasileiros seguem acreditando que o que passa no noticiário televisivo/radiofônico vem de um lugar neutro, longe da sujeira da política. Essa legitimidade, a Globo e suas sócias menores seguem a carregar.

A batalha do dia 28 prossegue. É preciso manter fogo alto e conquistar corações e mentes, mostrando o divórcio entre mídia e realidade. Nas Diretas Já, em 1984, a Globo perdeu ao apostar no divórcio. Mas em 1989, com Collor, ganhou ao praticar terrorismo eleitoral.

Hoje, o monstro midiático está mais forte do que há cinco anos, pois que mais unificado e menos aberto para contraditório e dissidência. Essa é a força dele, mas é também sua fraqueza. Quanto mais se divorciar da realidade, maior a chance de que o monstro possa ser abatido e derrotado junto com o governo Temer.

Será uma tarefa gigantesca travar esse combate, ao mesmo tempo em que a principal liderança do campo popular se encontra sob ataque e sob ameaça de prisão e interdição.

Nessa luta, o adversário principal a ser combatido é o mesmo: o monstro midiático da mentira.

4 – Instituto Lula fechado, democratas cercados (09/05/2017)

A decisão do juiz de Brasília, que mandou fechar o Instituto Lula, mostra que o arbítrio avança rapidamente. A decisão vem às vésperas do depoimento de Lula em Curitiba, onde outras decisões de juízes de primeira instância já indicavam que estamos em pleno regime autoritário de corte jurídico-midiático: uma juíza ligada aos fascistas do MBL proibiu manifestações na capital do Paraná, e Moro quer impedir Lula de gravar o depoimento, em clara afronta ao que diz o Código de Processo Civil.

Em 1968, quando os militares decidiram aprofundar a ditadura com o AI-5 (que fechava o Congresso, impedia habeas corpus e dava poderes absolutos aos fardados), um civil que apoiava o regime se colocou contra a medida: era o vice-presidente do país (e jurista) Pedro Aleixo. Ele disse: "O meu medo não é o presidente abusar da autoridade; o meu medo é o guarda da esquina".

No Brasil do golpe, hoje, cada juiz virou um guarda da esquina. Os setores mais lúcidos do centro democrático, e mesmo da direita partidária, já perceberam que avançamos para uma situação de arbítrio que afundará a todos.

Desde o ano passado, em conversas reservadas com outros blogueiros, tenho dito que vivemos uma situação parecida com o período entre 1964 e 1968: já havia autoritarismo, mas o povo organizado resistia, inclusive nas ruas com a passeata dos 100 mil. Espero que a greve geral de 28 de abril não tenha sido nossa passeata dos 100 mil (toc, toc – bate na madeira).

Mas tudo indica que avançamos rapidamente para um novo 1968, com um AI-5 em câmera lenta. Cada juizeco de primeira instância sente-se investido de autoridade para condenar políticos, construindo uma narrativa de que contra a corrupção qualquer exagero ou abuso pode ser justificado.

Repito aqui o que já escrevi em textos recentes. Temos hoje no Brasil três forças em disputa:

1. A esquerda e os movimentos populares, sob liderança de Lula.
2. A direita política, tucana sobretudo, mas que agrega também PMDB e outros partidos de centro-direita.
3. A direita judicial-midiática, sob comando de Moro e da Globo (surfando no discurso da antipolítica).

Os setores das forças dois e três se uniram para derrubar Dilma. Mas agora essa aliança se rompeu.

Reinaldo Azevedo e Gilmar Mendes, com suas críticas aos abusos da Lava Jato, são a expressão desse giro: os tucanos e seus aliados percebem que o golpe cria uma situação perigosa, em que o campo três pode quase tudo.

O quadro de deterioração institucional neste início de maio inclui ainda:

1. Congresso sitiado pela polícia no dia da votação dos destaques do desmonte da Previdência.
2. Nova ordem judicial no Paraná, mandando cercar partes do chamado acampamento da democracia, montado para defender Lula do arbítrio de Moro.

A Globo cumpre papel central na radicalização do golpe. Dá apoio a Temer para aprovar as "reformas" – até debaixo de porrada, se necessário. E dá cobertura a Moro e a qualquer guarda da esquina do Judiciário que decida investir contra Lula.

Os paralelos com os anos 1960 são impressionantes:

1. Uma corporação do Estado (militares em 1964; juízes/promotores no golpe atual) foi usada para criminalizar e derrubar o governo trabalhista.
2. A direita política (UDN em 1964; PSDB/DEM no golpe atual) insuflou essa corporação e pôs a classe média na rua.
3. O centro fisiológico (Partido Social Democrático (PSD) em 1964; PMDB e outros menores no golpe atual) abandonou a aliança com o trabalhismo e bandeou-se para o golpismo.
4. Passado o golpe, a direita política tradicional (UDN = PSDB) minguou, o centro oportunista afundou (velho PSD = PMDB), e acabaram devorados pela direita estamental.

A diferença é que em 1964 Jango foi derrubado quando Vargas já estava morto. Dessa vez, Vargas está vivo e vai depor perante a República de Curitiba.

A direita não sabe o que fazer com Lula. Ele é um fantasma que se recusa a desaparecer. E volta para assombrar o golpismo.

Outra diferença central:

1. Em 1964, deu-se o golpe em nome da moralidade, e o poder ficou com um general "limpo", Castelo Branco.
2. Em 2016, deu-se o golpe também em nome da moralidade, e o poder ficou com um sujeito podre, Michel Temer, e seu bando.

A figura nefasta de Temer cria dissonância; o golpe precisa urgentemente limpar sua imagem.

5 – O caso JBS e o desespero da Globo (19/05/2017)

● editorial de *O Globo* hoje, pedindo a renúncia de Temer, é demonstração de fraqueza e desespero.

A Globo nunca precisou manifestar por escrito suas posições para mover os cordões do poder. Dessa vez, deixou o roteiro por escrito.

Desde ontem, estava claro que a família Marinho, alinhada ao partido da justiça, deseja a rápida substituição de Temer por um governo técnico – que conclua as reformas e dê sustentação para a Lava Jato completar sua tarefa principal: impedir Lula de ser candidato.

Temer no poder cria ruídos: se Dilma foi afastada em nome da moralidade (grande mentira, sabemos), como se explica que uma gangue esteja hoje no controle do país?

A Globo nunca quis moralidade. O grande projeto é desregulamentar o mercado de trabalho, tirar direitos sociais e abrir o Brasil para investimento estrangeiro. De quebra, a família Marinho poderia passar a empresa nos cobres, desde que a Lei de Telecomunicações fosse alterada e a TV pudesse assim ser vendida a algum investidor estrangeiro.

Temer servia como operador dessa agenda, que foi rejeitada nas urnas. E, por isso, trata-se de um golpe. A vontade majoritária foi desprezada, e o programa, derrotado quatro vezes no voto, estava sendo implantado na marra.

Mas o *timing* da PF e da JBS acelerou as contradições, expondo de forma dramática a desagregação do bloco que deu o golpe. Numa linguagem mais "sociológica", poderíamos dizer que, desde 2013, o Brasil vive uma prolongada crise de hegemonia. O bloco sob o qual Lula e Dilma governavam rachou, mas um novo bloco não conseguiu ainda impor sua hegemonia de forma organizada. É como se a disputa seguisse indefinida, agravando a crise.

É curioso ver o editorial da família Marinho invocar os interesses dos "cidadãos de bem". Onde estavam esses cidadãos quando a ditadura matava e torturava com apoio da Globo? Ou quando Collor arruinava o país com beneplácito da família Marinho? E quando FHC comprava a reeleição? Ou quando as empreiteiras e conglomerados privados enchiam as burras dos tucanos?

A Globo descobriu os cidadãos de bem recentemente?

Por isso, tenho aqui invocado a velha fórmula de Brizola: se a Globo está de um lado, fiquemos do outro!

Para o campo popular, o melhor que pode acontecer é Temer ficar, expondo as contradições da direita liberal, esgarçando o tecido golpista. Que seja longa a agonia do governo golpista, expondo as vísceras do falso moralismo e dos tais cidadãos de bem.

6 – A despedida de Marco Aurélio Garcia (21/07/2017)

Dilma e Lula estavam lá. Haddad, Suplicy e outras lideranças do PT também estavam. Jovens acadêmicos, que Marco Aurélio Garcia ajudou a formar e hoje ocupam cátedras nas universidades Brasil afora, marcaram presença.

Militantes emocionados, professores, jornalistas...

Marco Aurélio era um bem-humorado professor e militante. Frasista brilhante. Culto, sem ser pernóstico.

O texto mais bonito sobre ele talvez tenha sido escrito por Gilberto Maringoni, hoje no PSOL. O discurso mais emocionante, claro, veio de Lula. Mas a imagem mais marcante do velório, em São Paulo, veio de um grupo que aos poucos se aglomerou numa escada, a poucos metros do caixão em que o corpo era velado.

Funcionários da limpeza e da manutenção, terceirizados pela Assembleia Legislativa do Estado de São Paulo (Alesp), ouviram dizer que Lula tinha chegado para velar o amigo. Com respeito, sem barulho, de forma humilde, fizeram ver ao presidente que gostariam de estar ao lado do homem que tirou 30 milhões de brasileiros da miséria. Foi o que este escrevinhador observou, porque também estava lá.

E vieram as fotos: Lula, triste mas firme, ao lado daqueles que seguem com ele – mesmo sob o bombardeio mais intenso que um homem público já sofreu no Brasil...

Este escrevinhador não conhecia tão bem o professor Marco Aurélio. Mas posso dizer: ele sorriria, e faria um comentário bem-humorado, se pudesse também testemunhar a cena que marcou seu velório.

Atacado, vilipendiado, humilhado pela Justiça partidária Lula recebe o apoio dos mais humildes. Marco Aurélio talvez sentisse uma pontinha de orgulho por saber que ajudou a construir esse projeto – vitorioso quatro vezes nas urnas.

Vendo a cena, um amigo a poucos metros do caixão comentou: "É o apoio silencioso do povo".

Silencioso.

Nas últimas semanas, alguns mais exaltados tentam entender: por que não se vê grandes manifestações de rua daqueles mais humildes, que, nas pesquisas, voltam a dar 30% ou 35% dos votos a Lula?

Ora, o modelo do lulismo durante doze ou treze anos foi avançar em reformas sociais, mas com poucos conflitos. André Singer definiu o lulismo como um "reformismo fraco".

Poderíamos dizer que se tratava de avançar sem grandes mobilizações, num estilo de baixa intensidade. Foi como se, durante anos, Lula tivesse dito ao povo que o apoiava nas eleições: "Fique em casa, deixe que eu negocio e arranco as concessões possíveis".

Por isso, não espanta que, na hora do cerco midiático e jurídico que pretende salgar a terra em que Lula pisou, o povo dê seu apoio de forma silenciosa, ressabiada, desconfiada.

Em recente entrevista ao brilhante José Trajano, Lula disse que segue acreditando na Justiça. E que o dia que deixasse de acreditar, pegaria uma arma e começaria uma revolução.

É esse o limite de Lula: não agirá para além da institucionalidade. A liderança dele se construiu dentro da ordem e de uma estratégia de conciliação – ainda que nem isso tenha sido aceito pelos setores que disseminam o ódio país afora.

7 – Intervenção no Rio: novo patamar do golpe (16/02/2018)

Muito importante esse movimento do governo Temer, de intervir na Segurança Pública do Rio de Janeiro. Na prática, é uma intervenção militar. A crise política assume assim novos contornos.

Por partes:

1. Por lei, a intervenção federal impede que seja votada qualquer alteração na Constituição no período em que está em vigor. Com isso, Temer assume derrota na reforma da Previdência, que não poderá mais ser votada. Mas já oferece outra cenoura na frente do burro para o mercado: o discurso da ordem.
2. O fato de o governador Luiz Fernando Pezão ter dado declarações estapafúrdias, mostrando-se incapaz publicamente de deter a escalada de violência, pode ter sido parte de uma estratégia combinada. Ele foi à reunião no palácio em que se decidiu pela intervenção.
3. Rodrigo Maia, conservador na economia, mas liberal nos costumes (e nem de longe um truculento no trato político), teria se oposto à medida extrema. Foi voto vencido. O que mostra que há uma linha dura no bloco de Temer, que é capaz de qualquer coisa daqui para frente.
4. A meu ver, essa intervenção ajuda a cria~ candidatura da ordem, e o provável efeit fortalecer. Lembremos que bancos já come
5. Os generais voltam a ter protagonismo po espantaria se um deles se aventurasse a um verno do Rio ou mesmo à presidência).
6. A esquerda deve denunciar o desmonte estata no Rio ao liberalismo de Temer/PSDB/bancos instrumentos do estado.
7. Devemos defender a ordem pública com democr culência. Devemos defender as comunidades que como "território inimigo" – espécie de Faixa de Gaza militarizada.

8. Contra o caos conservador e neoliberal, a ordem democrática é o único remédio. Não devemos abrir mão de defender a ordem, bandeira que não pode ficar com a extrema direita. Mas a ordem democrática.
9. Alguns analistas já apostam que o movimento de Temer desembocaria no cancelamento da eleição. Alguém lembrou, por exemplo, que o Ceará governado pelo PT foi o primeiro estado onde a OAB sugeriu intervenção federal há poucos dias.
10. A análise exposta no ponto 9 resume bem qual seria o provável desejo da ultradireita, com apoio dos EUA e de setores do Exército com o general Sérgio Etchegoyen à frente.
11. O golpe de 2016 era (e é) baseado no poder da toga e da mídia. Se virar poder militar aberto, pode perder apoio do centro e de certo tucanismo paulista.
12. Chegou a hora de a onça beber água. Dilma sempre disse que perdemos o jogo em 2016 quando o centro se bandeou para a direita. Se a estratégia Etchegoyen avançar, o centro pode voltar para o nosso lado.
13. Contra esse movimento extremado da direita, é fundamental observar uma onda que vem de baixo e ficou clara durante o carnaval. O Rio está à beira de uma explosão e a política econômica temerária aprofunda a crise social.
14. Os golpistas estão perdendo o controle "por baixo". Podemos assistir a algo parecido com a eleição de 1974: debaixo do AI-5, em silêncio, o povo votou contra a ditadura. É por isso que o golpismo está alvoroçado.
15. Estamos à beira da implantação de um Estado militar-judicial: com a provável prisão do líder em todas as pesquisas e a militarização do cotidiano nas grandes cidades do país. O Rio é o laboratório para o golpe avançar para um novo patamar. Ou para ser derrotado.

8 – Fim das ilusões: Lula lidera e será preso (06/03/2018)

Não é possível ter mais qualquer ilusão: o jogo institucional conduzirá Lula para a cadeia. A lógica do golpe – iniciado nas ruas em 2013, interrompido nas urnas em 2014, e retomado com total apoio midiático após as passeatas amarelas (2015) que levaram à derrubada de Dilma (2016) – é a interdição de Lula e do PT.

Dias antes de o Superior Tribunal de Justiça (STJ) reunir-se para negar (nesta terça-feira, 6 de março) o habeas corpus pedido por Lula, li análises de advogados de esquerda que (mesmo em privado) ainda faziam apostas ilusórias, contando com votos e decisões que contrariassem a Lava Jato – reversões todas baseadas em sólidos argumentos jurídicos.

Ilusão. A ordem jurídica de 1988 desmoronou. A hora é de jogar fora as ilusões.

A lógica do golpe conduz à prisão de Lula. E a própria lógica de Lula não permite pensar fora do institucional – que por fim o levará preso.

Lula e o PT são frutos da democracia; respiram a ordem democrática que começou a ser construída com a Lei da Anistia, em 1979, e foi reforçada com a Constituição de 1988 e as eleições sempre bem disputadas.

Só que os tempos agora são outros.

Na entrevista para Mônica Bergamo, semana passada, Lula deixou claro que rechaça qualquer estratégia fora da lógica do respeito às instituições. Quando li a entrevista, pensei com meus humildes botões: em 1961, quando um golpe militar ameaçou barrar a posse de Jango (após a renúncia de Jânio Quadros), Brizola cavou trincheiras no Palácio Piratini em Porto Alegre, requisitou rádios e passou a resistir "por fora" da lógica institucional.

Brizola não era um guerrilheiro. Fora eleito governador, liderava o PTB no Sul. Mas soube fazer a leitura: horas excepcionais requerem ações excepcionais.

Por que Lula não faz o mesmo? Por que não comanda a resistência civil, com as possibilidades que teria à mão? Por que não cria uma trincheira para o embate de comunicação permanente? Porque aí ele não seria Lula. Seria Brizola. Para o bem e para o mal.

Brizola barrou um golpe no peito. Mas jamais chegou à presidência. Lula, negociador, avançou passo a passo sempre dentro da ordem. Essa é sua força mas também seu limite.

Penso em Sigmund Freud, criado na Áustria cosmopolita e culta da virada do século XIX para o XX: Viena tinha sido a sede do Império Austro-Húngaro, multiétnico e tolerante (inclusive com os judeus). Nos anos 1930, Freud duvidou até o último momento que o nazismo pudesse avançar sobre sua terra querida. Foi só na undécima hora que topou voar para Londres, escapando da morte que a máquina nazista certamente lhe reservava.

Lula segue a acreditar na negociação e nas instituições. Não vai operar fora dessa lógica. Assim como Freud não conseguia compreender que a Viena tolerante e democrática havia desmoronado.

Lula, ao que tudo indica, não escapará: seguirá o destino que lhe impõe o Judiciário golpista neste triste Brasil da intolerância. E isso apesar de as pesquisas mostrarem Lula inabalável em primeiro lugar na preferência do eleitorado.

Na pesquisa da Confederação Nacional do Transporte (CNT) em parceria com o Instituto MDA, divulgada nesta mesma terça-feira em que o STJ negou o habeas corpus ao petista, Lula lidera com folga:

>   Lula – 33,4%
>   Bolsonaro – 16,8%
>   Marina – 7,8%
>   Alckmin – 6,4%
>   Ciro – 4,3%
>   Alvaro Dias – 3,3%
>   Temer – 0,9%
>   Manuela – 0,7%

No segundo turno, Lula ganha disparado de Alckmin, Bolsonaro ou Marina – com quase o dobro dos votos.

E no voto consolidado, Lula tem 27% de eleitores fechados com ele. Vivo ou morto, preso ou solto. Esse é o patrimônio que Lula tenta manter coeso, e talvez até ampliar, com sua prisão. Se Lula transferir míseros 20% dos votos para outro candidato da esquerda, este estará no segundo turno.

Não tenhamos ilusão: as fotos e imagens de Lula preso virão. Isso é tão certo quanto o fato de que Lula seria eleito se pudesse ser candidato em outubro.

Os aloprados da Lava Jato e da Globo não vão recuar. E aí podem errar feio: não conhecem a alma sebastianista do brasileiro. Lula vai virar um Dom Sebastião encantado a atormentar a direita, nesta e nas próximas eleições. Talvez essa seja hoje a aposta que resta a Lula. Um caminho sinuoso e incerto.

O golpe se aprofunda, e as instituições em que Lula segue a apostar apodrecem. Parece um quadro sem volta pelos próximos dez anos ao menos. A hora é de coragem. Hora de abandonar ilusões e de nos prepararmos para enfrentar uma noite longa e escura.

9 – Chantagem militar: a quartelada pelo Twitter (04/04/2018)

Vamos a um resumo da situação que se agravou no Brasil, após a publicação de uma mensagem no Twitter pelo general Villas Boas, na tentativa de pressionar o STF para que mantenha Lula fora das eleições de 2018.

A cena de Bonner lendo a mensagem do comandante do Exército no encerramento do *Jornal Nacional* teve o intuito de afetar urgência e improviso. Reparemos que o apresentador toma o papel nas mãos, em vez de fazer a leitura diretamente do teleprompter, como que a indicar surpresa diante da manifestação do general.

Ora, alguém acredita que não houve um jogo combinado entre a direção da Globo e o general? A mensagem foi divulgada no horário exato do *Jornal Nacional*, para cumprir justamente esse papel de "cartada final" e de pressão sobre o STF.

Trata-se de chantagem militar sobre um dos poderes da República. Inaceitável. Uma espécie de quartelada via Twitter. Precisa ser denunciada no Brasil e no exterior. É preciso constranger os militares e a Globo – cravando sobre eles o carimbo do golpismo.

Durante a terça-feira, circularam informações de que no STF preparava-se uma saída que levaria não ao julgamento do habeas corpus de Lula, mas ao julgamento da questão mais abrangente: pode-se ou não prender alguém após julgamento em segunda instância?

A cartada militar, portanto, surge como demonstração de fraqueza, e não de força. Na Globo, nos quartéis e na Lava Jato percebeu-se a iminência da derrota no STF. Isso deixa claro que o golpe se dividiu: o setor "político" aceita impedir a prisão de Lula para barrar a sanha destrutiva da Lava Jato; já os setores golpistas alinhados ao Judiciário e à mídia – agora com apoio explícito dos generais – querem implodir não apenas Lula, mas todo o sistema político.

Não é mera coincidência que juízes como Marcelo Bretas e o próprio perfil oficial do TRF4 tenham "curtido" o tuíte do general. A santa aliança ficou explícita: Globo/Lava Jato/generais.

Não se sabe como reagirão os ministros diante da chantagem militar. O que se sabe é que o golpe, que vinha tentando manter as aparências, perdeu o pudor e enveredou pela quartelada tuiteira. Se for preciso, está agora claro, a toga será trocada pela farda.

Não há dúvida de que o general Villas Boas consultou as tropas antes de se manifestar pelo Twitter. Não agiu num rompante, isso não existe. Por isso, podemos afirmar que, desde 1964, não vivemos ameaça tão concreta de caminhar para uma ditadura militar-judicial-midiática.

10 – Lula preso: novos dilemas do golpe (10/04/2018)

A prisão arbitrária de Lula, nesse 7 de abril de 2018, sob o comando simbólico do próprio ex-presidente, e não do juiz Moro, agravou a situação para os gestores do golpe.

Há vários sinais disso:

1. Na guerra de símbolos, a principal imagem foi Lula cercado pela multidão, e não Lula algemado.
2. Na batalha das redes, relatórios indicam que as tags a favor de Lula ganharam de lavada, numa proporção de 3 x 1.
3. Nas ruas, especialmente nas periferias dos grandes centros e no Nordeste, espalha-se a ideia de que Lula é vítima de uma injustiça.
4. A Bolsa caiu e o dólar disparou após a prisão.

Desde o ano passado, escrevo que há uma divisão tática entre os golpistas: de um lado o campo político (PSDB/PMDB), de outro o partido da justiça (Lava Jato e Globo, agora reforçados pela pressão militar).

O partido da justiça não conseguiu derrubar Temer ano passado após o caso JBS, o que permitiria "limpar" o golpe – como escrevi um ano atrás.

Só há uma liderança capaz de pacificar o país, mas ela está agora trancada na jaula do juiz das camisas pretas, em Curitiba.

11 – Pedro Parente: O coração do golpe (30/05/2018)

A greve dos caminhoneiros revelou de forma inesperada ao Brasil que o coração do governo golpista não é formado por Michel Temer e seu bando. O coração do golpe é Pedro Parente.

A greve dos petroleiros vai ainda mais fundo e, agora, de forma intencional, aponta para a ferida aberta no país. Não se tem escolha: ou há um país independente e um novo projeto de Nação, ou há Pedro Parente na Petrobras.

O que é espantoso: ameaçado de cair, pressionado, sob risco de ir para a cadeia, Temer emite uma nota reafirmando a permanência de Parente à frente da petroleira. Mais que isso, reafirma a política suicida de preços adotada pelo tucano — toda ela baseada em preços internacionais e na prática de subutilizar as refinarias brasileiras –, obrigando assim um país autossustentável a importar derivados de petróleo.

A nota significa isso: Parente tem mais poder que Temer. Se entregar Parente, Temer entrega o coração do golpe – que significou a recolocação do Brasil na órbita dos Estados Unidos, via entrega da Petrobras e do pré-sal.

Está claro que o petróleo mais uma vez é o centro da disputa – como foi em 1954 com Vargas. O golpe de 2016 tem o pré-sal e a Petrobras como elementos centrais.

O golpe não foi contra a corrupção, evidentemente, mas contra a política independente que a posse de reservas multibilionárias anunciadas na era Lula permitiriam ao Brasil – colocando o país numa articulação mundial que tem Rússia e China no contraponto ao poder imperial dos Estados Unidos.

O golpe veio de fora!

Dilma e a Petrobras foram as maiores vítimas da espionagem e da desestabilização praticadas pela NSA, agência de segurança dos EUA – disse Snowden, o homem que explodiu os esquemas de espionagem e teve que fugir para a Rússia.

Não é à toa que o golpismo esteja agarrado a Parente. Por isso se deu o golpe. E ele só morrerá se matarmos a política de Parente.

12 – Preso, Lula dispara nas pesquisas (20/08/2018)

O resultado da pesquisa CNT/MDA, que aponta o avanço de Lula e do PT na campanha presidencial, já seria suficiente para apavorar os estrategistas do golpe jurídico-midiático:

> Lula (PT) – 37,3%
> Bolsonaro (PSL) – 18,8%
> Marina (Rede) – 5,6%
> Alckmin (PSDB) – 4,9%
> Ciro (PDT) – 4,1%
> Alvaro (Podemos) – 2,7%
> Boulos (PSOL) – 0,9%
> Amoêdo (Novo) – 0,8%
> Meirelles (MDB) – 0,8%
> Daciolo (Patriota) – 0,4%
> Outros – 0,4%

Lula cresceu cinco pontos desde o levantamento CNT/MDA de maio, o que indica que a decisão da ONU exigindo a libertação do ex-presidente e a campanha eleitoral que se inicia nos estados fazem com que se consolide a ideia de que o candidato do PT é perseguido e vítima de injustiça.

Alckmin naufraga fragorosamente, abaixo dos cinco pontos. Mais que isso: o tucano tem potencial de voto (eleitores que dizem considerar a hipótese de votar nele) abaixo de Marina e Ciro, e bem abaixo de Bolsonaro.

Você que vive nas bolhas de classe média em São Paulo/Rio/Brasília/Curitiba deve ficar espantado, né? Afinal, todo mundo passou os últimos anos ouvindo Lula ser chamado, em ambiente públicos, de "ladrão", "chefe da quadrilha", "molusco". E o povo não reagia, não o defendia, a tudo ouvia em silêncio.

Parte do povo brasileiro, vilipendiada, acostumada a ser tratada de forma violenta e humilhante pela elite e classe média, prefere resistir em silêncio.

Mas a pior notícia para a Globo, os bancos e a parcela golpista do Judiciário é observar que o programa neoliberal segue ultraminoritário no Brasil.

A pesquisa CNT/MDA também perguntou ao eleitor qual seria a reação dele diante de um candidato que prometesse privatização: só 17% disseram que a chance de votar nele seria maior; para 31,8%, seria indiferente; e 38,8% afirmaram que a chance de votar num candidato associado às privatizações seria menor.

Alckmin e Meirelles, candidatos do mercado, estão amarrados não apenas ao desastre que foi o governo Temer, mas também a um programa indefensável, num país tão desigual e que precisa de mais Estado – e não menos, como macaqueia a subclasse média.

A elite brasileira está numa enrascada. Deu o golpe contra Dilma imaginando que, longe do poder, Lula encolheria e iria parar na cadeia já abatido e derrotado. O plano golpista era prender Lula quando ele tivesse uns 10% de apoio na sociedade, encerrando assim o ciclo petista.

Deu tudo errado.

Essa gente não conhece o Brasil. Desconhece a capacidade de resistência (muitas vezes passiva) do povo pobre e do trabalhador brasileiro.

Lula caminha para se transformar em algo parecido com Getúlio Vargas. Este cometeu o suicídio em 1954, e só então a imprensa e a elite compreenderam o tamanho da ligação estabelecida entre Vargas e o povo trabalhador.

Lula foi preso, humilhado, vilipendiado. E só agora a elite brasileira começa a entender o tamanho da ligação existente entre Lula e o povo. O final desse processo ninguém sabe qual será. Mas não deixa de ser divertido notar a surpresa de colegas jornalistas e analistas de mercado ao ver Lula cada vez mais forte.

É a história, estúpido! Ela volta sempre e é implacável.

Divulgada no começo da noite desta segunda (20 de agosto), pesquisa Ibope mostra quadro também favorável ao petista:

Lula (PT) 37%
Bolsonaro (PSL) 18%
Marina (Rede) 6%
Ciro (PDT) 5%
Alckmin (PSDB) 5%
Alvaro (Podemos) 3%
Eymael (DC) 1%
Boulos (PSOL) 1%
Meirelles (MDB) 1%
Amoêdo (Novo) 1%
Outros – não pontuaram

13 – Cenário na reta final: Bolsonaro e Haddad (21/09/2018)

A duas semanas da eleição, parece muito próxima de se cumprir a previsão que fizemos aqui, em agosto (quando Haddad tinha menos de 5% das intenções de voto e Bolsonaro ainda não havia furado o teto dos 20%): o segundo turno se dará entre os candidatos do PT e do Partido Social Liberal (PSL).

Alckmin e os tucanos revelam desespero, e estão quase fora do jogo, mas podem cumprir o papel de desgastar um pouco Bolsonaro antes do segundo turno.

Ciro Gomes mostra uma resistência impressionante, ao manter-se na briga, mesmo sem contar com estrutura nem tempo na TV.

Marina derreteu e joga para cumprir tabela apenas. Não me espantaria se na reta final ela declarasse apoio a Ciro Gomes ou ao candidato do PSDB, caso perceba que essa é a melhor forma de impedir o segundo turno entre o fascismo e o PT.

Mas qual o jogo do mercado, da mídia (Globo, principalmente) e do candidato deles (Alckmin/PSDB) nessa reta final do primeiro turno? Parecem operar com três variáveis:

1. Desgastar Bolsonaro, expondo as maluquices do economista Paulo Guedes.
2. Criar um clima que impeça a consolidação definitiva do cenário PT x Bolsonaro.
3. Disseminar o medo a respeito do que o confronto PT x Bolsonaro poderia significar.

Alckmin tem muito tempo de TV e vai usar a reta final para essa operação de desgaste de Bolsonaro. Nos últimos dois dias, surgiram sinais consistentes também de que parte dessa estratégia significa inflar Ciro Gomes. Com 12% a 15% dos votos, ele impediria Haddad de avançar ainda mais nas pesquisas.

Ciro chama o golpe de golpe, chama Bolsonaro de fascista, compra briga com o mercado, diz que vai taxar bancos e cancelar a reforma trabalhista, bem como impedir a entrega da Empresa Brasileira de Aeronáutica S.A. (Embraer) e do pré-sal.

A Globo, claro, está oportunisticamente utilizando a resistência de Ciro como um fator anti-Haddad. E Ciro joga com essa variável.

Se o quadro PT x Bolsonaro se consolidar, teremos um segundo turno duríssimo. O Brasil tem um eleitorado regionalmente consolidado, nos seguintes termos: a votação lulista no Nordeste é de tal monta que compensa a derrota que o antipetismo costuma impor ao candidato de Lula no Sul e em São Paulo. Isso deve se repetir em 2018.

Da mesma forma, o Norte tende a ser mais favorável ao lulismo, compensando a votação antipetista no Centro-Oeste.

Onde se decide a eleição? Em Minas Gerais e no Rio de Janeiro: os dois estados são, no Brasil, o que os norte-americanos chamam de *swing states* – podem flutuar à esquerda e à direita, definindo a eleição.

Nos últimos pleitos, Rio e Minas penderam para o lado do lulismo. Dessa vez, o quadro é mais acirrado. O Rio deve votar em Bolsonaro. Minas, por sua vez, tende a dar uma vitória (ainda que por margem estreita) ao candidato do PT. Em Minas, a votação somada de Haddad e Ciro, a essa altura do primeiro turno, equivale à votação de Bolsonaro. Os votos para Marina e Alckmin tendem a se inclinar (levemente) para o candidato do PT no segundo turno.

Para vencer no segundo turno, Haddad vai precisar ganhar em Minas, ter uma votação no Nordeste superior à de Dilma em 2014, e perder por pequena margem em São Paulo (60% Bolsonaro x 40% Haddad já seria lucro para o petista).

Com Ciro no segundo turno, a situação seria diferente – e uma vitória do pedetista viria com menos susto. Os números indicam isso. E a lógica do antipetismo também.

A favor de Haddad, no entanto, há a imagem moderada e a militância petista – que podem garantir a vitória na reta final.

14 – Ditadura e cerco militar: Bolsonaro abre o jogo antes da hora (22/10/2018)

Desde que a Lava Jato adotou medidas ilegais para desconstruir o PT (conduções coercitivas fora da lei, grampos no gabinete da presidenta da República, escutas clandestinas em escritórios de advogados), estava claro que ingressávamos numa fase de democracia tutelada, ou semidemocracia – em que as regras valem para uns e não para outros.

Agora, ingressamos numa fase muito mais perigosa: nossa sociedade já vive sob tutela militar. Há um cerco militar contra as instituições. Cerco que pode receber a chancela do voto no dia 28. Quando o ministro Dias Toffoli nomeia um assessor militar para o STF, esse cerco fica explícito. Quando a ministra Rosa Weber dá uma coletiva no TSE tutelada pelo general Etchegoyen, esse cerco fica escancarado.

Os vídeos que surgiram nesse último fim de semana antes do segundo turno deixam claro que o risco de um desastre é iminente. Bolsonaro filho diz que, para fechar o STF e destituir ministros do Supremo, "basta mandar um soldado e um cabo". Bolsonaro pai avança mais em direção ao abismo e avisa num vídeo gravado para apoiadores que vai promover uma "limpeza nunca vista no país", e que os "bandidos vermelhos" num governo dele irão para a cadeia ou para o exílio.

Deixou claro, didaticamente, que o programa bolsonarista é a ditadura (mais ou menos) escancarada. Foi um tapa na cara dos iludidos: acordem!

A tática de Bolsonaro é "tempestade no deserto". Deixar o outro lado atônito, amortecido diante do horror. Temos que reagir. Agora e nos próximos anos.

VI – Bolsonaro e o avanço autoritário

– a pandemia, a violência e a volta de Lula

1 – Os três coringas da restauração (04/02/2019)

Com Bolsonaro preso à cama do hospital, o "superministro" Moro lança um pacote de medidas contra o crime organizado e a corrupção.

O ministro age com absoluta autonomia com relação ao presidente – o que seria impensável num governo de FHC ou Lula.

No aeroporto de BH, onde escrevo estas linhas, os televisores mostram um Moro com poder hipertrofiado na tela da GloboNews, diante da classe média que aguarda seus voos.

A simbologia de um superministro que segue agenda própria e "fatura" individualmente com o pacote, enquanto o presidente segue enfraquecido no hospital, diz muito sobre esse governo.

Bolsonaro é um agitador que preside um governo com três linhas de força programáticas:

1. A pauta conservadora nos costumes e o anticomunismo doentio.
2. O programa ultraliberal na economia (privatizações e reforma da Previdência).
3. Pauta punitivista da Lava Jato, que serve tanto ao desmonte do mundo político como à perseguição contra líderes e movimentos de esquerda.

Bolsonaro e os três filhos lideram a primeira linha de força programática. A segunda segue o comando de Paulo Guedes. E a terceira está nas mãos de Moro. Os militares fazem a mediação e tentam dar alguma racionalidade ao governo.

A Globo é aliada para impor a segunda e a terceira partes da agenda. Mas se opõe à primeira linha de força (dos costumes).

Tudo leva a crer que, tão logo se resolva a reforma da Previdência, a Globo e os poderes invisíveis do chamado mercado partirão para a derrubada ou o enfraquecimento da família Bolsonaro.

A restauração conservadora poderá então entrar em nova fase. Para tocar a segunda e a terceira parte do tripé governista (neoliberalismo e lavajatismo), Bolsonaro pode ser não apenas desnecessário como também um peso perigoso – por conta do telhado de vidro da família com os milicianos do Rio.

Engana-se, no entanto, quem possa imaginar que a restauração conservadora terá fôlego curto por conta dessa contradição (já visível) entre os aloprados do terraplanismo e a parte neoliberal/lavajatista do governo.

A desenvoltura de Moro (exposto hoje durante mais de duas horas pela GloboNews como herói da moralidade) mostra que o projeto da restauração guarda certa autonomia em relação ao bolsonarismo mais duro.

Os conservadores têm ao menos três coringas na manga para seguir no jogo se Bolsonaro se enfraquecer por razões médicas ou judiciais: Mourão, Moro e Doria.

O primeiro poderia dar seguimento ao projeto, livrando-se (como já sinalizou) da pauta mais atrasada nos costumes. Mourão significaria a volta de um projeto militar conservador, com uma marca neoliberal que o regime de Geisel/Golbery nos anos 1970 não tinha.

Os outros dois são coringas que se preparam para 2022. O fracasso eventual de Bolsonaro não significa que a agenda do governo que ele comanda (mais como símbolo do que como líder de fato) sairá derrotada. Ao contrário: o pacote de Moro e as falas dos oportunistas (da direita à esquerda) na eleição da mesa do Senado (acenando para a "nova política") mostram que a pauta de restauração, iniciada com o levante de 2013 e reforçada com o impeachment e a Lava Jato, tem fôlego para ao menos oito anos.

O que pode mudar isso, a meu ver, são a conjuntura internacional (com a provável derrota da ultradireita de Trump na próxima eleição nos

EUA) e a capacidade da esquerda brasileira de se reorganizar – menos no Parlamento e mais nas ruas.

Para a direita se consolidar em 2022, será preciso não só manter Lula preso como também avançar contra as organizações populares e os partidos de esquerda – e o pacote de Moro pode ter papel decisivo nessa operação.

2 – Bolsonaro e o governo sitiado (24/05/2019)

Pesquisa da XP, ligada ao mercado financeiro, indica que a desaprovação a Bolsonaro, pela primeira vez, ultrapassou a aprovação. O índice de ruim/péssimo cresceu quase vinte pontos, passando de 17% para 36% em apenas três meses. No mesmo período, o índice de ótimo/bom recuou de 40% para 31%.

É uma queda brutal para um governo em primeiro mandato. Mas chama a atenção que o ótimo/bom esteja caindo num ritmo bem mais lento do que o aumento do ruim/péssimo. Isso parece indicar que há um núcleo duro do bolsonarismo – que tende a resistir ao lado dele, não importa que barbaridades o governo cometa.

Aliás, esse núcleo – que, segundo alguns analistas, estaria entre 20% e 30% do eleitorado, representando aquele setor ultrarradical que já estava com Bolsonaro antes da facada de Juiz de Fora – tende a ficar ainda mais ferrenho quanto mais Bolsonaro se refugiar na pauta das armas, dos costumes e das loucuras da guerra cultural e religiosa.

A turma do dinheiro, o que sobrou da mídia grande (Globo/*Folha*/UOL), empresários e parte da classe média já perceberam que Bolsonaro é incompatível com uma agenda de reformas que traga estabilidade ao país. A classe política tradicional, sob comando de Rodrigo Maia e Alcolumbre, tem diagnóstico semelhante. Mas, somando todos os diagnósticos, o fato é que a chamada "centro-direita" não sabe o que fazer com o "capetão".

Mesmo Paulo Guedes, que deu uma entrevista desastrosa, apelando para a chantagem ("aprovem a minha reforma ou vou embora"), começa a ser visto como um estorvo a médio prazo.

Por enquanto, os liberais se dão por satisfeitos com sinais de armistício que surgem do Planalto. Ainda que se saiba que Bolsonaro jamais se deixará domar. A lógica do movimento que o levou ao poder é o conflito permanente, a guerra, a construção dos inimigos internos. Os dias se sucedem com tensão e sinais de que haverá algum tipo de composição – sensação que é logo superada por novas declarações desastrosas/provocativas de Bolsonaro e seus asseclas.

Crescem, por isso, os murmúrios de preocupação entre a turma da grana.

O que fazer? Dessa vez não é Lenin quem procura respostas. Mas a família Marinho e o que restou da patética burguesia nacional.

O país, além de tudo, vive um paradoxo:

1. A centro-direita quer se livrar de Bolsonaro (antes da reforma da Previdência? Ou logo após?), mas não tem gente para colocar na rua e derrubar o governo.
2. A esquerda e os movimentos sociais, ao contrário, mostram que têm gente pra levar às ruas, mas não estão dispostos a derrubar Bolsonaro.

Nos sonhos da direita não bolsonariana, os estudantes e os movimentos colocariam Bolsonaro nas cordas, ajudando a parir um governo conservador mais "normal" – sob a batuta de generais e banqueiros. O PT e as demais forças de centro-esquerda já compreenderam que derrubar Bolsonaro serviria para consolidar um governo de direita muito mais organizado do que esse estapafúrdio ajuntamento de damares, ernestos e weintraubs.

Sem dizer que um novo impeachment tornaria ainda mais banal o apelo ao golpismo institucional – que já vitimou Dilma.

No papel, esse é o jogo. Mas o país aguentará quatro anos de infâmia e destruição?

O primarismo ultraliberal de Guedes e seus garotos atua de forma perversa, acelerando o ciclo recessivo. Nos últimos quatro anos (desde que Dilma cometeu o erro de levar Levy à Fazenda em 2015), o país só respirou um pouco quando Temer saiu da ortodoxia e liberou o dinheiro do Fundo de Garantia por Tempo de Serviço (FGTS) para o consumo.

Só que não há mais coelhos para tirar da cartola.

Bolsonaro tende a se refugiar na retórica de um governo sitiado, cercado de inimigos. Com 20% ou 30% de apoio na sociedade, não conseguirá governar assim, mas conseguirá resistir – arrastando o Brasil para o imponderável.

3 – Bolsonaro aposta na ruptura (17/06/2019)

O escândalo da Vaza Jato não foi o único movimento importante a mostrar o rearranjo das forças que apoiam o governo de Jair Bolsonaro. Na mesma semana, o presidente fritou o general Santos Cruz (representante da ala militar não extremista) e humilhou Joaquim Levy (liberal e privatista, o economista foi afastado do BNDES por não instalar uma caça às bruxas no banco, como pedem os bolsonaristas radicais, incluindo Paulo Guedes).

Os dois últimos episódios indicam que Bolsonaro caminha para se encastelar num governo minoritário (com apoio de 25% ou 30% do eleitorado), que prioriza o discurso do "contra tudo e contra todos" e do combate ao sistema e aos políticos.

Fica evidente que o fim desse processo é crise institucional grave. Importante também notar que Sergio Moro, que tinha agenda própria e imagem até mais ampla do que a de Bolsonaro, se desmoralizou de forma definitiva entre formuladores e operadores do Direito. Perdeu apoio também na mídia (com exceção da Globo, temerosa pelo que os vazamentos possam revelar sobre os intestinos da empresa). Para sobreviver, dependerá cada vez mais de um subtexto extremista e cínico que se espalha nas redes: "Ah, dane-se a Constituição; o objetivo era destruir PT e Lula, então o juiz não podia seguir as regras normais".

Moro troca de justificativa diante das evidências claras de que manipulou a Lava Jato: primeiro, disse que não havia "nada demais ali" nos vazamentos (reconhecendo a autenticidade do material); depois, encampou a tese da Globo de que hackers haviam adulterado mensagens; agora, simplesmente afirma que não reconhece as mensagens vazadas.

O ex-juiz, portanto, deixa de ser o superministro que legitima Bolsonaro. E vira um político legitimado pelo bolsonarismo.

O mesmo ocorre com Paulo Guedes. No dia em que o relator Samuel Moreira (PSDB) leu seu texto para a comissão especial da reforma da Previdência (mudando vários pontos da proposta original do governo, mas articulando os votos necessários para fazer a reforma andar), o ministro da Economia partiu para cima do Congresso. Muita gente viu na ação de Guedes um movimento desastrado. Parece-me que não se trata disso.

O ataque ao Congresso e, ao mesmo tempo, a fritura de Levy jogam na linha do governo encastelado. A capitalização pretendida por Guedes na Previdência, e enterrada no relatório de Moreira, é mudança tão radical e perigosa que só seria possível sob a égide de rompimento ou refundação institucional. E isso hoje no Brasil só se faz à força.

Moro e Guedes passam a atuar nessa trincheira. O general Heleno, com seus murros na mesa, indica o mesmo caminho. O quadro é grave e perigoso.

A essa altura, já está claro que Bolsonaro não será capaz de entregar o que a maior parte do eleitorado esperava dele: um país mais seguro, com empregos de volta e serviços de mais qualidade na saúde e educação. Diante disso, só resta ao capitão fabricar inimigos, culpar o sistema e apostar no confronto.

Conta, para isso, com o porão das Forças Armadas e das polícias, com os setores extremistas das igrejas evangélicas e com um lúmpen empobrecido nas grandes cidades que segue a acreditar no discurso fácil do bolsonarismo.

Esse movimento indica que Bolsonaro chegará ao momento do tudo ou nada mais isolado do que a centro-esquerda. Se minha aposta estiver correta, em seis meses ou um ano, viveremos uma grave crise institucional. E, para derrotar o campo extremista, será necessário construir uma ampla frente democrática.

Será preciso luta, sabedoria e amplitude para evitar o pior.

4 – Fatos e números: Bolsonaro não cai (26/06/2020)

Todo jornalista tem direito a ter opinião e a explicitar suas posições políticas. Mais que direito, tem até obrigação. Mas não pode brigar com os fatos, nem confundir realidade com desejo.

O mês de junho termina com números e fatos com os quais não é recomendável brigar.

Fato 1: Bolsonaro está mais fraco.

O bolsonarismo, que ameaçava golpes e dizia que a ruptura era questão de tempo, mostrou-se um blefe. Queiroz foi preso, Wassef exposto, o acampamento dos trezentos desmontado, o gabinete do ódio desossado, Weintraub colocou-se em fuga, e o capitão nomeou um novo ministro da Educação mais próximo dos militares do que do olavismo. Esse quadro mostra que a possibilidade de uma ruptura institucional não encontra aderência na realidade.

Fato 2: Bolsonaro mantém um terço de aprovação, o que impede qualquer tentativa de removê-lo do poder agora.

Se a tragédia da pandemia com mais de 50 mil mortos, somada à exposição de Queiroz/Wassef e à economia em frangalhos, não foi suficiente para destruir Bolsonaro, parece difícil que ele encolha de forma significativa até o fim de 2020 (ainda mais com o auxílio emergencial sendo prolongado até setembro/outubro).

A pesquisa Datafolha, publicada nesta sexta-feira, mostra que a rejeição ao governo (ruim/péssimo) bate em 44% (era 43% há um mês). A avaliação ótimo/bom está em 32% (era de 33% em maio). Tendência semelhante foi indicada por outras pesquisas ao longo desta semana.

Todas elas indicam que Bolsonaro despenca entre os brasileiros com mais escolaridade, mas avança no eleitorado abaixo de dois salários mínimos e com ensino fundamental.

A razão seria o auxílio emergencial de 600 reais, dizem vários especialistas. Parece-me que não é só isso. Parte da população é sensível ao discurso da ordem e acredita na fala de que o sistema tem impedido Bolsonaro de trazer melhores resultados.

É o que mostra a pesquisa feita pela revista *Fórum*: quase metade dos brasileiros se declara de direita ou centro-direita. Ou seja, há uma hegemonia conservadora na sociedade. O apoio das legendas conservadoras e dos militares parece suficiente para impedir qualquer avanço do processo de impeachment ou de cassação da chapa no TSE. Bolsonaro tem fôlego para chegar até 2021.

Temos dois quadros descartados: nem golpe/fechamento do regime, nem impeachment/derrota absoluta.

Sobraria aquilo que o deputado Orlando Silva (PCdoB-SP), numa bela entrevista ao *Boa Noite 247*, chamou de "sarneyzação" do governo. Essa parece a tendência mais provável hoje.

Bolsonaro seguiria aos trancos e barrancos, enfraquecido, sem gabinete do ódio, sem olavismo no centro do discurso: uma espécie de bolsonarismo desossado. Mas com a agenda liberal firme, passando a boiada.

5 – Guerra na direita abre espaço para Lula (07/08/2020)

Lula colhe, de forma lenta, mas constante, os resultados pela coragem com que enfrentou a perseguição lavajatista desde 2015.

Lula poderia ter se refugiado numa embaixada; preferiu encarar o processo injusto e a prisão. Lula poderia ter renunciado à liderança do PT; lançou-se candidato desde a cadeia, e levou Haddad ao segundo turno.

Lula poderia ter estendido a bandeira branca ao ser libertado, abrindo mão de voos políticos como exigia a direita, mas se firmou no lugar de sempre.

Não cedeu, não fugiu, não medrou.

Além da coragem e da perspicácia pessoais (esta última mais uma vez demonstrada ao negar-se a embarcar agora na cilada dos manifestos "frenteamplistas"), Lula contou com outros fatores: a militância que o defendeu; o tempo que lhe deu razão diante dos abusos lavajatistas; o trabalho jornalístico independente, que lançou luz sobre as mutretas judiciárias de Moro e seus garotos paranaenses; e finalmente Lula pode contar com as contradições que se aprofundam "do lado de lá".

O mais novo capítulo dessas contradições é o vazamento de informações a mostrar que a primeira-dama bolsonarista recebeu quase 100 mil reais em cheques depositados pelo laranja Queiroz. O vazamento faz colar em Michelle, mulher de Bolsonaro, o apelido de "Micheque".

O vazamento (avaliam alguns) seria um contra-ataque de Moro, diante dos avanços do bolsonarismo contra a Lava Jato. As duas facções – bolsonarismo/militares/evangélicos/Record x lavajatismo/empresários/Globo – devoram-se numa luta sem quartel.

Para reagir ao desmonte que se aproxima, a Lava Jato ataca também o que sobrou da centro-direita tradicional (Alckmin, Serra e os escombros do PSDB). Ao fazer isso, ativa contra si setores no Judiciário e na mídia, aliados à centro-direita e temerosos diante do avanço autoritário da Lava Jato.

Moro torna-se assim mais fraco: confrontado pela esquerda desde sempre, demonizado pelo gabinete do ódio bolsonarista desde abril, é agora considerado suspeito até nas páginas dos jornais que o apoiaram na louca cavalgada de ilegalidades.

A *Folha* acaba de publicar editorial condenando as ações políticas de Moro como juiz, e atestando o abalo de credibilidade que lhe tira sustentação.

Dias antes, fora Merval Pereira (espécie de voz informal dos donos da Globo) quem apresentara o vaticínio: Moro será julgado suspeito no STF, abrindo espaço para que se cancelem os processos contra Lula, o que traria o líder petista de volta ao campo.

Lula, pela primeira vez, tem chances reais de virar o jogo no terreno institucional. Resta saber se, após lutar tanto para recuperar seus direitos políticos, não terá colhido uma vitória de Pirro.

Explico: voltando mesmo à partida, não carregará para sempre o peso de anos de bombardeio midiático? Ainda assim, parece assustar...

O artigo de Merval pode ser visto como um aviso para o bolsonarismo: o craque adversário está se aquecendo à beira do campo; será que deveríamos seguir nessa batalha dentro da direita? A Globo teme morrer esmagada num embate futuro entre lulismo e bolsonarismo.

Se Bolsonaro segue de pé, apesar de 100 mil mortos, Moro começa a ruir – e isso até Merval e a *Folha* já admitem.

Resta saber: que papel terá Lula se, de fato, vencer a batalha gigante no STF?

Parece-me que será o papel daquele craque veterano que, mesmo sem correr o campo todo, sabe segurar a bola para pôr os atacantes mais jovens na cara do gol.

Lula é o jogador que a direita esperava ter tirado da partida com faltas violentas e o apoio vergonhoso de um juiz parcial. Pode voltar ao campo aproveitando as brigas no time adversário. E comandar a virada mesmo sem fazer gols.

6 – O ronco do capital (21/03/2021)

O ronco da fome se espalha pelo Brasil. Em centenas de comunidades, só doações de comida garantem a sobrevivência de quem se debate entre o vírus e o desemprego.

Com a pandemia fora de controle, sem UTIs e sem oxigênio por falta de coordenação nacional, Bolsonaro aposta no caos e nas ameaças autoritárias. Usa a PM e o aparato de estado para intimidar e prender adversários que o chamam de genocida. Falou em estado de sítio, o que assustou alguns. Bolsonaro clama pelo caos, porque sabe que perdeu as condições de governar.

Parece não ter também condições de impor um golpe clássico: com tropas e armas nas ruas. O discurso do golpe é mais uma forma de amedrontar os adversários (tática típica de todas as guerras) e de manter os seus radicais de pé, com uma bandeira: a intervenção militar.

Viveremos nas próximas semanas a maior tragédia humanitária da história do Brasil. E o responsável por isso mantém o apoio de algo entre 15% (piso) e 30% (teto) de apoiadores. É muito para evitar movimentos concretos por um impeachment. Mas é pouco para governar.

Mais que isso: o ronco da fome nos morros e favelas parece não assustar Bolsonaro, que torce por caos e saques para acionar o aparato de "ordem". Mas outro ronco já se ouve: o movimento dos donos do PIB e daqueles que falam em nome dos donos do capital.

Neste fim de semana, circulou carta aberta assinada por cerca de duzentos empresários, consultores e economistas liberais, sugerindo coordenação nacional para medidas de controle adotadas nos governos locais. Como bons tucanos, os liberais evitaram falar em lockdown nacional, para não assustar. Mas chegam a usar a expressão "lockdown emergencial".

O capitão já deu muitas mostras de habilidade em tensionar ao máximo para depois negociar. E as elites dão a ele sempre uma "nova chance" de agir com racionalidade – à espera de que ele cumpra apenas o papel de agitador e bobo da corte, enquanto Guedes passa o país nos cobres e vende tudo.

7 – A crise chega aos quartéis (29/03/2021)

O governo Bolsonaro se desfaz. Depois de ter trocado três ministros da Saúde em um ano, e de ter sido obrigado a demitir o ministro das "Alucinações Exteriores", o presidente vê agora a crise desembocar na caserna.

A nota seca publicada pelo ministro da Defesa, logo após ser obrigado a pedir demissão por Bolsonaro, deixa um recado certeiro: no cargo, diz o demissionário Fernando Azevedo e Silva, "[sempre] preservei as Forças Armadas como instituições de Estado". Há alguém querendo usá-las de outra forma? Todos sabemos que sim.

Lembremos que Azevedo foi o chefe militar levado por Toffoli para o STF. Era ele uma ponte entre fardados e togados, a negociar vetos e votos. A ponte se quebrou, o que indica que o Supremo pode virar alvo não apenas de cabos e soldados, mas também de generais.

Aí está o centro de tudo, a mãe de todas as crises que agora se desenlaça. Atordoado, pressionado e vendo seu governo se desfazer, Bolsonaro pediu arrego aos comandantes das três forças. Certamente há entre eles (na reserva e na ativa) quem tope usar as FFAA como instituição, não de Estado, mas de salvação de um governo que implode sob a sombra de 300 mil mortos.

General Etchegoyen, articulador do golpismo de Temer, saiu das sombras nos últimos dias para reclamar duramente das decisões do STF que trazem Lula de volta ao jogo. Bolsonaro, é o que se diz em Brasília, procurou os comandantes militares para pedir apoio na aventura golpista. O filho dele Eduardo tuitou dizendo que é hora de romper a ditadura dos governadores – que tentam colocar alguma ordem na baderna bolsonarista da saúde.

O jogo de palavras de Eduardo Bolsonaro, como sempre invertido e pervertido, deixa claro o objetivo da radicalização: fechar o regime, se possível com apoio das três forças. E salvar Bolsonaro do vexame de ser derrotado por Lula em 2022.

O presidente começou 2021 com a perspectiva de um arranjo firmado no binômio: militares + Centrão = estabilidade.

A equação mudou: militares + Centrão = instabilidade. Os fardados e os extremistas seguem a ser maioria no ministério.

Não esperemos um confronto aberto de deputados e senadores conservadores com a caserna. Mas uma disputa desgastante e preocupante, num país já dominado pela epidemia e pelo desgoverno.

Enquanto isso, Mourão conta as tropas nos quartéis e os votos no Congresso. E pisca para a elite econômica: por que não eu?

8 – A frente ampla chama-se Lula (11/06/2021)

Desde meados do ano passado, começaram a circular análises sobre a necessidade de uma frente ampla para conter Bolsonaro. Naquele período, o presidente iniciava os ataques abertos ao STF e ao Congresso, reforçados agora em 2021 com a tentativa de cooptar policiais e militares para instalar uma ditadura.

Os defensores da frente ampla costumavam apontar o PT como um entrave para essa articulação: o partido teria dificuldades em ceder, com uma tendência para certo hegemonismo. A proposta de frente ampla embutia a ideia de superar o PT como principal força de esquerda, dissolvendo o partido, sua simbologia e sua história numa aliança democrática mais ampla. Um erro crasso.

A liderança da frente ampla para derrotar Bolsonaro ficaria com os liberais moderados e com um ou outro personagem avulso da centro-esquerda.

Mas faltava combinar com a realidade...

A vitória de Lula no STF, precedida de resistência histórica da militância nas ruas e nas redes, cancelou as condenações injustas, mudando completamente o jogo. Percebe-se agora que Lula e o PT são o verdadeiro motor da frente contra Bolsonaro. Não há outro caminho.

A movimentação de Lula, primeiro em Brasília, e esta semana também no Rio, indica o roteiro. A tal frente ampla terá o PT com Lula no comando do leme, articulando palanques nos estados com dois aliados principais: o PSB (turbinado por novas filiações) na centro-esquerda e o PSD na centro-direita.

No Rio, Marcelo Freixo no PSB será candidato a governador da democracia contra a barbárie miliciana. Lula tenta levar o PSD (agora sob comando de Eduardo Paes) para a aliança.

Em Minas, a frente deve ser liderada pelo atual prefeito de BH, Alexandre Kalil (PSD). Aqui, a esquerda entraria como aliada – sem comando da chapa.

Em São Paulo, o quadro é mais complexo. O PT paulista insiste em ter Haddad candidato a governador; o PSOL já colocou Boulos em campo; e o PSB deve ter o quase tucano Márcio França de novo como alternativa.

Percebe-se que no triângulo das bermudas do Sudeste (Rio, Minas e São Paulo), a história do PT hegemonista não cola mais.

O partido de Lula teria candidatos próprios, sim, em três estados do Nordeste que já governa (Bahia, Rio Grande do Norte e Piauí). No Ceará, o governador petista Camilo Santana pode lançar um nome do PT, se a conversa com Ciro desandar mesmo de vez. No Maranhão, quem comanda o jogo é Flávio Dino. E em Pernambuco, o PT deve se aliar ao PSB.

O partido de Kassab terá papel decisivo nessa articulação, que seria melhor chamar de frente democrática: uma aliança política comandada por Lula e que parte da base de centro-esquerda, mas com caráter mais amplo diante da necessidade de conter as ameaças autoritárias cada vez mais evidentes de Bolsonaro.

9 – O Sete de Setembro golpista (08/09/2021)

Considero um exagero dizer que as manifestações bolsonaristas "floparam", ou seja, que teriam sido um fracasso.

Bolsonaro havia falado em números irreais, prevendo levar mais de 2 milhões de pessoas às ruas. Não conseguiu, claro. Mas o comparecimento está longe de ter sido irrisório.

Avaliação realista feita por este jornalista (adotando critérios objetivos de medição de áreas e supondo concentração de até três pessoas por metro quadrado nos setores de maior aglomeração) indica que o comparecimento foi o seguinte:

1. Entre 90 mil e 100 mil pessoas em Brasília.
2. Entre 120 mil e 150 mil pessoas em São Paulo.

Ah, mas Bolsonaro só conseguiu isso porque parcelas do agronegócio e lideranças evangélicas despejaram dinheiro, pagaram ônibus e hospedagem. Verdade. Ainda assim, isso demonstra que há setores orgânicos dispostos a bancar um governo que só entregou ao país morte, inflação, desemprego e destruição ambiental. Não é pouco.

Bolsonaro colheu as tais fotografias que precisava para manter o ânimo das tropas que o apoiam (de 20% a 30% do país, aproximadamente). Não nos enganemos: nos grupos bolsonaristas, o clima é de triunfo, ainda que haja certa perplexidade porque o STF e o Congresso seguem intactos, o que explica por que grupos mais radicalizados seguem em Brasília promovendo baderna.

Se a fotografia tivesse sido só essa (gado bolsonarista babando de ódio pelas ruas), poderíamos ver o Sete de Setembro como um jogo empatado: Bolsonaro colocou na rua gente suficiente para deter o impeachment, mas não conseguiu o apoio de que precisava para avançar num golpe de Estado.

Acontece que o presidente falou; e por duas vezes (em Brasília e São Paulo) fez explícitas ameaças ao Judiciário, centrando os ataques no ministro Alexandre de Moraes, que em 2022 presidirá o TSE no processo eleitoral. Bolsonaro deixou claro que não aceitará resultado eleitoral. Não precisa dizer mais nada.

Quem ficou numa situação realmente difícil foi a centro-direita tradicional. Bolsonaro mostrou que tem base popular e esquema de grana pesada, e que hoje não há ninguém que possa disputar com ele, na rua, o papel de anti-Lula.

Foi por isso que o dia 8 trouxe articulações abertas e explícitas pelo impeachment. A direita liberal não se converteu de um dia para outro em fiel cumpridora da Constituição – logo ela, que apostou no golpe contra Dilma. Não.

O que move partidos (PSD, MDB, PSDB, Solidariedade falam em retomar o debate do impeachment) e instituições (TSE, STF, Senado) é a necessidade de afastar Bolsonaro para abrir caminho a outra candidatura pela direita.

O dia 7, portanto, deixa como principal legado a percepção definitiva de que a terceira via só tem uma chance: virar a segunda via.

Leio análises apressadas (Globo, *Folha* etc.) dando conta de que o Centrão vai abandonar Bolsonaro. Alto lá! Esse jogo não está dado. O núcleo duro do Centrão (PP/Lira, Republicanos/Igreja Universal, PL/coronéis locais, PSL/bancada da bala) não dá sinais de que vai fraquejar e abandonar o capitão.

Bolsonaro é um estorvo, um fora da lei e um delinquente. Precisa ser afastado pela força da política: seja no impeachment, seja nas urnas em 2022.

10 – O vento sopra para Lula (10/11/2021)

O Centrão de Arthur Lira parece agir como o bandido que, ao ver a casa pegar fogo, corre – não para apagar o incêndio, mas para levar embora joias e talheres valiosos.

Inflação acumulada acima de 10%, fome, miséria e recessão à vista: o Brasil se desfaz. O Centrão resolve então ajudar e aprova a absurda PEC dos Precatórios, que sinaliza com calote, descontrole de contas e destruição do mais importante programa social da história, o Bolsa Família.

O resultado de tudo isso não poderia ser outro: a popularidade de Bolsonaro recua para o menor nível desde 2019, mostra pesquisa Quaest – encomendada pela corretora Genial.

A avaliação do governo Bolsonaro é a seguinte:

Negativa 56% (era 53% há um mês)
Regular 22% (era 24%)
Positiva 19% (era 20%)

Pela primeira vez, o apoio a Bolsonaro cai abaixo de vinte pontos, o que indica um governo perto da desagregação.

Importante: trata-se de pesquisa presencial, que segundo estudiosos capta melhor a avaliação junto ao povo mais pobre – que tem menos acesso à tecnologia. Foram entrevistadas 2.063 pessoas entre os dias 3 e 6 de novembro de 2021.

Outra notícia preocupante para Bolsonaro e seus aliados do Centrão é que Lula abre vantagem inédita e pode ganhar no primeiro turno:

Lula 48%
Bolsonaro 21%
Moro 8%
Ciro 6%
Doria 2%
Pacheco 1%

A economia é o problema mais sério no país para 48% dos entrevistados pela Quaest/Genial; e Lula, o mais preparado para resolver. Só 9%

apontam a corrupção como tema central – o que mostra a dificuldade para Sergio Moro alavancar a candidatura, já que o ex-juiz faz desse assunto o núcleo de sua falsa pregação política.

Lula cresceu também na pesquisa espontânea (quando não são apresentados nomes de candidatos aos entrevistados): foi a 29% em novembro (contra 22%, há um mês), e Bolsonaro tem apenas 16% (pouquíssimo para um presidente no exercício do cargo).

Gostaria de chamar a atenção ainda para a impressionante clivagem de classe no voto dos brasileiros:

1. Entre os que ganham até dois salários mínimos: Lula 61% x Bolsonaro 15%.
2. Entre os que ganham mais de cinco salários mínimos: Lula 34% x Bolsonaro 32%.

Ou seja, se dependesse só da classe média (que inclui quem ganha mais de 5 mil reais por mês) e dos ricos, teríamos empate técnico na eleição. Trata-se de um retrato evidente do abismo social e político no país.

Por último, gostaria de manifestar uma pequena discordância em relação a meu colega Miguel do Rosário, que como sempre fez brilhante análise da pesquisa no blog *O Cafezinho*.

Miguel disse que "os ventos são de esquerda". Não acho que seja isso. O vento é de fome, miséria, descontrole inflacionário. O vento não sopra "para a esquerda", mas contra o descalabro administrativo e social imposto por Bolsonaro.

Lula, por tudo o que fez no governo em oito anos, e mais os cinco anos de Dilma com a marca do PT, é o antídoto contra a destruição.

Aliás, a pesquisa Quaest busca traçar o perfil ideológico dos brasileiros. E vejam o resultado: 24% se dizem de direita, 18% de centro e apenas 17% se definem como de esquerda. O PT é, de longe, o partido com mais apoio: 19% se identificam com ele e 2% com o PSDB, enquanto outros partidos não passam de 1%.

Ou seja: o PT e a esquerda têm apoio consistente de aproximadamente um a cada cinco brasileiros. Mas Lula é muito maior que isso e, para vencer, terá que falar para a imensa maioria de brasileiros moderados (e até conservadores).

O vento sopra para Lula.

Se o Centrão (com Bolsonaro) parece o bandido que rouba a casa enquanto ela pega fogo, Lula é visto como o bombeiro que pode não apenas apagar o incêndio como também reconstruir o abrigo que teve suas estruturas abaladas por quase dez anos de golpismo, lavajatismo e neoliberalismo miliciano.

11 – Chapa Lula-Alckmin muda tabuleiro (01/12/2021)

O último mês do terrível ano de 2021 começa com o quadro político quase definido para 2022.

João Doria ganhou o braço de ferro no PSDB, e por estreita margem será o candidato de um partido decadente. Doria tem a máquina de São Paulo, muito dinheiro e guarda alguma simpatia em setores tradicionais da elite paulista.

Sergio Moro ocupou todos os espaços que a mídia tradicional generosamente lhe concedeu: é o candidato da Globo e de fatias importantes do mercado financeiro, além de agregar aqueles militares que sonham com um bolsonarismo sem Bolsonaro.

Ainda na extrema direita, Bolsonaro jogou fora o figurino de antissistema e se abraçou ao Centrão, filiando-se ao PL, enquanto vê suas taxas de aprovação caírem abaixo de 20%.

O movimento mais importante, no entanto, deu-se na oposição. Lula emitiu sinais, em entrevista a uma emissora de rádio gaúcha, de que a aliança com Geraldo Alckmin passou do estágio de "possível" para o de "desejável".

A possibilidade da chapa Lula-Alckmin gera urticária em parte da militância de esquerda, mas é preciso entender o grave quadro do país. Não, Alckmin não soma grande quantidade de votos ao pré-candidato do PT, hoje favorito nas pesquisas. O que Alckmin faz é destravar portas.

Não se sabe se a articulação vai prosperar, mas a reação de colunistas lavajatistas que trabalham como escribas do patronato midiático mostra que a conversa entre Lula e o (quase) ex-tucano muda o jogo.

Josias de Souza (UOL) e Vera Magalhães (*O Globo*) estão entre os que atacaram a chapa. A reação na mídia, seguida de críticas de empresários extremistas como Salim Mattar, é sinal claro de que o lavajatismo torce para que o petista fique preso ao canto esquerdo do ringue, com a (falsa) imagem de radical defensor de ditaduras sendo martelada nas manchetes.

A chapa Lula-Alckmin quebra essa narrativa.

Lula poderia ganhar a eleição com uma chapa "puro-sangue" de centro-esquerda? Talvez. Mas lembremos: em 1989, 1994 e 1998 (quando se apresentou acompanhado de José Paulo Bisol/PSB, Mercadante/PT e Brizola/PDT), Lula perdeu. Em 2002 e 2006, com um vice moderado, Lula ampliou e ganhou a eleição.

Ah, mas Alckmin apoiou o golpe de 2016. É verdade. Foi dos menos barulhentos no apoio ao golpe, chegou a se posicionar contra, mas depois embarcou na aventura.

A dura realidade é que o golpe de 2016 nos levou a um quadro de degenerescência da democracia. Não vivemos na normalidade democrática. E a esquerda sozinha, parece-me, não tem força para tirar o país do atoleiro. Não basta ganhar nas urnas, é preciso criar governabilidade.

Nos anos 1970, JK e Carlos Lacerda (que haviam apoiado o golpe de 1964) sentaram para conversar com Jango para formar uma frente ampla pela democracia e contra a ditadura. Mais tarde, um personagem como Teotônio Vilela (egresso do partido conservador Arena) teve papel fundamental na abertura democrática, denunciando abusos autoritários e cobrando a anistia.

Não acho que Alckmin tenha a mesma estatura desses personagens. Mas o paralelo é possível. Situações excepcionais requerem saídas excepcionais.

Não pretendo dourar a pílula: Alckmin é conservador e privatista (apesar de, em 2006, ter declarado que não levaria adiante a privatização da Petrobras e do Banco do Brasil); por outro lado, é um interlocutor leal e correto nas negociações – como atesta Fernando Haddad, que teve interlocução com ele quando o petista era prefeito e Alckmin governador.

A extrema direita hoje tem dois personagens à procura de um enredo: Bolsonaro ou Moro podem blocar a direita (agronegócio, mercado, militares, mídia) e transformar 2022 num inferno salpicado de antipetismo e terrorismo eleitoral.

Alckmin com Lula significa romper o bloco da direita, significa tirar uma peça que está "do lado de lá" e trazer "para o lado de cá" do tabuleiro.

A conversa, por si só, mexe com o jogo, assusta a direita e permite que Lula abra portas ainda fechadas junto ao empresariado e à classe média conservadora.

Lula-Alckmin não é tão importante para ganhar a eleição. Mas para criar governabilidade em 2023.

Por fim, o arranjo permitiria destravar o quadro em São Paulo, criando as condições para a derrota do bloco de Doria e para encerrar o longo ciclo tucano no estado mais rico do país.

# SEGUNDA PARTE

PALAVRA DE HONRA

"Toda saudade é uma espécie de velhice"
(*Guimarães Rosa*)

I – Vestígios

1 – Comunistas em cima da padaria
(14/11/2008)

Os comunistas estão chegando. Comunistas de carteirinha. Comunistas de todas as partes do planeta: Grécia, Argélia, Vietnã, Itália, Noruega, Índia, Líbano, Venezuela, Letônia... A lista é imensa. Mais de setenta países enviarão representantes para o encontro que ocorrerá na próxima semana, em São Paulo.

Desde 1998, quando os partidos comunistas voltaram a se articular, numa tentativa de superar a ressaca gerada pela queda da União Soviética, este já é o 10º Encontro Internacional de Partidos Comunistas e Operários. Os sete primeiros foram organizados pelos comunistas gregos, depois o encontro passou por Portugal (2006) e Rússia (2007), antes de chegar ao Brasil em 2008.

O anfitrião da reunião será o Partido Comunista do Brasil (PCdoB), o mais antigo do país – se levarmos em conta que ele é o herdeiro do velho Partidão, fundado em 1922. A turma do PCdoB deve estar orgulhosa: vai receber, num hotel do centro de São Paulo, comunas de tudo que é canto do mundo. Quanta diferença de vinte anos atrás!

Em meados da década de 1980, meu irmão Fernando e eu, na época estudantes secundaristas, nos aventuramos em reuniões semiclandestinas do PCdoB. O partido – destroçado pela derrota no Araguaia – tinha acabado de obter a legalidade. As reuniões na zona sul de São Paulo ocorriam numa espécie de sobreloja, em cima de uma padaria no bairro da Vila Mariana. Lembro-me do ambiente quase monástico, cadeiras velhas de madeira, cartazes de Stálin e da Albânia (sim, para quem não sabe, o PCdoB naquela época defendia o socialismo de linha albanesa).

Lembro-me ainda de um militante com uma cicatriz grande no rosto, descendente de japoneses, que comandava as reuniões. Na minha ingenuidade juvenil, ficava a pensar: será que ele foi guerrilheiro? Nunca tive coragem de perguntar. Sei que o cara ligava para minha casa avisando das reuniões. Minha mãe queria saber quem era, e ele dizia apenas: "Aqui é o Paulo, do movimento estudantil". O sujeito tinha medo de dizer o nome "PCdoB" e espantar aquela mãe de classe média. Resquício da longa clandestinidade.

Minha trajetória no PCdoB não durou mais do que duas ou três reuniões. Segui outros caminhos – mas ao longo dos anos encontrei no partido alguns dos militantes mais dedicados, sérios, patriotas, e realmente interessados no bem do Brasil. Meu irmão Fernando ainda usou durante alguns meses um broche do PCdoB. Comprou livros sobre a Albânia e, na hora do jantar, tentava convencer meu pai sobre as vantagens do socialismo albanês.

O "Paulo, do movimento estudantil", eu nunca mais vi. Meu irmão virou antropólogo e (em vez de na Albânia) hoje vive na Argentina, enquanto eu tento ser jornalista aqui mesmo no Brasil. O farol do socialismo albanês já se apagou há muitos anos... Mas a ideia de lutar por um mundo mais justo, essa não vai se apagar nunca!

O PCdoB, que já tem sede própria, com papel passado em cartório, que tem site na internet (o melhor entre os partidos de esquerda) e até ministro de Estado em Brasília, agora vai organizar esse encontro internacional num hotel bacana de São Paulo!

Essa eu quero ver! Nem que seja para depois contar ao meu irmão e relembrar com ele os tempos das reuniões em cima da padaria.

2 – Brizola e o "Ratão" (15/12/2008)

Vocês vão dizer que existe gosto para tudo, mas o fato é que nos anos 1980 eu parava para ver qualquer entrevista ou comício do velho Leonel Brizola. Se ficava sabendo que ele falaria na TV, preparava-me para estar em casa e acompanhar. Se ele marcava comício em São Paulo – eram raros porque o PDT era fraco na capital paulista –, lá ia eu, acompanhado por dois ou três amigos malucos iguais a mim, para ver o engenheiro falar.

Cheguei a gravar algumas das entrevistas de Brizola direto da TV. Na época, quase pré-histórica, eu armazenava tudo em fitas VHS, que ficavam lá, atravancando a estante de minha mãe na sala de visitas. Mal sabia que no futuro estaria tudo disponível no YouTube. Mas isso não vem ao caso.

Brizola era um gênio, um democrata, um estadista. E um grande entrevistado.

Uma dessas entrevistas inesquecíveis de Brizola foi no programa *Roda Viva*, da TV Cultura, em 1987. Tenho a fita VHS até hoje. Na época, havia no *Estadão* um jornalista chamado Lenildo Tabosa Pessoa – reacionário, quase fascista e antibrizolista até a medula, na medida em que isso deveria agradar aos chefes dele na família Mesquita.

Bem, o Lenildo foi chamado para compor a bancada de entrevistadores do *Roda Viva* e lá pelas tantas sapecou a provocação: "Governador, muita gente na esquerda brasileira diz que Fidel Castro costuma chamá-lo de El Ratón". Lenildo preparava-se para contar a velha lenda, nunca comprovada, de que Brizola teria pegado dinheiro de Cuba para fazer guerrilha e depois embolsado a grana.

A saída de Brizola para a provocação foi antológica. Virou o jogo – de forma improvisada, mas definitiva. Vejam como ele respondeu ao jornalista:

Brizola – Eu não vejo ninguém mais parecido com *ratón* do que você.
(risos seguidos de silêncio no estúdio)
Lenildo acusa o golpe e fica sem resposta. Brizola parte para cima.
Brizola – Olha, você fez uma cara de *ratón*.
Lenildo – Só que Fidel Castro não me chama assim.
Brizola – Isso tudo foi alguém que criou para me ofender, me agredir, me insultar. Como você quis fazer.
Lenildo – É isso que eu fiquei sabendo.

Brizola – Não mexeu com o meu pulso. Agora pode crer que não há telespectador que esteja assistindo este programa, vendo sua cara, que não o ache parecido com um *ratón*. Pode crer. Você tem uma cara de *ratón* que em poucas pessoas eu tenho visto na minha vida.

A saída de Brizola foi genial porque Lenildo tinha mesmo uma tremenda cara de *ratón*. Ou então ficou parecido com um *ratón* diante da investida do engenheiro.

Lembrei-me desse caso engraçado ao ler sobre a história de jornalistas que teriam sido escolhidos a dedo para entrevistar o ministro Gilmar Mendes no *Roda Viva*.

Já houve um tempo em que o *Roda Viva* não permitia que entrevistado escolhesse entrevistador. Pelo contrário: a ideia era ter jornalistas que provocassem o debate. Mesmo que, às vezes, a entrevista descambasse para o bate-boca.

3 – A Fração Bolchevique e a mancha vermelha (11/03/2011)

Depois de uma bem-sucedida cirurgia dentária, recebo a recomendação de repouso. Nada de movimentos bruscos, nada de esforço, nada de reportagem na rua.

Ok. Escolho o escritório aqui de casa para o descanso forçado. E acabo de achar, esquecida na gaveta, uma daquelas velhas pastas, com folhetos e anotações da época de faculdade. Nada relacionado aos estudos. Os anos de 1987, 1988, 1989... foram intensos, por causa da militância política. Além de estudar jornalismo na Faculdade Cásper Líbero (SP), cursei história na Universidade de São Paulo (USP). E logo mergulhei na atividade política, que me fez conhecer o emaranhado de tendências e pequenos grupos que pareciam acreditar na iminência da revolução socialista.

Entre esses, a Convergência Socialista (que depois viraria PSTU) e era uma tendência do Partido dos Trabalhadores (PT): grupo trotskista, com uma dúzia de militantes barulhentos na USP. Entre eles, o Wilson, que costumava brincar com sua condição: "Sou minoria pra valer, triplamente minoria – negro, homossexual e trotskista".

Também havia O Trabalho (antiga Libelu, outra fração trotskista), DS (trotskista também), "igrejeiros" (esquerda católica), PPS (grupo "basista" do PT, que não deve ser confundido com o partido de Roberto Freire), Articulação (setor majoritário do PT), PCdoB (que no movimento estudantil atuava sob o nome de Viração). Fora os independentes e anarquistas.

Confusão geral: um cipoal de nomes e siglas que afastava os estudantes comuns dos debates. Divertido. Mas era preciso paciência. O que me incomodava era a distância entre discurso e realidade. Nas assembleias, gastava-se mais tempo com debates sobre a solidariedade aos guerreiros tâmeis – facção que lutava pela independência do Sri Lanka – do que com questões da universidade.

Por isso, eu não me identificava muito com nenhuma das tendências ou pequenos grupos. Tinha simpatia pelo Brizola, mas o PDT inexistia em São Paulo. Acabei me aproximando por afinidades pessoais da turma do velho Partido Comunista Brasileiro (PCB). Sim, na época ainda havia o PCB – alinhado com a União Soviética.

A "base comunista" na USP devia contar com uns doze ou quinze militantes, incluindo gente de quem sou amigo até hoje. Entre eles, o jornalista Rogério Pacheco Jordão; o Pedro Puntoni, professor de história na USP; a Silvia Lins, também historiadora; o André Goldman, arquiteto, filho do ex-governador tucano Alberto Goldman, que na época estava no PCB; a Marcela, a Cláudia, a Valéria... a Monica Zarattini, que eu reencontraria muito tempo depois como fotógrafa do *Estadão* e que era a coordenadora da base.

Lembro-me bem que, em 1987, eu era diretor do Centro Acadêmico na História, e organizamos um seminário sobre os setenta anos da Revolução de Outubro. Pau puro. Os trotskistas dominaram os debates – com críticas (merecidas) ao burocratismo do Estado soviético. Na mesa, um dos expositores era o velho Ricardo Zarattini, pai da Mônica, militante histórico, a quem tínhamos convidado porque era do PCB (logo depois, entraria no PT).

Diante de tantas críticas à URSS, Zarattini respondeu com uma frase dura e típica: "A pior forma de anticomunismo é o antissovietismo". Fez-se silêncio no auditório. Parecia um argumento fora do tempo. E era. Cinco anos depois, o bloco socialista ruiria.

Por essas e outras, o PCB não era lá muito popular entre os estudantes. A nossa turma, certa vez, foi procurar um veterano dirigente do partido para decidir a linha política a ser adotada nos embates do movimento estudantil. A resposta do dirigente, típica do Partidão: "Olha, na USP nossa linha é muito clara, o nosso aliado principal é... o reitor". Balde de água fria na cabeça dos jovens militantes. Como dizer isso aos estudantes que queriam reivindicar, cobrar, brigar, mudar tudo?

He, he. Um partido assim não podia durar muito tempo.

O PT, com suas várias tendências, era totalmente hegemônico na universidade. Em 1988, organizamos outro seminário, sobre os vinte anos de Maio de 1968: "A Imaginação no poder". Uma foto tirada naquele dia mostra este escrevinhador ao lado do principal convidado – os dois tinham muito mais cabelos.

Também em 1988, fiz campanha para um vereador do PT – o Chico Whitaker, ligado à Igreja Católica. A brincadeira com o Chico na época era: "Sua campanha está tão forte e tão ampla, que tem até comunista misturado com a Igreja". Mas comunista nunca fui. Não me filiei ao PCB. No partido, eu era considerado apenas "área de influência" – como se dizia no jargão da época.

Em 1989, veio a campanha presidencial. O PCB lançou Roberto Freire (ele teria só 1% dos votos), que conquistou simpatias na classe média. Mas a base comunista da USP não ficou com ele, rachou com o Partidão e decidiu apoiar Lula.

Como disse, éramos poucos. Mas o apoio da base comunista da USP a Lula animou a turma do PT. Lá pelo meio do ano, organizou-se o Núcleo pró-Lula na Universidade de São Paulo. A reunião de lançamento realizou-se na FEA, a Faculdade de Economia. Sala lotada. Mais de cem pessoas. Na mesa, a turma do PT e a do PCdoB. Elegeu-se uma comissão com representantes de todas aquelas forças políticas: Articulação, DS, CS, O Trabalho, "igrejeiros", PCdoB. Até que alguém olhou para um canto do auditório e viu Rogério Pacheco Jordão e eu lá quietinhos: "Escuta, gente, precisamos incluir na coordenação um representante do... do PCB... ou da dissidência do PCB? Afinal, vocês são o quê?".

O Rogério não teve dúvidas e lascou na base da gozação: "Somos da Fração Bolchevique do PCB". O cara na mesa não percebeu a ironia e concluiu: "então, registre-se em ata que a Fração Bolchevique também está com Lula".

A Fração Bolchevique, inventada pelo meu amigo Rogério, não durou muito. Passada a eleição, a "base do PCB" se desintegrou. E a maior parte da turma migrou para o PT.

Antes disso, agitamos bastante. Numa passeata pró-Lula no bairro do Butantã, meu irmão (que não era próximo do PCB, mas também apoiava Lula) e eu ficamos incumbidos de arrumar tinta vermelha para as faixas. Compramos a lata, gigantesca, que eu desavisadamente deixei sobre uma cadeira na sala de casa. Na hora de sair para pintar as faixas, esbarrei na cadeira, a lata voou, e aquela tinta vermelha se esparramou toda pelo tapete...

À noite, meu pai viu a horrível mancha vermelha no chão e perguntou o que era. Diante da nossa explicação, desferiu ironicamente: "Vocês querem votar em Lula, tudo bem; mas, por favor, mantenham o tapete de casa longe dos embates políticos".

4 – Seu João e a família corintiana (09/03/2009)

Quando ele meteu a testa na bola e partiu para derrubar o alambrado aos 47 do segundo tempo, a sala de casa explodiu em gritos. Francisco já estava cochilando. E assim permaneceu. Não importa. Com quatro meses apenas, meu filho mais novo testemunhou um dia histórico: o primeiro gol de Ronaldo com a camisa do Corinthians. André e Vicente, os mais velhos, se ajoelharam no chão. Meu pai pulou. Eu tremi, gritei. Um gol no último minuto, contra o Palmeiras. No mundo inteiro, o gol virou notícia.

Não sei se o seu João ainda está vivo. Ele, de alguma forma, é o responsável por Francisco ter estreado com o pé direito em clássicos.

O que seu João tem a ver com isso? Bem, ele não sabe, mas é o responsável pela linhagem de corintianos que chega à terceira geração. Deixe-me explicar.

Tudo começou nos anos 1950. Mineiro, meu avô não ligava para futebol. Tinha migrado para São Paulo, onde abrira uma pequena farmácia na rua da Mooca, zona leste da capital. A família morava nos fundos do estabelecimento. Meu pai, com seus sete ou oito anos, gostava de ficar na farmácia, acompanhando o movimento. Havia dois funcionários no balcão: João e Flávio.

O segundo, palmeirense, tentou conquistar meu pai para as fileiras do Palestra. Mas parece que não se empenhou muito. Palmeirense às vezes peca pela soberba.

João era diferente. Fanático, levava a *Gazeta Esportiva* para a farmácia, contava histórias de jogadas incríveis, reconstituía as vitórias, justificava as derrotas. Assim, conquistou mais um corintiano: o pequeno Geraldo (meu pai) virou torcedor do clube do Parque São Jorge. Verdade que o time da época ajudava João na tarefa, com Gilmar no gol, Cláudio, Luizinho, Baltazar e tantos outros craques.

A conquista de 1954 foi gloriosa: campeão paulista no ano do Quarto Centenário da fundação de São Paulo! Meu pai achou que vinha moleza pela frente, escolhera o time certo. Aí começou o sofrimento. Foram 22 anos sem títulos...

Geraldo foi crescendo, arrastou o irmão Gerson (meu tio) também para a torcida alvinegra. Depois, vieram os filhos do Geraldo (entre eles, este escrevinhador), os filhos do Gerson, os netos dos dois.

Francisco é o mais novo da linhagem alvinegra. Mas já vem por aí o Felipe – filho de meu primo Eduardo. Não há a menor chance de não ser corintiano!

O sofrimento de meu pai durou até 1977. Eu peguei só uma parte da longa fila. Lembro-me das tardes de sábado no Pacaembu dos anos 1970. A gente gostava de ver os jogos na "curvinha" – trecho da arquibancada de onde a visão diagonal permitia entender tudo o que se passava em campo. Foram várias frustrações: derrota para o Noroeste de Bauru, empate com o São Bento de Sorocaba.

Derrotas e frustrações ensinam muito. Como não tive educação religiosa, a fé na ressurreição corintiana cumpria um pouco esse papel transcendental – imagino.

A redenção veio com aquele petardo de Basílio contra a Ponte Preta. Até hoje, sei de cor a jogada – desenhada pelos cartunistas Gepp e Maia nas páginas do *Jornal da Tarde* (para quem não sabe, na época Gepp e Maia "desenhavam" os gols no papel, numa reconstrução gráfica que fixava didaticamente o desenrolar dos lances).

Depois, vieram os anos gloriosos com Sócrates, Casagrande, Vladimir e a deliciosa Democracia Corintiana. Dois campeonatos em cima do São Paulo (com direito a gol no meio das pernas do Valdir Peres, coitado).

E o título de campeão brasileiro com Neto em 1990? Eu estava atrás do gol quando Tupãzinho deu aquele carrinho e faturamos o São Paulo, de novo, dentro do Morumbi.

Foi ainda bicampeão brasileiro em 1998-1999, com Gamarra, Rincón, Marcelinho... E conquistou o Mundial em 2000.

Em 2005, outro título do Campeonato Brasileiro, com Tévez.

Depois, novo mergulho no breu. Eu estava fora do Brasil no dia em que o Corinthians foi rebaixado em 2007. André e Vicente choraram muito. Meu pai levou os dois para um passeio na sede do Corinthians, mostrou a sala de troféus, comprou camisa nova do Timão. Ou seja: renovou a fé, no momento da queda.

Neste domingo, estávamos torcendo pela ressurreição de Ronaldo. E ela veio. Todo mundo sabe que ele precisa mais do Corinthians do que o Corinthians precisa dele. O Coringão é o time perfeito para alguém como Ronaldo, que já conheceu a glória e foi ao fundo do poço.

Time que sabe bem o que são altos e baixos. Time que não morre na queda, e que cresce na derrota. Esse é o espírito do Corinthians. Isso tudo traz sabedoria.

Tudo começou lá atrás, com o esforço de seu João, funcionário da farmácia da rua da Mooca. Sem ele, eu hoje não teria pulado tanto com aquele gol do Ronaldão. Gol de redenção. Gol com a marca do Corinthians.

Obrigado, seu João!

5 – Lembranças da TV Cultura (04/08/2010)

Aprendi a "fazer televisão" na TV Cultura de São Paulo. Trabalhei durante quase três anos lá, entre 1992 e 1995. Época de ouro. Presidida por Roberto Muylaert, e com Beth Carmona na direção de programação, a Fundação Padre Anchieta (mantenedora da TV Cultura) era um lugar delicioso. Havia liberdade, incentivo à criatividade e à inovação.

Conto essa história porque me causa tristeza profunda ler a nota publicada hoje no portal R7. Sob comando de João Sayad, os tucanos agora querem terminar o serviço de desmonte na TV Cultura. Falam em demitir 1.400 pessoas. O último que sair apaga a luz.

Quando trabalhei lá, as luzes estavam sempre acesas! Havia estúdios modernos, bons equipamentos, salários mais do que razoáveis. Lembro-me que os câmeras e técnicos em geral tinham duas referências em São Paulo: Globo e Cultura. Eram as duas TVs que ofereciam melhor remuneração e melhores condições de trabalho.

Era a época do *Castelo Rá-Tim-Bum*, do *X-Tudo* e do auge de programas como *Vitrine*, *Metrópolis*, *Grandes Momentos do Esporte* e tantos outros. Jovem repórter (entrei na TV com 22 anos), eu integrava a equipe do *60 Minutos* – telejornal que ia ao ar das 12h às 13h. Tempos heroicos. Com quatro ou cinco equipes de externa, a gente punha no ar todo dia uma hora de jornalismo. Muito factual, muita entrada ao vivo. E uma combativa equipe de repórteres: Gilberto Smaniotto, Guto Abranches, Vera Souto, Milton Jung, coordenados por Olivier Micarelli e pelo brilhante (e agitadíssimo) Renan Antunes de Oliveira.

Não vou citar todos os nomes para não cometer injustiças, lembro apenas o Marco Nascimento, diretor de jornalismo sério e com talento para formar equipes, e a Malice Capozoli, chefe de redação que comandava com segurança e carinho a edição/produção do *60 Minutos*.

Logo fui enviado para coberturas em Brasília: a CPI dos Anões do Orçamento, a posse do FHC, em 1995, ao lado de Lucas Mendes e Florestan Fernandes Jr. Fiz programas especiais, em parceria com editores, produtores e câmeras de primeira linha, e apresentei o programa de entrevistas *Opinião Nacional*, dividindo a bancada com o já veterano Heródoto Barbeiro. Foi uma escola e tanto.

Ah, mas a audiência era baixa, dirão alguns. Não era. O *Castelo*, por exemplo, chegou a dar quinze pontos de média no começo da noite. Ficava em segundo lugar e incomodava as novelas da Globo. O *60 Minutos* alcançava cinco pontos de média. Era a segunda maior audiência em São Paulo na hora do almoço. O *Jornal da Cultura*, à noite, ficava com cerca de quatro pontos (mais ou menos o que registra hoje o *Jornal da Band*).

Sabem quem era o governador naquela época? Luiz Antônio Fleury. Posso dar meu testemunho: nunca interferiu na programação, nunca fez *lobby* por esse ou aquele assunto. Cobríamos tudo com liberdade. Quando o mandato dele terminou, Fleury deu uma entrevista no *Roda Viva*. Eu estava entre os entrevistadores e me lembro de ele ter dito: "Nem sei quem é o diretor de jornalismo da TV Cultura, nunca conversei com ele". Achei aquilo sintomático. O Marco Nascimento nunca tinha ido a palácio fazer "beija-mão" do governador. Era assim que as coisas funcionavam.

O Muylaert, que presidia a fundação e tinha proximidade com FHC (virou até ministro dele no começo do primeiro governo), nunca pediu nada ao jornalismo durante a campanha presidencial de 1994. Cobrimos Lula e FHC com total liberdade.

Na virada de 1994 para 1995, lá fomos Florestan Fernandes Jr. e eu para Brasília, como repórteres da Cultura, cobrir a posse do tucano na presidência. Juntou-se a nós Lucas Mendes, vindo de Nova York, um craque do texto na TV a quem eu admirava desde sempre.

Lembro-me de longas conversas regadas a whisky no hotel Eron de Brasília, em que eu ficava a ouvir o veterano Lucas e também o experiente Florestan contarem histórias do jornalismo, desde a época em que os dois estavam na Globo.

Quase caí da cadeira quando Lucas Mendes disse ao jovem repórter: "Sei o caminho das pedras nas matérias gravadas, mas dizem que o craque no ao vivo aqui é você". Elegante, tentava passar confiança para o colega que tinha idade para ser filho dele. Mas, sem falsa modéstia, o Lucas estava bem-informado: eu tinha mesmo facilidade para as transmissões ao vivo, em que um roteiro bem desenhado no papel é tão importante quanto a capacidade de improvisar o texto, para que não fique com a aparência de um jogral decorado. Foi na Cultura que aprendi as manhas de fazer longos links. O que foi muito útil naquela cobertura em Brasília, e em tantas outras em quase trinta anos de carreira na TV.

Lucas Mendes eu veria muitos anos depois enredar-se em tristes debates do *Manhattan Connection*, ao lado de personagens lamentáveis e obtusos. Perdi o contato com ele, mas jamais a admiração.

Já Florestan se tornou um amigo para a vida toda. Uma história curiosa: o colega me cedeu, naquele 1º de janeiro de 1995, o convite em nome do pai dele (o professor e deputado federal pelo PT Florestan Fernandes) para que eu entrasse de penetra na festa de gala de FHC, no prédio do Itamaraty. Vestindo um smoking alugado horas antes, transmiti ao vivo para o *Jornal da Cultura*, da porta do palácio. Logo em seguida, venci a segurança e entrei na festa, empunhando o convite em nome do velho Florestan. Uma noite divertidíssima.

Em 1995, Muylaert deixou a fundação para ir ao ministério de FHC. E Mário Covas assumiu o governo de São Paulo. Ali começou a operação desmonte. O tucano resolveu reduzir o repasse de verbas para a Cultura (eram 50 milhões de reais por ano). Cortou de forma linear em todas as áreas do governo porque o Estado estava "quebrado", como diziam os tucanos (e em parte tinham razão). Mas agiu como contador de secos e molhados. De fato, o Estado de São Paulo precisava passar por um ajuste. Mas os 50 milhões da Cultura eram irrisórios no Orçamento geral. "Não interessa, tem que cortar como todo mundo", era o recado que vinha do Palácio dos Bandeirantes.

As equipes foram reduzidas, desmontadas. E em TV, quando você desfaz uma equipe, vai cada um para um canto. Difícil depois recuperar o estrago.

Saí da TV Cultura em junho de 1995, num plano de demissão voluntária (PDV) feito para enxugar os quadros. Por sorte, recebi convite da Globo no meio da operação desmonte que asfixiou a fundação. E, assim, não fiquei sem emprego.

Nos últimos anos, acompanho de longe a emissora. Aqui e ali, continuam a surgir boas ideias, programas criativos, jovens talentos. Mas o movimento geral é de enxugamento. Tomara que os tucanos não tenham tempo de concluir a operação. Se a turma do PSDB acha que a TV Cultura virou um fardo, podia negociar com a TV Brasil para transformar a Cultura no braço paulista de uma mais do que necessária (e ainda incompleta) rede pública de televisão no Brasil.

Santa ingenuidade a minha. Mas não consigo falar da TV Cultura sem falar com o coração. É triste o que estão fazendo com a emissora, e mais um sinal do que pode acontecer no Brasil se essa turma que manda em São Paulo voltar a mandar em nosso país.

6 – Plínio, um lutador (07/08/2010)

Plínio de Arruda Sampaio entrou no radar da imprensa depois da boa atuação no debate da Band, nessa campanha presidencial de 2010. Foi como se o Plínio tivesse sido descoberto agora. Engraçado isso.

O candidato a presidente pelo PSOL, aos oitenta anos, é das poucas lideranças (com a incômoda companhia de Sarney) que já estavam na política partidária antes de 1964, e seguem na ativa. Plínio era deputado pelo antigo Partido Democrata Cristão (PDC) antes do golpe. Apoiava Jango e foi cassado na primeira lista depois do golpe.

Não tenho simpatia especial pelo PSOL, mas gosto muito do Plínio. Eu o conheci pessoalmente em 1988. Plínio tinha disputado a vaga de candidato do PT a prefeito de São Paulo, com apoio da ala majoritária do partido (Lula e Zé Dirceu incluídos). Era considerado um moderado. Acabou derrotado por Luiza Erundina, tida como radical. O que ele fez? Terminada a prévia, correu para o comitê de Erundina e declarou apoio aberto, total. Ao contrário de setores majoritários do PT, que torciam o nariz para Erundina, Plínio foi leal durante a campanha (como Brizola faria com Lula em 1989) e parceiro durante o difícil mandato dela na prefeitura.

Guardo daquela época ótimas lembranças. Uma delas é a dedicatória que Plínio fez no exemplar da Constituição Cidadã, que acabava de ser aprovada e que eu ganhara de meu pai. "Para o Rodrigo, a certeza de que, se lutarmos bastante, viveremos em um país bem melhor", escreveu ele – que ajudara a redigir a nova Carta como deputado constituinte.

Plínio seguiu lutando. Costumava reunir muita gente em encontros aos sábados, para debater a conjuntura nacional. Alguns ocorriam nos fundos de igrejas em São Paulo. Plínio tinha o apoio da velha guarda da esquerda católica (que logo depois seria dizimada pelo conservador cardeal Ratzinger, braço direito de João Paulo II e mais tarde escolhido como Papa Bento XVI). Mas havia também o pessoal jovem, recém-saído da universidade e sem qualquer vínculo com a Igreja, alguns até com certa ligação com o PCB (como era meu caso).

No fim dos anos 1980, Plínio e Chico Whitaker, então vereador pelo PT, alugaram uma casa na Barra Funda, em São Paulo (a "casa da rua Marta"), onde reuniam jovens economistas, cientistas políticos, jornalistas, historiadores, sindicalistas e militantes em geral. A ideia era formular propostas para o debate interno no PT e na esquerda. Lembro-me bem que Plínio achava um equívoco formulações de petistas que, naquela época, apostavam na formação de "conselhos populares" (sovietes?!) para substituir o poder das Câmaras Municipais e assim criar o embrião de uma "nova institucionalidade".

Para ele (e eu concordava), era coisa de gente fora da realidade: "Isso só se faz em conjunturas revolucionárias. No Brasil, a luta atual é pra melhorar a democracia", dizia. Mas, aos poucos, o Plínio mudaria.

Em 1990, virou candidato ao governo de São Paulo. E lá fui eu ajudar na campanha. A ala majoritária do PT não se esforçou muito, e ele teve só 10% dos votos. No segundo turno, sobraram Fleury, do PMDB, e Maluf, do Partido Democrático Social (PDS). Plínio defendia voto nulo. A turma que se reunia na rua Marta reagiu. Nunca vi aquilo. O velho militante teve que engolir jovens, alguns com dedo em riste, a dizer que era necessário votar em Fleury, sim, para derrotar o "inimigo principal". Lembro-me da Fernanda Barbara, uma jovem amiga arquiteta e muito inflamada, dizendo que Plínio estava sendo sectário, míope. Ele só franzia a testa, como faz até hoje nos momentos de gravidade. Mostrou grandeza porque ouviu tudo calado. Mas no dia seguinte saiu na imprensa que ele pessoalmente pregaria voto nulo, sim! Acabei votando no Fleury no segundo turno (será que o Plínio é que estava certo?).

O velho militante católico, moderado, caminhava para a esquerda. Sairia do PT quinze anos depois, seguindo os mesmos passos de Erundina e Chico Whitaker. Ao longo dos anos, Maluf – "ex-inimigo principal" – virou aliado do governo Lula em alguns momentos. Fleury sumiu.

Plínio se aprofundou nas questões sociais. Venceu um câncer e seguiu a militar pela reforma agrária. Passei anos sem falar com ele (eu estava tentando ganhar a vida trabalhando feito louco como jornalista, distante dos debates). Até que em 2005 nos reencontramos; eu era repórter da Globo, e ele candidato a presidente do PT, durante a crise pós-mensalão.

Bem-humorado, interrompeu a coletiva no meio da rua para dizer: "Este aqui, olha, já trabalhou comigo, agora está aí na Globo...". Falou sem ódio, com leveza. Eram os fatos.

Em 2006, uma boa surpresa: quando saí da Globo, de forma tumultuada, recebi dezenas de telefonemas de apoio e solidariedade. Um deles me emocionou especialmente. Era Plínio: "Olha, Rodrigo, eu já tô meio velho, mas sigo por aqui, se precisar de mim sabe que não fujo da briga". Fiquei surpreso, e grato. Gosto de quem não foge da briga, e mais ainda de quem é capaz de fazer isso sem agressividade desmedida. É o caso do Plínio.

Nos últimos anos, retomamos algum contato em entrevistas na Record News e em festas na casa de amigos comuns. Há quarenta anos de diferença separando Plínio e este escrevinhador. Mas há uma ligação afetiva que não se desfaz.

Não concordo com tudo o que ele diz. Acho que a esquerda deveria reconhecer os avanços da era Lula. Deveria partir disso para construir uma alternativa melhor, e não atacar o legado de Lula. Por essa razão, não votarei nele dessa vez. Mas minha admiração e meu respeito pelo Plínio são irrevogáveis.

Quando o vi brilhar sozinho, no chato debate da Band, relembrei todas essas histórias. E, sozinho na sala de casa, vibrei comigo mesmo: "Dá-lhe, Plínio!". Já passou da hora de alguém escrever a biografia do Plínio, um lutador, um cristão socialista que ama o Brasil.[37]

---

[37] Plínio de Arruda Sampaio morreu em 8 de julho de 2014, aos 83 anos. Segue a fazer falta uma biografia sobre o líder que transitou da democracia cristã para o socialismo do PSOL.

7 – Nelson, Caetano, o Papa e a Mesbla (27/12/2010)

Uma festa de aniversário no fim dos anos 1970. Este blogueiro aparece debruçado sobre o bolo – que traz o símbolo do Corinthians desenhado no glacê. Um capricho (carinhoso) de minha mãe. Sobre a mesa, a inevitável garrafa de Fanta Laranja. De vidro, claro.

Outra foto, ainda mais antiga: meu irmão e eu com o uniforme alvinegro. As pernas tortas (minhas) bem que poderiam ter prenunciado o talento de um Garrincha. Mas poucos anos depois revelariam no máximo um lateral-direito abrutalhado, que sentava o sarrafo nos adversários, ou um médio volante no estilo Dunga. A imagem traz ainda o bom amigo Luiz Rodrigo Lemmi – que depois seria colega de escola, além de companheiro nas primeiras aventuras políticas, parceiro em incursões musicais e desventuras etílicas. Virou advogado e, poucos meses atrás, ganhou em concurso a concessão de um cartório no interior paulista. Segue corintianíssimo!

Com a casa vazia, e nesse limbo entre Natal e Ano-Novo, a época parece mesmo propícia para abrir velhos baús. Mas há outra explicação: no dia 25, conheci o apartamento novo de minha irmã e vi o móvel bonito que meu cunhado encomendou para a sala, só para guardar a extensa coleção de LPs. Rock, ópera, clássicos. Impressionante. O Carlão é eclético e soube preservar a coleção. Olhando para aquele móvel repleto de LPs, lembrei-me dos meus velhos discos: maltratados, abandonados num baú aqui em casa. Resolvi abri-lo.

Os LPs saltaram. E com eles boas lembranças. Há quantos anos não ouvia Nelson Cavaquinho. O disco (de 1985) foi presente de Alexandre Schneider – hoje secretário de Educação da Prefeitura de São Paulo. Chico Buarque, Paulo César Pinheiro (letrista genial), Paulinho da Viola, Carlinhos Vergueiro, Beth Carvalho e outros se reuniram para oferecer o que Nelson havia pedido: "as flores em vida"!

> Depois que eu me chamar saudade
> Não preciso de vaidade
> Quero preces e nada mais
> (*Quando eu me chamar saudade* – N.C.)

Foi uma delícia reencontrar também meu disco vermelho do Língua de Trapo, que – ao lado do Premeditando o Breque e do Rumo – compunha a tríade dos bons grupos alternativos da São Paulo dos anos 1980. Vocês se lembram?

E o Dire Straits, com aquele Brothers in Arms de capa azul? Delicioso. Assim como Stan Getz e João Gilberto (outro presente do Schneider, se não me falha a memória), Vinicius, Toquinho, Tom, Gil, Caetano... Muito Caetano! Desde os mais manjados, como Estrangeiro e Totalmente demais, até um vinil pelo qual tenho carinho especial: na capa, Caetano surge na praia, de óculos. Uma mão misteriosa parece querer entregar-lhe uma fita cassete, mas Caetano olha para o outro lado.

Esse LP foi presente de uma namorada – a Isis – que partiu cedo demais. A gente se acabava de tanto ouvir Caetano. Ela adorava interpretar as letras (estudava letras), e eu ia junto na viagem. O disco é bom mesmo. Tem duas das mais pungentes canções de Caetano: *José* e *O ciúme*, que são elaboradas e dilacerantes – na tristeza que parece saltar do vinil.

Hoje em dia, muita gente implica com o Caetano, pelas posições políticas que assumiu. Eu procuro separar as coisas. Caetano pode dizer qualquer besteira. No meu coração guardo as letras geniais:

>Estou no fundo do poço
>Meu grito lixa o céu seco
>O tempo espicha, mas ouço
>O eco
>Qual será o Egito que responde
>E se esconde no futuro?
>O poço é escuro
>Mas o Egito resplandece no meu umbigo
>E o sinal que vejo é esse
>De um fado certo
>Enquanto espero
>Só comigo e mal comigo
>No umbigo do deserto
>(*José* – C.V.)

Mas no baú também há coisas engraçadas: um LP de Sá e Guarabira (nem me lembrava que um dia gostei deles) e outros dois de Pedrinho Mattar (presente de meus avós, se bem me lembro, quando comecei a estudar piano). Muitas vezes já tentei jogar fora o do Pedrinho Mattar. Não consigo. Hoje, de novo, olhei as capas, ri, não escutei, e guardei os discos no fundo do baú.

E ainda havia as fotos. Depois do aniversário de 1979 e da pose corintiana em 1978, um salto para os anos 1990. Repórter da TV Globo no Rio, sob o sol inclemente do Aterro do Flamengo, visto um terno claro. Ao fundo, a multidão se aglomera para ver o papa João Paulo II. Mais ao fundo ainda, o velho letreiro da Mesbla. Participei da transmissão ao vivo naquele dia. Depois da missa, incentivado pelo cinegrafista Zé Carlos (que na época era o chefe dos câmeras no Jardim Botânico), corri para entrevistar Roberto Carlos e a mulher, que mostraram o terço benzido pelo papa. É o que aparece na foto.

E daí? E daí nada. O que me choca é que o letreiro, a Mesbla e o papa polonês não existem mais. E eu quase não me reconheço naquela foto. Exagero? Talvez Freud explique.

Também já não existe o Tim Lopes. A não ser na lembrança. No início de 1998, ele me pautou para uma feijoada na Mangueira. Chico Buarque seria o tema do enredo naquele ano, e o Tim, que era mangueirense, conseguiu uma entrevista (sempre difícil de negociar) com o Chico. Foram duas perguntas no máximo, acho. Intimidado diante do ídolo, só tive tempo de pedir a um colega para bater a foto – que ficou muito melhor do que a matéria que a Globo levou ao ar. Ao Tim, que estava na feijoada e assistiu à cena da mesa ao lado, eu devo essa.

E paro por aqui. Porque do baú saltam outras fotos, muitas. Lembranças de amigos com quem não falo há muito tempo. Vou tentar ligar agora para alguns deles. Antes que seja tarde. Até porque o tempo – se me permitem o lugar comum – vai passando rápido demais para o meu gosto.

Saudade eu sinto. Mas saudosista descobri que não sou. Se querem saber a verdade, já estou até cansado de ter que levantar a cada quinze minutos para virar esses discos a tocar aqui na vitrola, enquanto batuco este post. Os LPs trazem, sim, ótimas lembranças. Mas prefiro ouvir música em CD, ou baixar direto da internet.

Da mesma forma, os tempos de Globo trazem boas lembranças. Das pessoas, sobretudo; e de algumas situações especiais. Mas prefiro a liberdade de hoje. O resto pode repousar no fundo do baú, ao lado dos discos do Pedrinho Mattar.

II – Sopa de letras

1 – Zweig e o Brasil: futuro ou fouché?
(13/10/2008)

Li, com enorme prazer, *Joseph Fouché*, de Stefan Zweig (no Brasil, a obra está no catálogo da Editora Record). O escritor austríaco, que se suicidou em Petrópolis (RJ), em 1942, escreveu o livro no fim dos anos 1920.

É uma leitura fácil e saborosa. Zweig traça o perfil do político francês que teve papel primordial durante a Revolução de 1789. Ao contrário de Danton, Robespierre, Desmoulins e tantos outros líderes revolucionários, Fouché sobreviveu ao terror e à guilhotina. E sobreviveu porque dominava como ninguém a arte de trair na hora certa, para aderir ao partido vencedor. Era um trânsfuga, um homem fiel apenas à própria sobrevivência política.

Lembrei de Fouché ao ver, nos jornais da semana passada, a foto do centenário Oscar Niemeyer oferecendo apoio ao candidato a prefeito Fernando Gabeira, no segundo turno da eleição carioca. No Rio, é difícil saber onde está o verdadeiro Fouché!

Ex-esquerdista, hoje atucanado, Gabeira busca em Niemeyer um verniz comunista para lembrar os velhos tempos. Um salvo-conduto para dizer à esquerda festiva carioca: "Não mudei tanto assim". Será?

Quando voltou do exílio, Gabeira se transformou em defensor de teses libertárias. Vestiu a tanga de crochê, o uniforme de ambientalista e a estrela do PT. Mas, no início do governo Lula, rompeu com os petistas e se bandeou para a oposição. Integrou a banda de música demotucana durante as investigações do mensalão. Passou meses falando exatamente o que o *Jornal Nacional*, da Globo, queria ouvir.

Agora, Gabeira concorre à prefeitura pelo Partido Verde (PV), com apoio do PSDB, e, no segundo turno, também terá a mãozinha amiga do gestor municipal Cesar Maia, do DEM.

Do outro lado, está Eduardo Paes. O rapaz – que nos anos 1990 se lançou na política como "prefeitinho da Barra da Tijuca", uma espécie de administrador regional de Cesar Maia – conseguiu virar o candidato da esquerda no segundo turno. Ganhou apoio do PT, do PCdoB... Logo ele, que integrava a mesma banda de música antilulista durante o mensalão. Chegou a chamar o presidente de "chefe da quadrilha". Agora, corre atrás do apoio de Lula.

Stefan Zweig, que tem vários livros brilhantes, ficou famoso nos trópicos quando escreveu *Brasil, um país do futuro*, em 1941, logo após fixar residência em Petrópolis. Que futuro será que ele viu?

Um ano após escrever o livro, Zweig tomou uma dose cavalar de veneno e se matou. Não teve tempo de perceber que o Brasil é também o "país do Fouché".

Trânsfugas e oportunistas existem em toda parte: de Moscou a Cingapura. De Paris a Nova York. Mas Fouché, no Brasil, ficaria tonto com tanta concorrência.

Zweig mostra como Fouché, um ex-seminarista, converteu-se ao jacobinismo e foi dos mais ferozes líderes anticlericais. No auge da revolução, queimou igrejas e trucidou adversários (especialmente em Lyon). Também votou pela execução do rei Luiz XVI em 1793.

Mas, quando o vento mudou e a turma de Robespierre perdeu apoio na Convenção, Fouché na última hora ajudou a empurrar a cabeça do Incorruptível para a guilhotina. Com isso, manteve a própria sobre o pescoço.

Na sequência, aderiu ao Diretório e ainda ajudou Bonaparte a empunhar o poder. Como prêmio, virou chefe da polícia do então cônsul Napoleão, que logo depois foi nomeado imperador. E, pasmem, ganhou título de nobre: o ex-jacobino transformou-se em duque de Otranto.

Mas, como ninguém é de ferro, quando viu que o imperador estava perdido, Fouché conspirou a favor da volta dos Bourbons. Assim, ganhou um ministério de Luiz XVIII, no governo da Restauração. Ou seja: cortou a cabeça de um Bourbon em 1793 (Luiz XVI) e duas décadas depois pôs a própria cabeça a serviço de outro rei da mesma dinastia, Luiz XVIII.

Foi a última tacada desse gênio do mal. Sobre ele, Zweig escreveu:

> "[...] só quando a vitória está decidida é que Fouché se posiciona. Assim foi na Convenção, no Diretório, no Consulado e no Império. Durante

o combate, ele não está com ninguém, no final do combate sempre fica com o vencedor".

Zweig era um humanista sem partido e foi um dos primeiros intelectuais a pregar a ideia de uma Europa unificada (isso antes ainda da Primeira Guerra Mundial). Judeu, filho de família rica, teve que fugir de seu país quando Hitler anexou a Áustria ao Reich. Podia escolher qualquer lugar do mundo. Escolheu o Brasil. Se você quiser saber mais sobre Zweig e sua obra, sugiro a biografia escrita por Dominique Bona, lançada no Brasil pela Editora Record.

2 – A prosa comovente de Mario Benedetti (10/04/2009)

Acabo de ler o belíssimo romance *A trégua*, de Mario Benedetti. É prosa da melhor qualidade – serena e comovente.

Muito longe de ser um crítico literário, falo aqui como simples leitor.

Fui fisgado pelo veterano Benedetti num passeio despretensioso, meses atrás, por uma dessas livrarias modernas de São Paulo. Por acaso, topei com *Correio do tempo*, um livro de contos e textos curtos. Folheei, o texto pareceu-me simpático e fluido – e era disso que eu precisava naqueles dias. Mas confesso que o que me fez comprar mesmo o livro foram duas outras coisas: a nacionalidade (uruguaia) e a foto do veterano escritor – com um ar bonachão e um nariz "bolotudo", ele lembra velhos imigrantes italianos que andam pela Mooca ou pelo Brás, tipos tão familiares para quem vive em São Paulo.

O cara escreve com categoria: sem floreios, sem arroubos. A sabedoria para compor histórias emocionantes, a partir de fatos simplórios, é algo que me atrai. E me atraiu em Benedetti. Os textos do *Correio do tempo* lembram as boas crônicas de Rubem Braga: a simplicidade, o gosto pelos tipos aparentemente sem brilho, tipos que constituem a maior parte de nossa sofrida humanidade.

Comentei sobre Benedetti com um amigo, e ele me disse: "Se gostou dos contos de *Correio do tempo*, experimente um romance". Fui atrás. *A trégua* é o primeiro romance de sucesso de Benedetti, lançado em 1960. Na minha absoluta ignorância literária, não conhecia – nem de nome – a obra.

Benedetti não tem a grandiloquência de outros autores latino-americanos. Não espere dele a verborragia de Vargas Llosa nem as tiradas fantásticas de García Márquez. A realidade basta ao velho uruguaio, nascido em Paso de los Toros. As frases curtas, ditas nos cafés, nos escritórios e nas ruas de Montevidéu são o suficiente para compor essa trama comovente.

Do que trata *A trégua*? É um romance em forma de diário. Parece um recurso raso demais. Mas funciona. O diário traz as impressões de Martín Santomé – homem com emprego burocrático, sem talentos especiais, mas que sabe olhar para sua pequenez com razoável sabedoria. E não é só isso. Santomé, um viúvo às portas da aposentadoria, conhece Avellaneda – jovem funcionária do escritório. Os dois se apaixonam. De novo: parece banal, mas é uma história com toques sublimes.

A leitura também me deixou com vontade de voltar a Montevidéu, e aí retorno à questão que citei no começo do texto: a nacionalidade uruguaia foi um dos atrativos para que eu começasse a ler Benedetti. Desde muito jovem, tenho afeição especial pelo Uruguai. No começo, era afeição por um nome, e por uma pequena mancha no mapa da América do Sul.

Depois, passei a admirar a fibra dos uruguaios, pela conquista de 1950. Meu pai contava sempre as histórias de Obdulio Varela, o capitão que calou o Maracanã com seus gritos na vitória sobre o Brasil.

Tive a felicidade de viajar três vezes para lá. Na primeira, em 1991, quis conhecer o Museo del Fútbol – no Estádio Centenário. Queria ver o busto em homenagem a Obdulio. E lá estava ele: um herói uruguaio. Depois, retornei ao país em 2005, a trabalho, cobrindo a cúpula do Mercosul em que a Venezuela foi aceita como sócia permanente do bloco. Ano passado, voltei a terras uruguaias com meus dois filhos mais velhos e tive a chance de visitar Colônia do Sacramento – uma linda cidade fundada pelos portugueses, bem em frente a Buenos Aires, no Rio da Prata – antes de seguir para Montevidéu.

Ler Benedetti é viajar um pouco por Montevidéu. Cidade sem a pompa e as atrações de Buenos Aires, mas cheia de reentrâncias e orgulho próprio. Outra hora falo mais de Montevidéu, de Colônia do Sacramento e da sensação de paz que é viajar pelo interior uruguaio – com aquela paisagem plana, que induz à serenidade e à quietude.

Por enquanto, basta-me dizer o seguinte: Benedetti e o Uruguai merecem ser conhecidos.

3 – Bonifácio: abolicionista no país das senzalas (17/07/2009)

No começo dos anos 1980, São Paulo já havia explodido como metrópole. Nas franjas da cidade – especialmente nas zonas sul e leste – surgiam bairros precários, aonde os imigrantes que chegavam do Nordeste iam construindo suas casas e suas vidas. Meu primeiro contato com esses bairros foi pelos nomes das linhas de ônibus. Na volta da escola, do centro para a zona sul, onde morava, eu costumava embarcar no Jardim Miriam ou no Vila Joaniza. Eram linhas com nomes despretensiosos. Nomes simples, de gente simples.

No sentido inverso, para ir da zona sul ao centro, os nomes das linhas de ônibus eram mais pomposos: Largo General Osório, Duque de Caxias, Praça do Patriarca... Nomes que saltavam dos livros de história. Àquela altura, eu não sabia direito quem era o tal Patriarca. Sabia que o nome dele era José Bonifácio, sabia que tivera um papel importante na Independência do Brasil. E só.

Muitos anos depois, quando fui estudar história na universidade, é que aprendi no curso da professora Maria Odila qual tinha sido o papel de Bonifácio. Hoje em dia, se me pedem para fazer uma lista dos brasileiros mais importantes, eu incluo o Bonifácio. E o curioso: natural de Santos, ele nem se via como um brasileiro, mas como um português nascido na América.

Mineralogista, homem de ciências nesta terra de fazendeiros e bacharéis, Bonifácio estudou em vários países da Europa antes de se fixar em Lisboa, onde foi funcionário do Estado português.

Quando Napoleão invadiu Portugal, e a Coroa mudou-se para o Rio, em 1808, Bonifácio permaneceu na Europa e lutou contra os invasores. Só voltou ao Brasil em 1819.

Homem culto e respeitado, foi ele que ajudou a cimentar a ideia de um império brasileiro que mantivesse a unidade territorial. Era um projeto original, em comparação com os vizinhos de origem espanhola. Projeto que recebeu uma mãozinha da história, com a vinda da Corte para o Rio em 1808. Mas tudo isso poderia ter se perdido...

Bonifácio pensou o Estado brasileiro e comandou o processo ao lado de Dom Pedro I. Pensou o Estado e pensou também a Nação. E essa é sua maior grandeza. Sim, pouca gente sabe, mas Bonifácio era um reformista. Na época em que a maioria da elite brasileira apostava numa independência que mantivesse a estrutura escravista intacta, ele seguiu rumo oposto. Na Assembleia Constituinte de 1823, Bonifácio pregou a abolição da escravatura. Apresentou um projeto corajoso e coerente com esse objetivo. Perdeu.

A Assembleia foi dissolvida pelo imperador; a elite escravocrata era hegemônica e o Brasil demoraria mais de sessenta anos para abolir a escravidão. Em 1823, Bonifácio já escrevia em seu projeto à Constituinte:

> [...] que justiça tem um homem para roubar a liberdade de outro homem, e o que é pior, dos filhos deste homem, e dos filhos destes filhos? Mas dirão talvez que se favorecerdes a liberdade dos escravos será atacar a propriedade. Não vos iludais, senhores, a propriedade foi sancionada para o bem de todos.

Nesse trecho, Bonifácio respondia aos liberais de araque brasileiros que, àquela altura, defendiam a independência em nome do "liberalismo" em moda na Europa, mas defendiam também a escravidão – acreditem – com base no mesmo "liberalismo": abolir a escravidão era atacar o sacrossanto direito à propriedade.

Bonifácio não era um revolucionário. Era só um reformista. E moderadíssimo. Nem republicano ele era. Defendia a monarquia constitucional. Ainda assim, assustou os senhores desta terra.

A historiadora Miriam Dolhnikoff organizou um livro muito interessante com os textos de Bonifácio. Chama-se *Projetos para o Brasil* e foi publicado pela Companhia das Letras. Livro curto, leitura fácil: Bonifácio não era de escrever muito. Deixou importantes anotações, avulsas, organizadas agora pela historiadora.

No livro, numa pequena introdução, ela traça o perfil de Bonifácio. Interessante notar que o projeto dele para o Estado brasileiro vingou, mas o projeto de Nação foi derrotado.

Bonifácio acabou exilado pelo primeiro imperador brasileiro – aquele mesmo que ajudara a instalar no trono. Voltaria ao país já no fim da vida, para assumir a tutoria de Dom Pedro II. Mas, de novo, parte da Corte entrou em choque com ele. Bonifácio era uma cabeça perigosa demais para elite tão tacanha.

Bonifácio isolou-se na Ilha de Paquetá e morreu em 1838. Sobre ele, escreveu a historiadora Miriam Dolhnikoff:

> Unidade, centralização e monarquia, em plena América fervilhante de ideias federalistas e republicanas: essas foram as conquistas da elite que se afirmava com a Independência, no interior da qual Bonifácio desempenhou um efêmero mas importante papel de liderança. Entretanto, é como derrotado que escreve no exílio. Seu projeto de nação e as reformas defendidas como único meio de construir na América um país moderno e civilizado não haviam se concretizado.

José Bonifácio morreu derrotado. Anos depois, a elite brasileira reconstruiu o mito do Patriarca da Independência. Era preciso ter um herói ilustrado para dar um verniz civilizado à nossa independência, feita aos tropeços. Foi assim que José Bonifácio, o Patriarca, virou nome de linha de ônibus e de praça.

Para a história oficial, ele é apenas isso: o Patriarca da Independência. Não é bom lembrar que Bonifácio morreu isolado por defender o fim da escravidão numa terra de senhores que, até hoje, negam o racismo e tentam apagar a memória de nosso vergonhoso passado.

Viva Bonifácio, o abolicionista!

4 – Fernando Sabino: a falta que ele faz
(12/10/2009)

Vou falar já de Fernando Sabino. Antes, peço licença para compartilhar algumas lembranças. Quando era criança, não havia uma biblioteca em casa. Meus pais guardavam os livros numas prateleiras, no quarto que servia também para que meu irmão e eu esparramássemos nossos cacarecos, jogos e, principalmente, nossos times de futebol de botão.

Quando eu tinha onze anos, minha irmã nasceu, ocupou aquele quarto, e os livros foram transferidos para o quarto onde dormíamos meu irmão e eu. As coisas foram se ajeitando como era possível.

Bem perto da minha cama, ficaram por anos e anos títulos e autores que, aos poucos, foram me capturando. Havia a coleção completa de Monteiro Lobato (livros de capa dura, verde), um clássico nas estantes da classe média brasileira. Devorei todos antes dos catorze anos. E aos poucos fui desvendando os outros. Lembro-me especialmente de três deles: *Meu amigo Che*, de Ricardo Rojo (biografia de Che Guevara, que li aos dezesseis anos e me despertou o interesse pela política e pela história da América Latina, que segue comigo até hoje); *Memórias – A menina sem estrela*, de Nelson Rodrigues (uma coletânea de textos que me transformou, aos dezesseis anos, em fã perpétuo do genial dramaturgo e cronista); e *O encontro marcado*, de Fernando Sabino.

Esse último li aos dezessete anos. Foi o primeiro romance adulto a me marcar profundamente. Foi a primeira vez que compreendi (na verdade, senti antes de compreender) até onde a literatura pode nos levar.

Não sei se vocês conhecem *O encontro marcado*. Conta a história de três amigos que vivem intensamente, juntos, as primeiras aventuras de juventude. Combinam de, no futuro, aconteça o que acontecer, voltar a se encontrar. As circunstâncias levam cada um para um lado, nessa fase de entrada na vida adulta. Evidentemente que, no fim das contas, o tal "encontro marcado" não acontece.

Não vou contar mais, para não estragar a leitura de quem se dispuser a encarar o romance. O livro lançou-me numa grande catarse. Quando o li, eu mesmo estava nessa fase de sair da escola e descobrir o mundo adulto, chegando à universidade. As primeiras dores de amor começavam a aparecer, algumas amizades iam ficando pelo caminho...

O encontro marcado falava disso tudo de forma magistral. Nunca mais esqueci. Quando me perguntam quais romances foram os mais importantes em minha vida, incluo sempre esse – sem pestanejar. Talvez, se eu o tivesse lido mais tarde, aos 25 ou 30 anos, o impacto teria sido menor. Mas àquela altura da vida foi inesquecível.

Tão importantes como *O encontro marcado* foram para mim, em épocas (e por motivos) diferentes: *Conversa na catedral*, de Mario Vargas Llosa; *Os irmãos Karamázov*, de Dostoiévski; *Anna Karênina*, de Tolstói; e *A trégua*, de Mario Benedetti.

Vejam que, na minha lista pessoal, o único brasileiro é Fernando Sabino. Claro que depois li outros romances que considero (eu e a torcida do Flamengo) mais elaborados e esteticamente mais importantes, como *Grande sertão: veredas* ou *Memórias póstumas de Brás Cubas*. Mas nada me marcou tanto como o romance de Sabino.

Por isso, fiquei comovido quando recebi neste dia 12 de outubro o e-mail do leitor Rafael Rodrigues, com link para um site que presta justa homenagem a Fernando Sabino. O site chama-se "A falta que ele faz". Lá, há uma bela entrevista do Zuenir Ventura e um comovente texto do Affonso Romano de Sant'Anna sobre Fernando Sabino.

Humildemente, presto aqui minha homenagem. Neste dia 12 de outubro de 2009, Sabino completaria 86 anos de idade.

Viva Fernando Sabino, um brasileiro que sabia contar histórias!

5 – Tolstói e os pés na areia (05/01/2010)

Passei dez dias de pernas para o ar, na praia. Com a família e alguns bons amigos.

A *lan house* mais próxima ficava a alguns quilômetros. Achei ótimo, confesso. Só não descansei mais porque meu filho Francisco não deixou. Deu seus primeiros passos na praia, comeu areia e bebeu água do mar – para desespero da mãe. Achei maravilhoso vê-lo solto, a descobrir o mundo. Meus dias se passaram assim: protetor solar no Francisco, um mergulho no mar, papo-furado de frente para o Atlântico.

Quando sobrava tempo, eu me debruçava sobre *A última estação*, de Jay Parini. Trata-se de um romance baseado em fatos, que reconstitui os traumáticos últimos meses de vida do gigantesco Leon Tolstói. Leitura comovente.

Bem, para dizer a verdade, não fiquei tão isolado assim na praia. Por telefone, eu soube da grosseria de Boris Casoy com os garis e de uma tal crise militar. Tive aquela coceirinha de ir até a *lan house* e escrever no blog. Mas olhei bem para o mar, abri mais uma cerveja e permaneci onde estava.

Agora, passado o Ano-Novo, encontro minha caixa de mensagens eletrônicas abarrotada de textos sobre Boris e sobre os milicos à beira de um ataque de nervos. Não sei por que, mas os dois eventos me parecem partes de um mesmo Brasil do passado, um Brasil que se recusa a passar.

Nesses últimos dias, observando o mundo a poucos passos da areia, longe das redações e da internet, notei mais uma vez como a pauta que mobiliza jornalistas, articulistas e blogueiros é diferente dos assuntos que emocionam os outros cidadãos – aqueles que simplesmente tocam suas vidas.

Acho que é a mesma distância que separa Boris dos garis. O nobre Tolstói valorizava os homens simples. Achava que do mujique (camponês) russo vinha a verdadeira sabedoria. Boris – que tem ascendência russa – pelo visto segue outra linha. Juro que senti mais pena do que raiva do Boris. Acho que os dias na praia amoleceram meu coração... Senti pena e constrangimento por ver um velho jornalista que viveu tanto, e parece não ter aprendido muito. Paciência. Espero aprender um pouquinho mais com o passar dos anos.

Longe da internet e das notícias – conversando com o sorveteiro, o vendedor de redes e a moça do empório – não me senti isolado do mundo.

Pelo contrário. Senti-me mais próximo de um mundo a que damos pouca atenção nos dias comuns da cidade grande.

Espero não me esquecer disso ao longo de 2010. A vida é feita de batalhas. E orgulho-me de não fugir delas. Mas a vida é mais. Além de disposição para os bons combates – que certamente virão em 2010 – espero ter um pouquinho da sabedoria de Tolstói e da inocência do meu Francisco, durante o ano que começa.

Assim, a vida fica mais saborosa. Mesmo agora, que já estou longe do mar e perto do asfalto.

Bom 2010 a todos!

6 – T. S. Eliot: poesia num feriado de abril (21/04/2010)

Os versos se revelam devagar. É preciso ler, reler. Vou até o fim da estrofe. Fico com a impressão de não ter compreendido bem o que o poeta quis dizer. Retorno ao começo, sorvo as palavras, as metáforas – belas metáforas – e então a poesia se revela.

Sigamos então, tu e eu
Enquanto o poente no céu se estende
Como um paciente anestesiado sobre a mesa.

O feriado e a luz fraca que entra pela janela parecem um convite para retomar a leitura de T. S. Eliot. Mesmo traduzido (e em ótima tradução, de Ivan Junqueira), não é leitura fácil. Poeta, crítico literário, dramaturgo, ele nasceu nos Estados Unidos no fim do século XIX, e depois se radicou na Inglaterra.

Curiosos os caminhos que nos levam a um escritor. Dia desses, um leitor do blog me escreveu. Disse que se lembrava de mim como repórter da TV Globo, e que se espantou ao ver meus textos na internet: "Pensei que você fosse só mais um daqueles caras empalhados que aparecem na TV", ele falou com muita honestidade.

Respondi a ele que não me deixei empalhar totalmente... Estava adormecido. Não deixei de ser quem eu era, mas reprimi, guardei, "empalhei" minhas convicções durante alguns anos. Disse a ele, ainda, que a frase que escrevera sobre mim lembrava um poema de T. S. Eliot, chamado "Os homens ocos":

> Nós somos os homens ocos
> Os homens empalhados
> Uns nos outros amparados
> O elmo cheio de nada. Ai de nós!
> Nossas vozes dessecadas,
> Quando juntos sussurramos,
> São quietas e inexpressas
> Como o vento na relva seca
> Ou pés de ratos sobre cacos
> Em nossa adega evaporada
> Fôrma sem forma, sombra sem cor
> Força paralisada, gesto sem vigor;
> Aqueles que atravessaram
> De olhos retos, para o outro reino da morte
> Nos recordam – se o fazem – não como violentas
> Almas danadas, mas apenas
> Como os homens ocos
> Os homens empalhados.

O leitor escreveu de volta para contar que não conhecia o poema. Eu, na verdade, também não me lembrava direito dos versos. Lembrava-me de tê-los ouvido, pela boca de Marlon Brando, em *Apocalypse Now*. Lembrava-me, ainda, de tê-los saboreado em alguma aula de literatura no colégio, lá pelos distantes anos 1980.

Fui atrás do poema na internet. Fiquei maravilhado. Decidi que precisava conhecer melhor esse tal Eliot. E cá estou com um volume de *Poesia*, da editora Nova Fronteira. A apresentação é de Affonso Romano de Sant'Anna (com dois "efes" e essa anacrônica apóstrofe no nome da santa – ainda mais anacrônica do que os dois "enes" do meu Vianna, que ao mesmo tempo me orgulham e me atormentam, desde a infância).

Sant'Anna ressalta um dado curioso sobre Eliot: "Diferentemente do que ocorre com a maioria dos autores, difícil se torna localizar na poesia de Eliot rastros de sua vida privada. Nesse sentido, é um poeta apolíneo, nada dionisíaco, que fez com que sua biografia fosse essencialmente sua grafia, seu texto".

As emoções que Eliot traz à superfície revelam pouco sobre ele mesmo. Mas dizem muito sobre a penumbra de todos nós, o medo de todos nós, a inconsistência e as dúvidas que nos invadem – seja numa tarde chuvosa, seja num crepúsculo enevoado (e como há crepúsculos e névoas em seus poemas!).

Ousarei
Perturbar o Universo?
Em um minuto apenas há tempo
Para decisões e revisões que um minuto revoga.

Os versos acima, bem como os que reproduzi no segundo parágrafo deste texto, são de um poema chamado "A canção de amor de J. Alfred Prufrock", de 1917. Foi escrito quando Eliot tinha 29 anos.

7 – O Wikileaks de Moniz Bandeira: de Martí a Fidel (10/12/2010)

Não consigo desgrudar, há duas ou três semanas, do belíssimo livro de Moniz Bandeira sobre a Revolução Cubana: *De Martí a Fidel*. Foi presente de um grande amigo que – socialista na juventude – hoje assumiu posições bem mais moderadas.

Dizer que Moniz Bandeira escreveu sobre a Revolução Cubana é na verdade profundamente simplificador. O livro é muito mais interessante que isso. Narra o percurso das lutas nacionalistas na América Latina. E mostra como a Revolução Cubana foi o desdobramento (um deles apenas, ao lado de tantos outros movimentos ocorridos na Guatemala, Peru, Bolívia, Argentina, Brasil…) dessa luta de dois séculos contra o imperialismo norte-americano.

Há – na universidade e entre esquerdistas arrependidos – um certo medo de usar a palavra "imperialismo". Soa como bravata juvenil, como simplificação da realidade.

O livro de Moniz Bandeira recupera a história dos Estados Unidos na sua relação com a América Latina, e mostra – com uma riqueza "wikileakiniana" de documentos – que o imperialismo não é só uma palavra solta que serve para enfeitar discursos em assembleias estudantis.

Não. A história dos EUA é – também – a história do imperialismo. E de como a América Latina reagiu bravamente à tentativa dos Estados Unidos de controlar a economia, o território, a política em nosso continente.

Moniz Bandeira transcreve telegramas de diplomatas, alguns ainda do século XIX, e mostra a intersecção dos interesses do Estado norte-americano com as corporações que ganhavam dinheiro a rodo na América Central. Não é discurso. Não é bravata. É a história. Documentada fartamente.

Aliás, não há nisso nenhuma grande novidade. Qualquer estudante medianamente informado já leu sobre a United Fruit e outras companhias que ocupavam porções imensas do território centro-americano. O mérito de Moniz Bandeira é não ficar nas generalizações. Ele desce ao detalhe, ao papel das embaixadas, do Departamento de Estado, mostra o dia a dia da administração imperialista.

A leitura permite compreender melhor por que, na América Latina, é impossível ser de esquerda sem ser nacionalista. Gente que faz política apenas com base em teorias europeias costuma torcer o nariz diante de posições nacionalistas. Nacionalismo, na Europa, é associado a fascismo. Na América Latina, ser nacionalista é a melhor forma de lutar por países mais fortes, menos desiguais.

Moniz Bandeira – que, além de brilhante intelectual, foi muito próximo de Brizola e Jango – sabe bem disso.

Evidentemente, nem todos os problemas da América Latina se devem ao "malvado" imperialismo. Esse não é um conceito para explicar tudo. Mas explica muita coisa.

Moniz Bandeira mostra como – desde o século XIX – os interesses de produtores de açúcar no sul do Estados Unidos enraizaram-se em Cuba, mesclando-se aos interesses de parte da elite agrária cubana. E narra com precisão a forma como altos funcionários dos Estados Unidos representavam na verdade as grandes corporações privadas; a promiscuidade entre o aparato de Estado dos EUA e a indústria bélica daquele país, no início do século XXI, não foi uma invenção de Bush Jr. Não. Essa é a tradição da política externa dos EUA.

Mas a intenção de controlar a maior ilha do Caribe não tinha só motivos mercantis – ligados ao açúcar. Quando os EUA concluíram a expansão para o Oeste, consolidando o gigantesco território banhado por dois oceanos, tornou-se primordial encurtar a distância entre Pacífico e Atlântico. O canal do Panamá – sonho antigo – virou rota estratégica que precisava ser vigiada. Cuba era uma espécie de porta-aviões – imenso – que garantia o controle dessa rota.

Fidel era essencialmente um político nacionalista. Che Guevara e (talvez) Raúl Castro já eram socialistas em 1959. Fidel era antes de tudo um herdeiro da luta nacionalista de Martí. Caminhou para o marxismo para sobreviver.

Não estou entre os que fazem a defesa unilateral do regime cubano. Mas é preciso compreender a história de Cuba, plantada a menos de cem milhas do império, para entender a façanha da Revolução de 1959.

Na Bolívia, na Guatemala e no Peru, movimentos de cunho nacionalista muito parecidos com o cubano foram massacrados com ajuda dos EUA. O caso guatemalteco é conhecidíssimo. Nos anos 1950, Juan José Arévalo foi eleito presidente. Era um moderado, social-democrata, que ousou aprovar leis trabalhistas e uma reforma agrária que contrariava os interesses da United Fruit.

Os EUA (e boa parte da imprensa brasileira, claro, reverberava os interesses dos Estados Unidos) chamavam Arévalo de comunista. Arévalo foi sucedido por Jacobo Arbenz, um militar nacionalista que acabou derrubado com a ajuda dos EUA, depois que o exército guatemalteco se recusou a defendê-lo.

Che Guevara vivia na Guatemala na época. Quando a Revolução Cubana triunfou, Che foi um dos maiores defensores da necessidade de armar o povo e criar milícias que defendessem a revolução, para não cair no mesmo erro da Guatemala.

Tudo isso – e muito mais – está no livro de Moniz Bandeira, que ainda traz fotos saborosas – como a de Fidel almoçando com Juscelino Kubitschek no Brasil em maio de 1959, apenas cinco meses após a revolução: o prato de JK aparecia vazio, enquanto o de Fidel seguia intocado no momento da foto, porque o líder cubano desde aquela época já falava horas sem parar – preferia o discurso ao almoço. Segundo Moniz Bandeira, JK (perspicaz) observou na oportunidade: "Fidel Castro não compreende o diálogo. É homem de monólogo".

O livro, até por esses detalhes, está longe da hagiografia. Não transforma Fidel e os guerrilheiros que chegaram ao poder em heróis. Mas mostra como eles foram os representantes vitoriosos de uma corrente de pensamento que tem mais de dois séculos de história: o nacionalismo latino-americano. Corrente que seguiu firme com Chávez, Evo, Kirchner e (por que não?) Lula.

Só que no Brasil o nacionalismo é mais discreto. E talvez, por isso mesmo, muito mais eficaz.

Lembro-me sempre de uma noite de 2002 quando eu estava em Buenos Aires gravando reportagem sobre grupos que tentavam manter a coesão social no meio do caos provocado pelo "corralito" e pela bancarrota argentina. Antes da assembleia, os argentinos cantaram o hino nacional de forma fervorosa. Eu comentei com o velho militante que comandava a assembleia popular: "Como vocês, argentinos, são nacionalistas".

Bem-informado, ele devolveu: "Nós? Não. Nacionalistas são os brasileiros, que fizeram a Petrobras e o Banco do Brasil, não venderam todas as suas empresas nos anos 1990 e não precisam cantar hino nacional nem bater no peito para defender seus interesses. Vocês é que sabem ser nacionalistas".

Lembro-me sempre disso. Temos nossos empresários e jornalistas colonizados. Sempre tivemos. Mas soubemos preservar um Estado relativamente independente, mesmo nos piores momentos. Não tivemos Fidel. Não fizemos revolução. Mas, pelas beiradas, construímos uma escola nacionalista – sustentada pela tradição de independência do Itamaraty.

Tradição de independência que também aparece na obra de Moniz Bandeira. Ele traz dezenas de transcrições de telegramas de diplomatas brasileiros. Quase sempre, faziam uma leitura bastante diferenciada da linha oficial sustentada pelos EUA. Defendiam o interesse brasileiro.

Nos anos 1990, por alguns momentos, o Brasil esteve a um passo de jogar fora essa tradição. Mas voltamos ao velho trilho. Independência e nacionalismo. Um Brasil e uma América Latina mais justos passam pela defesa desses valores – que não saíram de moda. E nem vão sair. Gostem ou não jornalistas e intelectuais entregues a devaneios colonizados.

8 – Aqui tem um bando de loucos (15/05/2013)

Quase dois meses ele ficou à minha espera. Até que eu finalmente me rendi, e tomei-o nas mãos. Foi uma relação voluptuosa: 48 horas de paixão. Li de cabo a rabo, pulando páginas, avançando capítulos, voltando depois para retomar.

Enviado pelo Palmério Dória, o livro chegara pelo correio, precedido de um bilhete: "O Myltainho pediu para lhe enviar...". Myltainho foi um dos jornalistas que fizeram história na revista *Realidade*. Mylton Severiano é o nome dele. Hoje vive em Florianópolis, não o conheço pessoalmente.

Difícil explicar que, naquela época da *Realidade* (anos 1960), os jovens jornalistas não sonhavam em virar apresentadores de TV nem colunistas para falar sobre celebridades. Havia uma fome de Brasil. O olhar era para as histórias deste país profundo e desigual. Um país rico, estranho; manancial de histórias à espera de que alguém as contasse.

Não era uma revista de esquerda a *Realidade*. Mas no fundo era. Feita dentro da Abril, graças à persistência de Paulo Patarra (maestro), Sérgio de Souza (primeiro violino do bando que escrevia por música) e de tantos outros craques. E graças à visão de Roberto Civita. Sim, ele mesmo. Na época, não tinha se rendido ao pensamento raso da direita americanófila (ou então disfarçava bem). Não era refém de cachoeiras e policarpos.

Myltainho conhece bem toda a história. Trabalhava na equipe do Serjão: eles eram da "cozinha" da *Realidade*, faziam o chamado copidesque. Pegavam textos geniais de gente como o (futuro) escritor João Antônio ou o psicanalista-repórter Roberto Freire (mais conhecido como Bigode) e davam polimento. Jogavam fora os excessos, sem que cada texto deixasse de estampar a personalidade do jornalista que o escrevera. Não era a pasteurização da *Veja*. Não. E com cuidado visual, fotos lindas, diagramação sóbria mas saborosa.

Paulo Patarra, pouco antes de morrer, deixou para o Myltainho uma caixa com as memórias parciais (sempre são) sobre a *Realidade*. Myltainho fez o copidesque no texto do velho chefe, e também entrevistou dezenas de personagens e ex-colegas. Compôs assim a gigantesca reportagem sobre a história da *Realidade,* livro no estilo da revista. Vai escrever bem assim na Ladeira da Memória!

Patarra comandava tudo. Montou uma equipe de "loucos". Alguns já experientes. Outros jovens como o Hamilton Almeida Filho (HAF): filho de um trapezista e de uma bailarina de circo, morreria de aids nos anos 1990. O arisco repórter HAF (que não fora criado pelos pais biológicos, mas por um militar meio comunista no Rio) formava dupla na *Realidade* com um tal Paco – o Paco Maluco –, que mais tarde ficaria conhecido como Paulo Henrique Amorim. Ele mesmo. Também estava entre os "loucos" do Patarra. HAF e Paco vieram juntos do Rio para o bando da *Realidade* paulista. Paulistana, aliás, mas brasileiríssima.

Era revista feita por gente de esquerda, o que não quer dizer que eram jornalistas necessariamente da esquerda vinculada a partidos (alguns até eram, e Patarra sabia lidar com isso). Gente de esquerda porque gostava do povo brasileiro, questionava, queria liberdade e sabia que política não se faz só em assembleia. Discutir pílula anticoncepcional, Deus, religião, afetos, família, educação. Discutir tudo isso com seriedade, abrindo espaço para o brasileiro comum contar sua história, isso tudo era (e é) fazer política. Isso é ser de esquerda. E isso a *Realidade* fazia. Era como se eles dissessem, a cada edição: "Aqui tem um bando de loucos". Loucos que gostavam do Brasil, mas que não eram provincianos, olhavam para o mundo.

A revista sabia negociar com os milicos. Paulo Patarra trouxe para a equipe o Mercadante (jornalista de origem lacerdista, talentoso, já falecido – um raro "conservador" entre as "feras comunas") para cuidar disso. Havia reportagens que aparentemente louvavam Castelo Branco, Costa e Silva. Mas, nas entrelinhas, debochavam sutilmente da ditadura. E até Carlos Lacerda, imaginem, foi uma espécie de repórter da *Realidade*. Cabia tudo isso lá.

Na capa do livro, há uma foto com vários dos loucos reunidos. A maioria já morreu. Dos que estão ali, conheci só dois. Um é o José Hamilton Ribeiro. Eu era um jovem repórter na Globo quando via o Zé Hamilton caminhando pela redação da praça Marechal Deodoro nos anos 1990, fechando matéria para o *Globo Rural*, onde ele está até hoje. O Zé, com aquele jeito matreiro de quem se finge de bobo. Myltainho conta que era tática dele: ia entrevistar e se fazia de caipira bobão, o entrevistado se expunha, contava tudo, e aí o Zé mostrava sua genialidade na hora de escrever o texto final. Na TV, consegue fazer o mesmo.

O outro, o Sérgio de Souza. Em 2007, logo depois que saí da Globo, a turma da *Caros Amigos* (criada pelo Serjão) me chamou para uma conversa; queriam saber mais sobre minha saída. Fui apresentado à fera na redação antiga da *Caros* na Vila Madalena. Ele me fez falar muito, e quase não abriu a boca. Olhar provocador, poucas palavras. Morreria um ano depois. Serjão foi um dos loucos da *Realidade*, e levou parte daquela saudável loucura para a *Caros Amigos* (que durante algum tempo foi uma espécie de *Realidade* sem a grana da Abril, mas também sem as amarras da Abril). Morreu pobre. Sobre ele, uma filha diz no livro do Myltainho: "Não deixou herança, mas deixou lembrança".

A época gloriosa da *Realidade* foi entre 1966 e 1968. Com o AI-5 chegando, os Civita desistiram de desafiar a ditadura. Tiraram Patarra da direção da revista. E a *Realidade* foi minguando... Sobre a foto, um dado curioso: ela foi tirada quando a equipe já tinha se desfeito. Com a saída do Patarra, a turma pediu demissão coletiva (na verdade, alguns ficaram por lá, se arrastando, já sob nova direção). E se reuniu algumas vezes. Numa delas... clique! Significativo que a foto seja da equipe reunida quando já não fazia mais a *Realidade*. Um símbolo, talvez, de que o bando de loucos não precisava seguir trabalhando junto para que o espírito da revista aparecesse por aí.

Vários já morreram. Outros se firmaram em áreas diversas. Teve gente que virou jornalista de TV e hoje espalha a rebeldia da *Realidade* entre os loucos da internet, como o Paco (Paulo Henrique Amorim); e teve quem virou empresário – caso do Woile, jornalista bem-comportado numa turma em que dominavam os excessos. Hoje é dono da produtora GW, que faz campanhas eleitorais dos tucanos.

Outros ainda seguem contando histórias. É o que fez o Myltainho. Contou a história de quem gostava de contar história. O Myltainho mostra que Patarra foi quem escolheu Roberto Civita para ser o diretor-geral da publicação. Caso único: o empregado nomeia o filho do patrão (Victor Civita) como chefe. Patarra sabia que o jovem Roberto Civita queria (até por vaidade) criar algo novo. Deu certo.

Frei Betto também trabalhou ali. Myltainho conta que Patarra mandou Betto para a Colômbia, com diárias polpudas e tempo de sobra para escrever sobre o país. Quando o repórter-frei voltou e quis prestar contas, devolver a grana que não havia gastado, Patarra logo disse: "Rapaz, não tenho culpa que você não saiba gastar a verba com mulher e bebida. Se sobrou dinheiro, não quero saber; eu quero a reportagem". É transcrição mais ou menos livre...

João Antônio ficou um mês no porto de Santos. A ideia era que escrevesse uma reportagem com cara de conto-crônica. O texto final é genial. Myltainho transcreve trechos no livro.

Quem gosta de jornalismo e do Brasil não deve deixar de ler. Sem saudosismo, porque os tempos são outros, mas mirando a *Realidade* como exemplo de que, com criatividade e vontade, dá para fazer muito. Seja na imprensa corporativa, seja num blog. Ou não dá mais?

III – Impressões
1 – A carta-testamento de Lula (01/09/2009)

Em 2004, tive a honra de levar ao ar – em parceria com o brilhante editor Luis Cosme – uma série de reportagens sobre os cinquenta anos da morte de Getúlio Vargas. Não foi fácil. Trabalhávamos na TV Globo. Em São Paulo, ainda por cima. Vargas não tem, propriamente, muitos fãs na emissora da família Marinho. E muito menos em São Paulo.

Apresentei o projeto de cinco matérias especiais para o *Jornal Nacional*. A resposta foi: "Esse é um tema muito pesado, não interessa ao jornal".

Não desisti. Mostrei o projeto a meu amigo Cosme, que era editor do telejornal noturno da emissora (*Jornal da Globo*). Ele comprou a ideia e convenceu Ana Paula Padrão – editora-chefe e apresentadora. Ela bancou, mas fez um pedido: em vez de cinco matérias, faríamos três. Já era uma vitória.

Lembro-me bem que Cosme chegou a dizer: "Rodrigo, será uma chance histórica. Sabe quem vamos ouvir? Leonel Brizola! Ele vai falar sobre o velho Getúlio". Não acreditei: "Brizola na Globo? A direção não vai deixar". E o Cosme: "Bom, isso é com eles; fica para os chefes, pelo menos, o constrangimento de dizer não".

A história se encarregou de resolver o dilema. Brizola morreu no fim de junho de 2004, pouco antes de a série começar a ser gravada.

Durante a apuração das reportagens, conversei com historiadores que me ensinaram: "Há dúvidas de que a carta-testamento tenha mesmo sido escrita por Vargas". Mais provável, dizem os estudiosos, é que assessores de Vargas tenham redigido o texto final, a partir de anotações deixadas pelo presidente pouco antes de cometer o suicídio.

Pouco importa.

Para a história, a carta-testamento é a carta de Vargas. Um documento sensacional. Dizem que os irmãos Fidel e Raúl Castro liam-na quando estavam exilados no México, preparando-se para voltar a Cuba e iniciar a guerrilha. Era um documento a mostrar o tamanho do desafio de quem luta pela independência da América Latina.

Penso em tudo isso ao reler o discurso feito por Lula, segunda-feira (31 de agosto), no lançamento do pré-sal.

O discurso de Lula é, para mim, tão importante quanto a carta de Vargas. Pelo que diz, pelo que indica, e pelo acerto de contas com a história recente de nosso país.

Vejam só este trecho:

> Rendo homenagem muito especial, por fim, a todos os que defenderam a Petrobras quando ela foi atacada ao longo de sua história – e ainda hoje – e aos funcionários e petroleiros que se mantiveram de pé quando a empresa passou a ser tratada como uma herança maldita do período jurássico. Benditos amigos e companheiros do dinossauro, que sobreviveu à extinção, deu a volta por cima, mostrou o seu valor. E descobriu o pré-sal – patrimônio da União, riqueza do Brasil e passaporte para o nosso futuro.
>
> Olho para trás e vejo que há algo em comum em todos esses momentos, algo que unifica e dá sentido a essa caminhada, algo que nos trouxe até aqui e ao dia de hoje: é, sinceramente, a capacidade do povo brasileiro de acreditar em si mesmo e no nosso país. [...]
>
> É como se houvesse uma mão invisível – não a do mercado, da qual já falaram tanto, mas outra, bem mais sábia e permanente, a mão do povo – tecendo nosso destino e construindo nosso futuro.

O discurso do pré-sal é a carta-testamento de Lula. Um testamento escrito em vida. Com uma diferença importante: Lula não precisou dar um tiro no peito para entrar na história.

2 – Praia e sertão: cabeças cortadas e coroadas (16/05/2009)

Em meu périplo sertanejo, deixo Serra Talhada e Pernambuco para trás e tomo o rumo de Alagoas. É uma viagem de trabalho. Ao lado do cinegrafista Ademir Saladim e do técnico Francisco Miranda, gravo uma série de reportagens para o *Jornal da Record*.

A descoberta do dia é uma cidade que nem estava em nosso roteiro original: Piranhas (AL), na beira do rio São Francisco. Lugar encantador: o casario colonial da época do Império (muitas construções datam do século XIX), com fachadas coloridas e ruas bem estreitas, ocupando uma encosta de frente para o rio.

Passamos uma tarde ali, a colher imagens. A cidade é conhecida também porque lá, em frente ao modesto prédio da prefeitura, ficaram expostas as cabeças de Lampião e outros cangaceiros mortos em 1938. Cena tétrica, que ficou para lembrar nossa história de violência e crueldade.

As cabeças cortadas, no sertão do Brasil.

A poucos metros do centro histórico, cena mais agradável: um campo de futebol, com dimensões oficiais e grama em perfeito estado, bem na margem do rio. Não há ninguém jogando, e seria difícil mesmo porque o sol é de rachar a cuca. Mas fico a imaginar que luxo seria bater uma bola ali na margem do rio. Que craque não se inspiraria com paisagem tão linda?!

É um devaneio rápido, porque precisamos cair na estrada de novo. Nem sobra tempo para conhecer direito o Xingó, cânion do São Francisco. Dizem que é maravilhoso. Mas fica para a próxima. Cruzamos a ponte sobre o rio e já estamos em outro estado: Sergipe.

Tenho uma enorme simpatia pela capital sergipana, Aracaju. Ao contrário do Recife e de Fortaleza, que infestaram suas orlas com prédios modernosos, altíssimos e de gosto duvidoso, Aracaju manteve-se mais discreta. A orla é lugar agradável para uma caminhada no começo da noite, depois de um dia inteiro de gravações.

Mas não consigo fazer exercício sem parar para olhar placas, estátuas, nomes de ruas ou praças. E logo encontro, na orla de Aracaju, um conjunto de esculturas com nome pomposo: Monumento aos Formadores da Nacionalidade. Lado a lado, em tamanho natural, estão Tiradentes, José Bonifácio, Dom Pedro II, Duque de Caxias, Barão do Rio Branco, Getúlio Vargas, Juscelino Kubitschek. Todos engravatados. A exceção é Tiradentes, retratado com a túnica e com a corda pendurada no pescoço. Curiosamente, Tiradentes – único, entre os ali representados, que não era da elite brasileira – encontra-se apartado do grupo principal e quase de lado para os passantes.

Fico a pensar se o autor do monumento fez de propósito. Teria afastado Tiradentes do grupo principal, e vestido o alferes com a roupa do cadafalso, como a marcar a diferença de classe?

Noto que pouca gente na calçada presta atenção ao monumento. A não ser um rapaz que pede para a namorada fotografá-lo ao lado da escultura de Getúlio. Ele acha engraçado que Vargas fosse tão baixinho: "Olha só, ele bate no meu ombro". A namorada tira o retrato. Sigo em frente.

A menos de quinhentos metros, outro monumento com estátuas em tamanho natural: dessa vez, estão ali representados os "ilustres filhos da terra". Ou seja, sergipanos que ganharam fama. São juristas, professores, intelectuais. Todos de terno e gravata: Sílvio Romero, Tobias Barreto, Jackson de Figueiredo. Fico a pensar: não há heróis do povo? Onde estão?

Do meu lado, um menino chora pedindo sorvete para o pai. Parecem turistas. Passam batido por Tobias Barreto.

Homenagem a Lampião, em Poço Redondo (SE).

Lembro-me que, um dia antes, na estrada a caminho de Aracaju, passamos por Poço Redondo – pequena cidade no sertão sergipano. Ali, a pracinha na avenida principal tem um monumento simples, com chapéu de cangaceiro e o nome Virgulino Ferreira da Silva. Estátua de Lampião também não há, mas aparece anotada uma estrofe atribuída ao rei do cangaço: "Me chamo Virgulino / Ferreira Lampião / Manso como um cordeiro / Bravo como um leão / Trago o mundo em rebuliço / Tenho a cabeça de trovão".

No Nordeste profundo, o povo prefere a cabeça cortada de Lampião – cabeça de trovão – às cabeças coroadas de intelectuais que se transformam em estátuas na beira da praia.

3 – Almirante Negro: as pedras do cais
(21/11/2008)

> "Salve, o navegante[38] negro, que tem por monumento as pedras pisadas do cais."
> (Aldir Blanc e João Bosco)

Se você tem mais de trinta anos, já deve ter ouvido esses versos na interpretação belíssima de Elis Regina. A letra é de Aldir Blanc – um dos maiores compositores da MPB, carioca da zona norte, vascaíno, homem simples e erudito ao mesmo tempo.

João Cândido, o "Almirante Negro".

Nos anos 1970, Aldir Blanc (em parceria com João Bosco) fez o que nossa escola não fazia: contou a história de João Cândido, marinheiro que, em 1910, comandou a Revolta da Chibata – rebelião contra os castigos corporais que, em pleno século XX, ainda eram adotados pela gloriosa Marinha brasileira.

Onze anos atrás, eu era repórter na Globo do Rio. Tim Lopes era produtor. Trabalhei com ele em algumas reportagens. A mais bacana foi esta, levada ao ar em 20 de novembro de 1997: Tim descobriu que o povo da Baixada Fluminense tinha montado uma exposição sobre João Cândido, e resolvemos aproveitar o dia de Zumbi (como era chamado o 20 de novembro) para falar de João Cândido, herói negro menos conhecido.

---

[38] A letra original falava em "almirante" negro, mas, como os tempos eram de ditadura, a censura obrigou Aldir Blanc e João Bosco a trocar "almirante" por "navegante" negro.

Tim não gostava do circuito jornalístico da zona sul. Criado ao pé do Morro da Mangueira, negro, filho de militar, ele já era um jornalista consagrado naquele tempo, mas não esquecera suas origens. "Eu gosto de falar sobre o meu povo, eu gosto de matéria com o pé no chão", ensinava ele para este paulistano, durante as sessões de muito chope no Calamares (misto de boteco e restaurante, no Jardim Botânico, ao lado da Globo do Rio).

A turma que hoje está na direção da Globo não gosta muito de mim. Mas o pessoal que cuida do site do *Jornal Nacional* não deve saber disso. Hoje, achei até engraçado: na página do JN, na internet, havia um link para matéria que fiz com o Tim Lopes, há onze anos, sobre João Cândido. É aquela coisa curta, de telejornal. Na época, vibramos muito: Tim, eu e Cristina Aragão (ótima editora). Foi uma vitória colocar a reportagem no ar.

Fiquei emocionado quando li por esses dias outra notícia no jornal: Lula inaugurou um monumento a João Cândido no porto do Rio. Até agora, o único monumento a ele, como dizia Aldir Blanc, eram as "pedras pisadas do cais". Agora, o Almirante Negro ganhou uma estátua. O presidente da República esteve lá, na Praça XV, e disse: "Precisamos aprender a transformar nossos mortos em heróis".

Isso não é pouco! Basta dizer que até hoje a Marinha rechaça a figura de João Cândido. O Centro de Comunicação Social da Marinha disse que não reconhece "heroísmo nas ações daquele movimento", classificado como um "triste episódio da história do país".

Triste para quem? Registros da época dão conta de que 2 mil marinheiros se sublevaram contra a prática de punir com chibatadas os militares considerados indisciplinados. A revolta durou quatro dias e terminou com vários mortos, incluindo alguns oficiais. Será que foi isso que a Marinha classificou como triste? Ou triste era o fato de os marinheiros serem punidos com chibatadas?

Expulso da Marinha, João Cândido terminou seus dias na pobreza; dizem que vendia peixe no cais do Rio para ganhar uns trocados. Agora, ganhou um monumento.

Representantes de nossa Armada não foram à inauguração da estátua. Isso, sim, acho muito triste! Mostra que mentalidade ainda comanda as Forças Armadas no Brasil. Azar dessa gente, com roupa de oficial, que ainda carrega nas costas uma história vergonhosa.

João Cândido, ao contrário, carrega uma história de heroísmo e glória. Viva o Almirante Negro! Viva Tim Lopes! Viva Aldir Blanc!

4 – Michael e a moça de Paris: a dor que não sai no jornal (26/07/2009)

O mundo só fala em Michael Jackson, sei disso. Eu mesmo tive que correr hoje para entrevistar o músico Kid Vinil (lembram dele?), atrás de informações para uma matéria sobre o ídolo morto (confesso que nem me emocionei muito com a morte; nos últimos tempos, tinha mais pena do que admiração por ele).

Agora há pouco, checava na internet datas de lançamento dos discos de Michael Jackson, quando encontrei uma nota que me tocou de verdade: a história da moça brasileira que se jogou da Torre Eiffel. Morte triste e intrigante.

Fiquei a pensar: ela morava em Paris? Sentia-se sozinha na Europa? Ou teve uma crise depressiva durante as férias? Planejou a morte, ou tudo se deu num impulso, enquanto observava a linda paisagem parisiense? Foram dores de amor que levaram a moça ao gesto extremo? Parece que no último instante o irmão correu até ela e tentou evitar o salto no vazio. Foi inútil.

Triste demais. E mais triste ainda é a informação que aparece no segundo parágrafo do texto publicado nas agências de notícia: o corpo caiu no teto de plástico de um restaurante. E sabem qual foi a reação de alguns clientes que almoçavam ali? Simplesmente seguiram comendo, contou o garçom numa entrevista.

O caso me fez lembrar duas músicas.

Uma delas é *De frente pro crime*, do João Bosco. Cantada por Elis Regina, traz letra antológica de Aldir Blanc, que fala de um "corpo estendido no chão", enquanto todos no botequim tocam a vida para frente: "Veio o camelô vender anel / Cordão, perfume barato / Baiana pra fazer pastel / E um bom churrasco de gato".

A outra é *Notícia de jornal*, de Haroldo Barbosa e Luis Reis. Chico Buarque gravou. Confiram a letra e vejam se não há alguma semelhança com a história da moça que saltou da torre em Paris:

Tentou contra a existência
Num humilde barracão
Joana de tal, por causa de um tal João
Depois de medicada
Retirou-se pro seu lar
Aí a notícia carece de exatidão
O lar não mais existe
Ninguém volta ao que acabou
Joana é mais uma mulata triste que errou
Errou na dose
Errou no amor
Joana errou de João
Ninguém notou
Ninguém morou na dor que era o seu mal
A dor da gente não sai no jornal

Nas próximas semanas, muito vai se falar sobre as dores (da alma) de Michael Jackson, as dores que faziam a vida ser quase insuportável para ele.

E as dores da moça de Paris? E as dores de todos nós?

Essas não saem no jornal.

5 – A rádio no interior gaúcho (08/01/2010)

Algo no Rio Grande do Sul lembra o Uruguai. O que é apenas óbvio, dada a proximidade geográfica entre as duas localidades. Mas quem já esteve em Montevidéu e Porto Alegre certamente vai entender o que estou dizendo...

Falo sobre isso porque desde ontem estou no interior do Rio Grande do Sul, a trabalho pela TV Record, por conta das chuvas que fizeram desabar uma ponte sobre o rio Jacuí, no município de Agudo. Hoje, passei algumas horas em Agudo, e o Uruguai voltou-me à cabeça. Há pouco mais de um ano, tive o prazer de visitar Colônia do Sacramento, à beira do Rio da Prata. Evidentemente, a uruguaia Colônia tem mais história (e mais atrações turísticas e arquitetônicas) do que a pequena Agudo (que, agora, ainda ficou sem sua ponte). Mas Agudo, na hora do almoço, lembrou-me Colônia. A cidade para. Parece dormir uma *siesta* preguiçosa. O comércio (em parte) fecha. As ruas ficam ainda mais vazias. A gente quase escuta o silêncio, só interrompido por um ou outro carro que passa devagar sobre o calçamento de pedra na rua principal.

Achei muito saboroso encontrar no Brasil uma cidade com disposição para parar no almoço! Mas o mais saboroso ainda estava por vir.

Meu objetivo ali era entrevistar Márcio Nunes, jornalista da Rádio Agudo (pequena estação local), que narrou ao vivo o momento em que a ponte desabou na última terça-feira. Pois bem. Fui procurar o Márcio no estúdio da rádio. Fica no térreo de um pequeno prédio, no centro da cidade. Os andares de cima são ocupados por apartamentos residenciais. Quando cheguei ao estúdio era meio-dia e quinze. Dei com a cara na porta.

Na entrada havia um aviso de que entre 12h e 13h30 não realizavam atendimento ao público. Claro, a redação da rádio também para no horário do almoço no interior do Rio Grande do Sul. Mas encostei o ouvido à porta e percebi que havia gente lá dentro. Toquei a campainha, e lá veio um simpático rapaz a atender. André, operador de áudio, colocava a rádio no ar naquela hora. Sim, o povo vai almoçar, mas o André fica por lá. E ele achou tempo para vir abrir a porta correndo. No estúdio, havia mais um herói da informação: Luiz Henrique, locutor.

O Márcio – que eu queria entrevistar – não estava. Fiquei então a observar André e Luiz Henrique a trabalhar. Luiz Henrique lia os "avisos e notas". Na hora do almoço, a rádio presta esse serviço à população. Há notas de falecimento, há notícia sobre a dona fulana, que "segue hospitalizada, mas deve retornar pra casa nos próximos dias".

Lá pelas tantas, o locutor Luiz Henrique me surpreendeu: "Agora, um aviso de desaparecimento: seu fulano, morador da comunidade X, avisa que perdeu uma novilha no campo".

Achei o máximo! Pensei se essa não é a verdadeira comunicação social. A rádio fala para o povo simples do interior, que na hora do almoço quer saber quem morreu, quem foi hospitalizado, quem perdeu suas novilhas pelo campo.

O Luiz Henrique e o operador de áudio André cumprem sua tarefa com humildade e dedicação. Talvez sonhem em trabalhar na capital gaúcha, no Rio ou em São Paulo. É natural que tenham o sonho de olhar para longe. Ou talvez não. Por que a Rádio de Agudo é menos importante do que a Guaíba, de Porto Alegre, ou a Tupi, do Rio?

É bonito ver gente se comunicar com seu povo, sem afetação, sem pretensão, cumprindo o papel de intermediário da notícia.

Verdade que nesses dias a Rádio Agudo anda agitada, porque a toda hora o locutor precisa interromper os "avisos e notas" para atualizar as informações sobre os desaparecidos no trágico acidente da ponte que ruiu no rio Jacuí.

Juro que fiquei com uma vontade danada de trabalhar numa rádio dessas. Imagino que o salário não seja uma beleza, sei que deve ser perturbador ficar dias e dias lendo anúncios fúnebres e notas sobre a eleição da nova diretoria da associação comunitária. Mas invejei o trabalho do Luiz Henrique e do André.

Lembrei-me da minha adolescência, quando decidi ser jornalista. E foi o rádio que me fisgou primeiro. Minha mãe ouvia muito rádio em casa. Passei a ouvir, especialmente programas esportivos.

Quando tinha onze ou doze anos, meu irmão e eu chegamos a criar uma rádio fictícia só para transmitir nossos jogos de futebol de botão. A rádio tinha locutor, repórter, chefe do plantão, comentarista. E tinha até vinheta e comercial. Com o tempo, as transmissões fictícias ficaram tão importantes quanto os clássicos que disputávamos no futebol de mesa. Clássicos que muitas vezes terminavam com viradas (literais) de mesa – quando meu irmão ou eu não aceitávamos alguma decisão da "arbitragem". Aí, nossa rádio saía do ar e o pau comia.

Desconfio que virei jornalista porque queria narrar futebol no rádio. Queria falar no microfone do rádio.

Até hoje não realizei o sonho. Já trabalhei em jornal, TV, fiz freela para revista. Mas rádio nunca! Talvez por isso também eu tenha invejado um pouquinho a turma da Rádio Agudo. Era assim, com a simplicidade deles, que eu sonhava fazer jornalismo.

Um dia ainda arranjo emprego no rádio, nem que seja para dar os resultados do futebol no meio da madrugada... Ou para anunciar desaparecimento de novilha nos campos gaúchos.

Uma tragédia me trouxe ao sul, mas acabo aqui falando sobre rádio e lembranças da infância. Ando meio sentimental esses dias. Deve ser porque é começo de ano...

6 – Gramsci fora do lugar, numa noite de calor (19/01/2010)

Meu filho dorme mansamente, e inunda o quarto com aquela calma que só o sono das crianças é capaz de trazer. Foi um dia abafado: calorento, suarento, quase insuportável. Mais do que os anjos da guarda em que acreditava minha avó, o que embala o sono de Francisco é o ar-condicionado (além da mãe, é claro, que permanece ao lado dele, enquanto saio por alguns minutos).

Já passa das dez da noite, resolvo descer para a rua e encerrar a jornada com um suco ou um lanche rápido. Assim que ponho o pé para fora do prédio, na zona sul do Rio, o bafo quente bate em meu rosto como uma bofetada. Mas o pior é o barulho.

Estamos em Ipanema. A rua está tomada de gente: jovens cariocas, jovens argentinos, além de italianos, ingleses e franceses nem tão jovens assim. Música alta vem dos bares. Em todos eles, há telões com videoclipes, filmes, noticiário de TV. Eles se divertem de verdade? Quem sou eu para julgar...

A excitação dessa gente parece sem sentido. Mas o estranhamento talvez venha do choque entre a felicidade esfuziante da rua e a serenidade um tanto forçada de quem acabara de pôr o filho para dormir. Ninguém percebe meu mau humor. Ainda bem. Sinto-me levemente envelhecido.

Além do mais, carrego debaixo do braço um livro sobre Gramsci. Imaginei que encontraria uma mesa tranquila, num boteco qualquer, onde terminaria minha leitura, antes de voltar para o quarto onde Teresa ficou a velar o sono de nosso filho. Gramsci talvez seja uma tentativa de dar algum sentido ao que vejo em volta nos últimos anos, às batalhas que tento discernir no caos de cada dia. Numa noite quente, no verão carioca, Gramsci e eu é que estamos fora do lugar, certamente. O caos parece maior do que nunca. Por que gritam tanto?

Caminho até uma casa de sucos. A luz branca, excessivamente branca, ofusca-me. Dez da noite. Trinta graus! Minha chatice escorre pelos poros, com o suor que molha a camiseta. Vacilo entre o suco de manga e o açaí. O rapaz ao meu lado não espera que eu escolha, e passa à frente: "Um açaí na tigela, mermão!". A maneira decidida com que ele faz o pedido me ajuda. Também peço o açaí.

Na televisão, sobre o balcão, gols envelhecidos da primeira rodada dos campeonatos estaduais. Para que tanta TV? Ninguém conversa. Há frases soltas. Há muito barulho. O balconista troca o canal. O ruído que vem da rua deixa a todos levemente irritados.

Na tela, de repente, cenas do enterro de dona Zilda Arns. O rapaz do açaí olha para a TV, com um ar vazio. O balconista que serve os sucos tem um lampejo de sociabilidade e pergunta: "Quem é a coroa ali que morreu?". Ninguém responde. Eu penso em puxar papo, em tentar explicar, lembro-me até de Dom Paulo (o sorriso dele é idêntico ao da irmã falecida), mas seria complicado demais explicar quem é Dom Paulo. Um senhor gordo, com o cachorrinho no colo, é mais rápido: "É dona Marilda, morreu feito passarinho".

Feito passarinho? Debaixo dos escombros do Haiti?

O caos está em Porto Príncipe ou na falta de sentido desta noite barulhenta? O rapaz do suco dá-se por satisfeito com a explicação. O que Gramsci teria a me oferecer no meio de tanto calor? Engulo o açaí e volto correndo para o ar-condicionado do hotel.

O sono de Francisco parece fazer mais sentido do que a balbúrdia dos bares, do que a morte de dona "Marilda". Ainda tento folhear Gramsci, mas o barulho que sobe da rua ganha a disputa pela hegemonia. Não passo da segunda página. Durmo embalado pelo calor, pela falta de sentido. Mas incrível: durmo feliz.

7 – O juiz chileno que enfrentou Pinochet (01/2009)

Um olhar sereno tem o juiz chileno Juan Guzmán. Voz pausada, ele fala baixo sem os arroubos tão comuns entre nós, latino-americanos. O auditório em Belém do Pará estava lotado para ouvir Guzmán. Hoje aposentado, ele foi o juiz que mandou prender Pinochet no Chile, pelos crimes de assassinato e sequestro (a prisão ocorreu logo que Pinochet conseguiu voltar ao Chile, em 2001, após a tentativa frustrada do juiz espanhol Baltasar Garzón de julgá-lo na Europa).

A palestra de Juan Guzmán ocorreu no V Fórum Mundial de Juízes, um dos eventos que se realizaram paralelamente ao Fórum Social Mundial, em Belém.

Na mesa de Guzmán, estavam dois procuradores da República brasileiros: Marlon Weichert e Eugênia Gonzaga. Os dois são autores da ação civil pública que pede a responsabilização civil dos comandantes do Destacamento de Operações de Informações – Centro de Operações de Defesa Interna (DOI-CODI) de São Paulo, por tortura e mortes ocorridas durante o regime militar. Eugênia e Marlon travam uma batalha gigantesca (e quixotesca) para mostrar aos juízes e procuradores brasileiros que a Lei da Anistia não pode significar um ponto final diante dos crimes de tortura e morte. E que, à luz do direito internacional, não há prescrição possível para crimes contra a humanidade.

Durante a palestra, Eugênia mostrou espanto quando o juiz Guzmán lamentou o fato de que no Chile pouco se tenha avançado nas punições, com "apenas" duzentas e poucas ações criminais contra torturadores até hoje. No Brasil, lembrou a procuradora: "Não há nenhum processo criminal em andamento".

Na palestra em Belém, o procurador Marlon Weichert deu uma "aula" de direito internacional:

1. Mostrou que o Supremo Tribunal Federal já aceitou a tese de que o costume adotado nas leis internacionais pode ser aplicado internamente no Brasil.

2. Lembrou que, desde o Tribunal de Nuremberg, criado para julgar os nazistas, a comunidade internacional aceita o princípio do crime contra a humanidade.
3. Lembrou ainda que a Corte Interamericana de Direitos Humanos já estabeleceu que os crimes contra a humanidade não estão sujeitos a prescrição nem a qualquer lei de anistia.

Marlon Weichert também usou um argumento didático:

4. O Brasil apoia a comunidade internacional na localização de criminosos nazistas.
5. Se os crimes não prescreveram para os nazistas, que os cometeram há mais de meio século, por que estariam prescritos para brasileiros que torturaram e assassinaram há três décadas? Qual o sentido de aceitar a imprescritibilidade (perdoem o palavrão) internacionalmente, mas não aceitar para crimes cometidos aqui nos trópicos?

Conversei com Guzmán após a palestra. Fiz uma pergunta apenas: "Por que os juízes, seja no Chile, seja no Brasil, têm tamanha resistência a julgar torturadores e assassinos?". "Juízes que pensam em fazer carreira estão sempre do lado da institucionalidade, do poder; não querem contrariar industriais, parlamentares. Se são ambiciosos, parece-lhes mais benéfico não contrariar esses interesses", disse ele.

8 – Chávez vai derrotar os esquálidos?
(14/02/2009)

É começo da tarde de sábado na Venezuela. Acabo de chegar a Caracas, onde vou cobrir para a TV Record o referendo desse domingo, em que Hugo Chávez tenta aprovar a possibilidade de reeleições irrestritas. Enquanto o cinegrafista Wanderlei Miranda prepara os equipamentos de gravação, observo a paisagem. Da janela do hotel é possível ver – em primeiro plano – a base aérea La Carlota (aeroporto militar). Mais ao fundo, estão os prédios elegantes do bairro de Altamira. Ali, fica o quartel-general dos "esquálidos", como Chávez costuma chamar aqueles que se opõem a seu governo.

Da última vez em que estive aqui, em dezembro de 2007, os "esquálidos" mostraram que não são assim tão esquálidos. Naquela oportunidade, derrotaram Chávez num outro referendo (o presidente da Venezuela tentava aprovar uma constituição socialista, incluindo muitas mudanças estruturais). Em dezembro de 2007, Chávez acatou prontamente a derrota – o que, aliás, enfraqueceu bastante o discurso da oposição venezuelana e de setores da imprensa brasileira, que tentam qualificar Chávez como autoritário e antidemocrático.

Digo logo que eu mesmo não concordo com essas qualificações. Até porque quem afrontou a democracia na Venezuela foi a oposição com o golpe de 2002 e o locaute petroleiro de 2002-2003.

As últimas pesquisas mostram pequena vantagem para o "sim", o que indica que Chávez pode ganhar dessa vez, mas por uma margem estreita. O país deve seguir dividido.

A mesma divisão se repete na tela da TV. A Globovisión (por coincidência tem o nome "Globo") comanda a oposição eletrônica e, ao lado da Radio Caracas Televisión (RCTV), ajudou a dar o golpe de 2002 contra Chávez. Ficou conhecido como "golpe eletrônico", tamanha foi a participação das emissoras. Tudo está bem registrado no documentário *A revolução não será televisionada*, que pode ser encontrado no YouTube dividido em vários capítulos.

Mas, ao contrário do Brasil, aqui os barões da imprensa não falam sozinhos. Liguei agora há pouco na VTV, o canal estatal. O programa no ar era *Vidas em revolución*, e contava a história de Rafael – um camponês, com cerca de cinquenta anos, que vive no estado de Lara, noroeste do país. Ele mostra o rancho miserável onde criou os filhos. Diz que não pôde construir uma casa melhor porque dedicou a vida ao movimento de reforma agrária.

Não há um repórter. O camponês é o protagonista, é ele que narra sua própria história, sem intermediários, o que não deixa de ser simbólico. Rafael fala em socialismo, diz que mais importante do que fazer uma casa bonita foi ensinar aos filhos princípios de solidariedade. Uma das filhas dele está em Cuba, estudando medicina. As imagens mostram a garota voltando à Venezuela, para passar férias com a família. É saudada com muito orgulho por toda a comunidade.

Uma frase de Rafael chama a atenção: "O comandante [Chávez] está em Caracas, mas a revolução fazemos nós mesmos", diz orgulhoso.

E fico a me perguntar: será verdade mesmo? Será que essa revolução sobrevive sem Chávez? Por que, então, a obsessão pelas reeleições?

9 – A rua é dos chavistas; oposição se refugia na mídia (16/02/2009)

Conselho Nacional Eleitoral (CNE) acaba de dar o primeiro boletim oficial na noite de domingo. Com mais de 94% das urnas apuradas, o resultado já é irreversível: vitória do "sim" no referendo, vitória incontestável de Chávez.

Quero ir para a rua, ver a reação popular, mas preciso antes entrar ao vivo na programação da Record News. Enquanto espero, ligo a TV no hotel em Caracas. Chávez já está na sacada do Palácio de Miraflores, sede do Governo venezuelano, e canta o hino nacional. Os fogos aumentam em volta do hotel (e olhe que estou em área dominada pela oposição).

Chávez está emocionado. Inicia o pronunciamento lendo uma mensagem de Fidel Castro, que felicita os venezuelanos pelo triunfo do "sim". Penso com meus botões: mas Fidel não era um "cadáver político", como nos fizeram crer durante os anos 1990? Agora Chávez, o vitorioso, faz questão de iniciar seu discurso com mensagem de Fidel. Algo se moveu na América Latina.

A velocidade é impressionante: Evo aprova a Constituição na Bolívia, Correa avança no Equador, Lugo se firma no Paraguai, Lula atinge 84%

de aprovação. Fora os Kirchner na Argentina, e o socialista Tabaré no Uruguai, país que pode agora eleger Mujica, ex-guerrilheiro tupamaro convertido ao jogo democrático.

Não dá tempo de pensar muito. Corro para pegar o táxi e sigo com o cinegrafista Wanderlei em direção a Miraflores. As ruas estão tomadas. Uma enorme procissão de motoqueiros chavistas circula pelo centro, fazendo muito barulho. As pessoas também chegam de carro, mas a maioria vem a pé. Não conseguimos seguir mais de táxi. A pé também, tentamos nos aproximar de Miraflores.

Os chavistas não são muito fãs de equipes de TV: associam jornalistas a golpismo, com razão. Muitos nos param: "De que canal são?". "Brasil, Brasil", respondo rápido. A reação é sempre a mesma: "Brasil, Lula, amigo de Chávez, amigo da Venezuela". Entre sorrisos, eles querem pular na frente da câmera, dizer o que sentem por Chávez. E os venezuelanos adoram um discurso.

Subimos na famosa ponte sobre a avenida Baralt. Em 2002, as TVs privadas mostraram cenas de atiradores postados nessa ponte, e numa montagem safada, que depois foi desmascarada pelo belíssimo documentário *A Revolução não será televisionada*, fizeram crer que os chavistas atiravam sobre a multidão de opositores que passava pela avenida. Foi a senha para o golpe!

Dessa vez não há atiradores nem golpismo. Há a multidão. Avançamos mais um pouco e já podemos ver as janelas de Miraflores. Mas é impossível chegar até a sacada de onde Chávez segue discursando. Um homem carrega o retrato de Simón Bolívar, que, com uma moldura dourada, parece arrancado da parede de algum museu. Mas a história aqui está viva, vivíssima.

O dono de uma van nos autoriza a subir na capota do carro para gravar. O povo se aglomera em volta do veículo e começa a balançá-lo perigosamente aos gritos de "brasileiros, irmãos". "Sim, sim, povo irmão, mas não balance assim senão a gente cai daqui de cima, meu amigo", penso eu, enquanto dou um sorriso meio sem graça para os venezuelanos, já embalados por algumas doses de uma bebida amarela, que não consigo distinguir dentro de garrafas de plástico.

A festa avança pela madrugada. A rua é dos chavistas. A oposição se refugia na mídia. Pela manhã, o que sobrou da RCTV (uma das emissoras golpistas de 2002) se transforma num palanque. Um sujeito de paletó grita palavras contra Chávez no estúdio. Imagino que seja um líder da oposição. Mas não. É um jornalista! A imprensa aqui, como no Brasil, é que lidera a oposição.

10 – A Venezuela chegou (16/12/2009)

Lembro-me bem do dia em que a Venezuela pediu para ingressar como membro-pleno no Mercosul. Foi em dezembro de 2005, numa reunião do bloco em Montevidéu. Faz tanto tempo isso que nessa época eu ainda trabalhava na TV Globo e cobri o encontro para o *Jornal Nacional*.

Cheguei dois dias antes ao Uruguai, justamente para acompanhar os movimentos de Chávez. Ele se hospedou num hotel no centro de Montevidéu e, com uma comitiva imensa, partiu para Bolívar (departamento de Canelones), a cem quilômetros da capital. Lá fomos eu e o cinegrafista Douglas Pina atrás dele.

Chávez foi recebido em Bolívar por uns uruguaios vestidos com roupas típicas de gaúchos. Ao lado do presidente uruguaio, Tabaré Vásquez, caminhou pelas ruas empoeiradas. Foi uma luta para chegar perto de Chávez. Depois de levar umas cotoveladas dos seguranças, consegui fazer as perguntas ali, no meio do povo. Mais tarde, o venezuelano passou horas discursando na pequena escola do lugarejo. Douglas e eu nem acompanhamos o discurso. Precisávamos voltar correndo a Montevidéu para gerar o material.

Só no dia seguinte é que Chávez participaria do encontro oficial, com a presença de Lula. Lembro-me da coletiva tumultuada que Lula deu aos jornalistas brasileiros em Montevidéu. Perguntei a ele sobre a entrevista que acabara de sair na *CartaCapital*, em que o presidente havia dito à revista que parte da imprensa brasileira se comportava de maneira estranha, e chegou a falar em golpismo.

Tudo isso foi parar no *Jornal Nacional*. Na época, considerei uma pequena vitória pessoal que a fala de Lula – com críticas à imprensa – fosse ao ar no telejornal da Globo. Vaidade besta. O fato mais importante do dia, obviamente, era outro: a aproximação definitiva do Mercosul com a Venezuela de Chávez.

Só agora, quatro anos depois, é que a entrada da Venezuela foi ratificada pelo Congresso brasileiro. Como as coisas caminham devagar por aqui... Trata-se de uma vitória importante para a unidade da América do Sul. Agora só falta o Paraguai aprovar a entrada da Venezuela. O próximo passo será trazer a Bolívia.

11 – Chávez: a multidão vermelha faz história (08/03/2013)

A multidão nas ruas nem sempre é boa medida para avaliar um sistema político. Existem multidões enfurecidas, multidões conduzidas por ditadores. E multidões amorfas. Em Caracas, vemos a multidão vermelha que tomou a cidade para se despedir de Chávez.

Do alto, a imagem impressiona. Mas é preciso baixar à rua e olhar a história da América Latina para compreender de que multidão se trata.

De táxi, eu tentava me aproximar do Forte Tiúna – sede do comando das Forças Armadas da Venezuela, onde ocorre o velório de Chávez. O motorista que me conduzia olhava a multidão e dizia: "Quanto estão pagando a essa gente para vir até aqui?". Ah, os taxistas...

Desci do carro, segui a pé com o cinegrafista Josias Erdei. Multidões desciam dos morros. Mães com crianças de colo, homens jovens de mãos dadas com senhoras já alquebradas, pais conduzindo famílias inteiras pelas ruas. Tristeza sim, mas sem desespero. E os gritos: *"Chávez vive, la lucha sigue"* (Chávez vive, a luta continua).

Essa é a multidão da democracia, tantas vezes pisoteada na América Latina. Pisoteada no assassinato de Jorge Eliécer Gaitán na Colômbia, em 1948, no suicídio de Vargas, em 1954, nos golpes militares do Cone Sul dos anos 1960 e 1970. A multidão vermelha de Caracas é a mesma que baixou dos morros, em 2002, e garantiu o mandato de Chávez. Os golpistas tinham as televisões, os empresários, a classe média. Chávez tinha o povo. Ou seria o contrário: o povo tinha Chávez.

É preciso lembrar sempre: a multidão precede Chávez na história da Venezuela. Não foi Chávez que inventou a multidão: a multidão é que inventou Chávez.

Em 1989, o governo neoliberal venezuelano anuncia um aumento geral de tarifas. O povo, sem líder, põe fogo em Caracas. O Caracazo era o sintoma de que a multidão retomava o fio da história que os idiotas neoliberais imaginavam extinto.

A multidão do Caracazo gerou o Chávez de 1992, líder de uma rebelião frustrada. Depois, viria a vitória nas urnas em 1998. E um governo sustentado pela multidão.

Na fila que passa lentamente ao lado do caixão, senhoras se debruçam, fazem o sinal da cruz. Soldados fardados batem continência. Mas às vezes tudo se inverte: o soldado chora, e mulheres batem continência ao "comandante".

Dia seguinte, sexta-feira: a multidão interrompe sua lenta caminhada ao largo do saguão onde ocorre o velório. Agora são os chefes de Estado que prestam homenagem a Chávez. Simbolicamente, Nicolás Maduro ergue uma réplica da espada de Bolívar. E a deposita sobre o caixão.

Bolívar conduzia a multidão. Chávez foi conduzido por ela.

12 – Chefe dos cruzados vai ao Redentor (21/03/2011)

Era meia-noite de sábado para domingo quando um gringo ligou para meu celular e – com um sotaque carregado, mas de forma muito polida – avisou: "Senhor Rodrigo, aqui é o Eric, do consulado [não disse qual consulado; acho que para ele só existe *um* consulado], o presidente [que presidente e de que país, ele também não disse] não vai mais ao Cristo Redentor domingo pela manhã; a programação mudou, e ele vai à noite".

Logo entendi: Obama, que chegava de Brasília, precisava de um tempo domingo de manhã para tratar de assuntos de governo, para articular a guerra com a Líbia. Ok. Ganhei algumas horinhas de sono domingo cedo.

Chegado o momento da visita, vocês pensam que subimos até o Cristo por nossos próprios meios? Não. As instruções eram claras: pouco antes das seis da tarde de domingo, devíamos nos apresentar na Lagoa Rodrigo de Freitas, onde nos aguardavam funcionários do governo dos

Estados Unidos. O grupo de jornalistas entrou num micro-ônibus alugado pelo Consulado dos EUA e subiu serpenteando pela Floresta da Tijuca. Chegamos ao Cristo às 19h, e já não havia vestígio de Brasil por lá. O maior símbolo brasileiro tinha sido entregue aos cuidados da segurança dos Estados Unidos.

Mas nem tudo é política. Nenhum dos jornalistas brasileiros ali presentes jamais havia subido ao Cristo durante a noite. Lado a lado com colegas vindos dos EUA, ficamos embasbacados com a vista noturna. Do alto, vê-se tudo iluminado, de maneira feérica: a Lagoa, os navios fundeados na baía, a ponte Rio-Niterói, e os maciços montanhosos que desenham uma das paisagens urbanas mais lindas do planeta (do que conheci, só a Cidade do Cabo rivaliza com a beleza do Rio). E isso não é só um clichê. É a realidade, confirmada ontem mais uma vez.

Tiramos fotos e, feito turistas, ficamos ali do alto tentando adivinhar onde estavam ruas, bairros, casas. Posicionamos câmeras nos locais em que a segurança da Casa Branca determinou. E aí, mais uma surpresa: "Agora vocês deixem aí os equipamentos e desçam, porque tudo será revistado". Ou seja: eles revistaram câmeras, bolsas, tudo... sem a nossa presença. E de nenhum outro brasileiro.

Quando voltamos para nossos postos, sempre sob comando de um baixinho norte-americano, ainda havia um cão farejador (de nacionalidade estadunidense, porque cães brasileiros são suspeitos) por ali. Aliás, fez um xixi desavisadamente justo no trajeto por onde a família Obama passaria. Mas era xixi de cachorro gringo. Permitido. Jogaram uma aguinha em cima, e não se falou mais nisso.

Às 21h veio o aviso: Obama está chegando. Ajeita tripé, ajusta câmera, e lá vem ele, simpático, com a família. Todos agasalhados porque havia um ventinho àquela hora da noite. O cinegrafista fazia as imagens, e eu começava a gravar a "passagem", aquele momento em que o repórter dá seu testemunho, contando o que vê. Um gringo que nem sei quem era começou a dizer "psh, psh". Não era jornalista, mas funcionário da Casa Branca. E continuou: *"Please, let's enjoy this moment"* (por favor, vamos aproveitar este momento), dando a entender que eu precisava calar a boca para que o presidente pudesse desfrutar da vista e do momento de espiritualidade. "Tenho que fazer meu trabalho", respondi. E tasquei a segunda vez. Consegui, mas o cara continuava "psh, psh".

Não cheguei a tirar os sapatos para eles. Mas confesso que ver o Cristo dominado daquela forma pela segurança dos EUA e ainda levar um "psh, psh" de um moleque da Casa Branca me deixou bastante irritado. Ainda mais que, na hora de fazer as imagens, os jornalistas brasileiros cumpriram tudo que estava combinado (não avançar além de determinado ponto), enquanto a turma dos EUA invadiu nosso espaço, entrou na nossa frente – assim como os seguranças.

Claro que isso tudo é detalhe. O que importa nos jornais e telejornais é a imagem de Obama aos pés do Cristo. Imagem que tem um enorme peso simbólico no momento em que os EUA comandam mais um ataque a um país de maioria muçulmana: "O líder do mundo cristão ocidental vai buscar energia espiritual aos pés do Redentor, antes de comandar mais uma cruzada contra o mundo muçulmano".

É um símbolo. Muito mais importante, eu diria, do que o moleque da Casa Branca cantando de galo e dizendo "psh, psh" para um jornalista brasileiro...

Depois de tanta irritação, só havia um jeito de terminar bem o dia: chope e sanduíche de pernil. Do Redentor, passagem rápida pelo hotel, no Leme. E dali, para Copacabana. Cruzei a avenida Princesa Isabel, desviei de moças mais afoitas na Prado Júnior e debrucei-me sobre a refeição altamente calórica no glorioso Cervantes, já no início da madrugada.

"Aha-uhu, o Cervantes (pelo menos) ainda é nosso."

13 – Um sorriso para Fidel (26/11/2016)

A hora de Fidel Castro chegou. A hora de entrar para a história.

Essas duas frases fariam sentido se fosse ele um líder político comum. Mas não! Fidel Castro não precisou sair da vida para entrar na história. Ele já a havia escrito: com os fuzis e a caneta. Com balas e palavras.

Ninguém teve tanta influência na América Latina do pós-Segunda Guerra Mundial. Tudo o que se fez pela esquerda ou pela direita em nosso continente, ao longo de quase sessenta anos, foi para apoiar ou derrotar o exemplo de Fidel.

As ditaduras militares, a propaganda anticomunista: eram ferramentas para deixar claro que outras cubas não seriam toleradas por aqui.

As guerrilhas de esquerda, a resistência de trabalhadores e estudantes: eram as ferramentas para deixar claro que – pelas armas ou pelo voto – uma parte deste continente seguia a linha de Fidel.

Qual a linha?

Ninguém pense que a lanterna de Fidel iluminava um caminho que apontava para o socialismo apenas. O legado de Fidel, a meu ver, é outro. É o legado de que podemos ser independentes, de que não nascemos para ser colônias dos Estados Unidos.

Foi o brasileiro Moniz Bandeira, gigante da história e das ciências humanas, quem melhor compreendeu a Revolução Cubana, comandada por Fidel e Che Guevara.

O livro de Moniz Bandeira narra o percurso das lutas nacionalistas na América Latina. E mostra como a Revolução Cubana foi o desdobramento (um deles apenas, ao lado de tantos outros movimentos ocorridos na Guatemala, Peru, Bolívia, Argentina, Brasil...) dessa luta de dois séculos contra o imperialismo norte-americano.

Esse é o grande legado de Fidel. Che Guevara e Raúl Castro talvez fossem socialistas já em 1959, quando derrubaram Batista e entraram aclamados em Havana. Fidel não. Era um nacionalista de esquerda, era antes de tudo um herdeiro da luta nacionalista de Martí. Caminhou para o marxismo para sobreviver. E também porque intuiu que, sem radicalizar as conquistas alcançadas, ficaria pelo caminho.

Passados quase sessenta anos da revolução que significou a verdadeira independência cubana, é impossível ser de esquerda na América Latina sem ser nacionalista.

Não estou entre os que fazem a defesa unilateral do governo cubano. Mas é preciso compreender a história de Cuba, plantada a menos de cem milhas do império, para entender a façanha da revolução de 1959.

Fidel não foi santo. Não deve ser tratado como um semideus. Foi apenas um grandioso líder que soube ler a realidade e lutar para modificá-la. Sem concessões. Esse o legado do gigante morto aos noventa anos.

Independência e nacionalismo. Um Brasil e uma América Latina mais justos passam pela defesa desses valores – que não saíram de moda. E nem vão sair. Gostem ou não jornalistas e intelectuais entregues a devaneios colonizados.

No início do século XXI, Fidel já se afastava da liderança do processo cubano quando começaram a surgir governos nacionalistas e de esquerda na América Latina: Chávez, Kirchner (Néstor/Cristina), Tabaré/Mujica, Lula, Evo, Correa, Lugo. Todos chegaram ao poder pelo voto. As armas de Fidel pareciam já não ser necessárias.

No entanto, todos esses governos participaram da mesma construção iniciada por Fidel: a de uma América Latina independente. Não à toa, organizou-se nesse período a Comunidade dos Estados Latino-Americanos e Caribenhos (Celac), da qual fazem parte os Estados de todo o continente americano, excetuando-se EUA e Canadá. Foi um grito de independência.

Ao lado de Fidel e Raúl, nessa construção, estavam personagens como Lula, que jamais foi nem de longe comunista, e Mujica, que já foi guerrilheiro tupamaro no Uruguai e virou um pacifista sem renunciar aos mesmos princípios.

Nos últimos anos, a onda conservadora voltou a varrer a América do Sul. Macri na Argentina e o inacreditável Michel Temer no Brasil são símbolos de um continente que pode voltar a ser colônia. A entrega do pré-sal aos EUA pelo governo golpista no Brasil mostra que a questão nacional continua no centro do debate político em nossa região. Quem não entendeu isso não entendeu quase nada.

Os governos de centro-esquerda dos últimos anos mostraram seus limites ao não aprofundar as mudanças sociais. Foram incapazes de resistir aos novos ventos da economia mundial quando a onda das commodities se alterou. Foram governos que mudaram a forma de distribuir riqueza, mas não mexeram quase nada na forma de produzi-la. Chávez queria aprofundar esse debate, mas sofreu uma derrota (a única num plebiscito) quando tentou aprovar constituição socialista na Venezuela.

O legado de Fidel mostra, de um lado, que não é possível ser de esquerda na América Latina sem ser nacionalista; de outro, que não adianta ser nacionalista sem enfrentar as grandes disputas e sem mudar os regimes de propriedade.

Não se pode chorar de tristeza quando morre um homem de noventa anos. Viveu muito, viveu bem. Não se pode chorar. É preciso sorrir.

Sorrio ao lembrar que em 1994 eu era um jovem repórter da TV Cultura quando fui enviado para fazer a transmissão ao vivo de um evento internacional no Memorial da América Latina em São Paulo. Havia líderes de vários países, entre eles Fidel.

Lá pelas tantas, eu estava ao vivo em frente ao prédio, quando uma pequena comitiva começa a caminhar até o estacionamento. Um dos integrantes era mais alto, e cheguei a duvidar: não pode ser o Fidel dando sopa assim... Saí gritando: "Comandante, comandante". A segurança correu, furiosa, contra mim. Mas Fidel sorriu, e caminhou em minha direção.

Fidel Castro entrou ao vivo na TV Cultura naquele começo de tarde, para alegria do jovem repórter. Não sei onde foram parar aquelas imagens. Nem me lembro o que disse Fidel. Mas o sorriso dele ficou gravado na memória.

Três anos depois, fui a Cuba de férias. E, ao descer no aeroporto, vi o gigantesco cartaz direcionado aos visitantes: *"Señores imperialistas, no les tenemos absolutamente ningún miedo"*.

Senhores imperialistas, não temos absolutamente nenhum medo de vocês. Aí fui eu que sorri. Como era possível ser altivo a esse ponto? Eu vinha de um Brasil que, sob FHC em 1997, tirava os sapatos para os Estados Unidos. E os cubanos, em crise gravíssima depois da queda da União Soviética, seguiam de pé.

Fidel está morto neste 2016 tenebroso de golpes e regressões. Como disse minha irmã Heloisa: "Nem Fidel aguentou 2016. Foi demais para ele".

Mas Fidel está morto?

Algo de Fidel sobreviverá na luta contra as desigualdades, contra a injustiça e contra o projeto neocolonial de temers, macris e seus subalternos na mídia.

Vamos sorrir, com o canto dos lábios. De forma discreta. Fidel se foi. Mas Fidel não morre.

"No les tenemos absolutamente ningún miedo!"

14 – Emoções cruzadas em agosto (06/08/2015)

Para colocar as coisas em perspectiva, ouço Cartola: *Alvorada, Divina dama, Ensaboa...* Esse é um Brasil lindo, que resiste há séculos.

Vamos lembrar: esse povo das panelas e dos gritos nas janelas contra Dilma não gosta do Brasil. Gente cinzenta, infeliz e rancorosa – pendurada em suas tristes varandas.

Há motivos para protestar? Sempre há. Mas esse povo jamais protestou contra corrupção. Nunca. A não ser em 1964, para derrubar um governo constitucional, ou em 1954, para levar Vargas ao suicídio.

Você desconhece consciência
Só deseja o mal a quem o bem te fez
[...]
Basta, não ajoelhes, vá embora...
(*Basta de clamares inocência,* Cartola)

O que move os tristes paneleiros é o rancor. Sim, essa gente está na ofensiva! Sim, essa gente pode ganhar a batalha. Mas nem por isso deixaremos de lutar, sonhar, sorrir e cantar.

Eles já ganharam outras vezes. E nós seguimos cantando. Estamos nessa para ganhar ou perder.

Lembro-me agora de todos os meus amigos que gostam do Brasil. Ouço Beth Carvalho, a sambista brizolista, amiga de meu amigo Eduardo Goldemberg...

Por deus, não posso entender
Por que vamos chorando...
[...]

> O vento de quando em quando
> Num sussurro sereno
> Obriga toda a floresta
> A nos fazer aceno
> É um festival de alegria
> Que me põe a imaginar
> Não sei se devemos rir
> Ou chorar
> (*Que sejam bem-vindos*, Cartola)

Penso em José de Abreu, o ator que pôs a cara na TV para defender o PT. Era bonito fazê-lo antes, quando ser petista era ser "bom selvagem", uma espécie exótica a adornar a cozinha da política. Zé de Abreu deu as caras quando a maioria dá as costas. O mundo em que vivo se faz de gente assim.

Sinto Darcy Ribeiro, tateio por entre Chico Buarque e Nelson Sargento. Farejo Aldir Blanc, o Tolstói brasileiro.

Sonho com os joelhos tortos de Mané Garrincha, que jamais tremeu diante de europeus, e com o calcanhar pincel de Sócrates. E me acalmo.

Amanhã, sexta-feira (7 de agosto), alguns bravos irão para a porta do Instituto Lula, para reagir ao golpe paraguaio e para defender não o governo manco de Dilma, mas a democracia que lutamos tanto para construir. Na mesma hora, estarei na USP defendendo minha dissertação de mestrado, que traz (espero) reflexões sobre a democracia manca de um país vizinho: a Colômbia.

Torçam por mim, meus amigos. Torço pelo Brasil.

Seguimos por aí com Cartola, com o coração quente. Vamos cantar. E vamos ganhar. Ganhando ou perdendo, vamos ganhar. Já ganhamos!

Atualização

Informo que colhi pequena/grande vitória pessoal neste agosto trágico. No último dia 7, passei pela banca de mestrado, no programa de História Social da FFLCH/USP. Fui aprovado!

Tive a alegria de ver a banca – formada pelos professores Fernando Torres-Londoño (PUC-SP) e Thiago Rodrigues (UFF) – indicar minha dissertação para publicação (o que, de alguma forma, atesta a qualidade do trabalho).

Foram quase quatro anos de pesquisa e labuta. O mestrado foi orientado pela professora emérita Maria Lígia Coelho Prado (FFLCH/USP). E a dissertação tem o título *A democracia e as armas – a trajetória do grupo guerrilheiro colombiano M-19*.

Agradeço a torcida de amigos/leitores/internautas.

15 – Um silêncio de morte (04/05/2020)

(na despedida de Aldir Blanc, uma carta aberta com versos do gigante que sonhou, riu, chorou e cantou o Brasil. O Brasil de Aldir resistirá sempre ao Brazil de Jair)

Caro Aldir, quem sabe de si, nesses bares escuros? Quem sabe dos outros, das grades, dos muros?

Batidas na porta da frente. É o tempo. E eu bebo um pouquinho, pra ter argumento. Mas fico sem jeito. Calado, ele ri, ele zomba do quanto eu chorei. Porque sabe passar, e eu não sei.

Que sufoco... Louco... Fazia irreverências mil... Meu Brasil!

Acreditar na existência dourada do sol, mesmo que em plena boca nos bata o açoite contínuo da noite.

Rubras cascatas jorravam das costas dos negros, entre cantos e chibatas, inundando o coração do pessoal do porão. Glória a todas as lutas inglórias!

Mocinhas francesas, jovens polacas, um batalhão de mulatas. São pais de santo, paus de arara, são passistas. São flagelados, são pingentes, balconistas. Palhaços, marcianos, canibais, lírios, pirados.

Matriz, Querosene, Salgueiro, Turano, Mangueira, São Carlos, menino mandando. Ídolo de poeira, marafo e farelo. Um deus de bermuda e pé de chinelo: mudou de estação, só pra me atazanar.

Saiu só com a roupa do corpo num toró danado, foi pros cafundó do Judas... Tô com dor de cotovelo, e com a cabeça inchada.

Sem pressa, foi cada um pro seu lado, pensando numa mulher ou num time. Olhei o corpo no chão e fechei minha janela de frente pro crime.

Só dói quando eu rio.

Também sofri, mas não se vê no rosto. O apreço não tem preço. Na morte, a gente esquece. Mas no amor a gente fica em paz.

FOTOS E FATOS

A paixão corintiana dividida desde cedo com o irmão Fernando, que atuaria mais tarde como profissional; à direita, o autor no juvenil do glorioso Juventus: o futebol foi uma escola.

Em 1988, com Zé Dirceu, em debate organizado pela diretoria que integrei no C.A. de História/USP; um ano antes, tinha sido eleito delegado para o Congresso da UNE: o movimento estudantil foi essencial em minha formação política.

O blog Escrevinhador, criado no fim de 2008, teve papel destacado no movimento de blogueiros progressistas que enfrentou o PIG - a velha mídia golpista no Brasil.

Paulo Henrique Amorim, o "ansioso blogueiro", fala na assembleia de fundação do Barão de Itararé – na mesa, também estão Maria Inês Nassif, Renata Mielli, o autor, Leandro Fortes e Altamiro Borges (2010).

Entrevista histórica de Lula aos blogueiros, em 2010: à esquerda, Franklin Martins (Secom), Renato Rovai, Leandro Fortes, Altino Machado e o autor; Maria Frô, Edu Guimarães, Altamiro Borges, Willians Miguel (do Cloaca) e Pierre Lucena estavam no grupo.

Com Marco Aurélio Mello (Doladodelá), a resposta debochada à Globo – que andou de braços dados com ditadores e teve a cara de pau de chamar blogueiros de "chapa-branca".

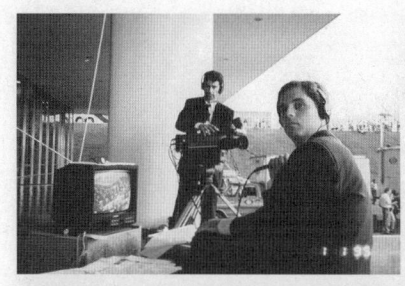

Pela TV Cultura, na posse de FHC em Brasília, em 1995; ao lado de Regina Terraz, Paulo França e Florestan Fernandes Jr.; com o convite do pai dele, entrei na festa de gala no Itamaraty.

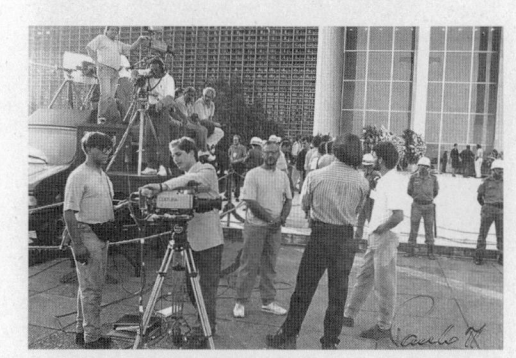

No velório de Ayrton Senna em São Paulo, em 1992, estou ao lado da câmera, pronto para entrar ao vivo; à direita, com Ivana Diniz, num link do jornal 60 Minutos na TV Cultura, em 1995.

Na era das máquinas de escrever, apareço de pé com a equipe do Opinião Nacional/TV Cultura (sentado, ao centro, está Heródoto Barbeiro); à direita, discuto a pauta com Milton Jung (1995).

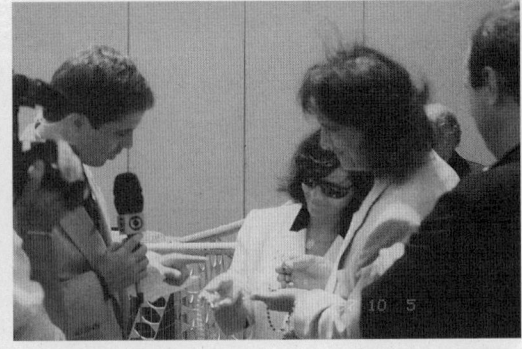

Pela Globo no Rio, cobertura da visita de João Paulo II (1997): a multidão e o velho letreiro da Mesbla; entrevista ao vivo com Roberto Carlos, que ganhou terço do Papa.

A alegria de entrevistar Chico Buarque, na feijoada da Mangueira, em 1998; no mesmo ano, fui para a cobertura na avenida, com Guilherme Azevedo e Ana Paulo Araújo.

Reportagem no acampamento Nova Canudos do MST, Sorocaba-SP (1999) - na câmera, Fernando Ferro; e a cobertura ao vivo do julgamento de Pimenta Neves, em 2006.

Viagem ao Chile (2003) pelo Globo Repórter, com Toninho Marins, Ana Helena Gomes e Alex Monteiro: da Patagônia gelada à capital Santiago, onde entrevistamos a escritora Isabel Allende.

Programa sobre o rio Paraíba do Sul, com o cinegrafista José Arimatéia (2003); e na redação no Rio, ao lado de Ana Dorneles, Alex Alencar, Chiquinho, Jotair Assad e Lilian Cavalheiro.

Reportagem na aldeia Ianomâmi de Maturacá-AM, na fronteira com a Venezuela, onde chegamos após doze horas numa voadeira (barco a motor) pelo rio: Globo Repórter sobre curas indígenas, em 1999.

Viagem inesquecível à Índia, em série de reportagens para a Record (2007); com Luiz Malavolta (chefe do Núcleo de Especiais) e o cinegrafista Gilson Dias, no memorial a Ghandi em Nova Délhi.

Matérias especiais pela Record: conversa com moradora no Vale do Jequitinhonha (2009), quando a região tinha superado a fome; e à direita, com Josias Erdei no funeral de Chávez em Caracas (2013).

Cobertura da Olimpíada de Londres-2012, com Carlos Dorneles e Fábio Ribeiro; e a final do futebol no Maracanã na Rio-2016, com os mestres Helvídio Mattos e José Trajano.

LEALDADE

(19/12/2006)

Quando cheguei à TV Globo, em 1995, eu tinha mais cabelo, mais esperança, e também mais ilusões. Perdi boa parte do primeiro e das últimas. A esperança diminuiu, mas sobrevive. Esperança de fazer jornalismo que sirva para transformar – ainda que de forma modesta e pontual. Infelizmente, está difícil continuar cumprindo esse compromisso aqui na Globo.

Por isso, estou indo embora.

Quando entrei na TV Globo, os amigos, os antigos colegas de faculdade, diziam: "Você não vai aguentar nem um ano naquela TV que manipula eleições, fatos, cérebros". Aguentei doze anos. E vou dizer: costumava contar a meus amigos que na Globo fazíamos – sim – bom jornalismo. Havia, ao menos, um esforço nessa direção.

Na última década, em debates nas universidades, ou nas mesas de bar, a cada vez que me perguntavam sobre manipulação e controle político na Globo, eu costumava dizer: "Olha, isso é coisa do passado; esse tempo ficou pra trás".

Isso não era só um discurso. Acompanhei de perto a chegada de Evandro Carlos de Andrade ao comando da TV, e a tentativa dele de profissionalizar nosso trabalho. Jornalismo comunitário, cobertura política – da qual participei de 1998 a 2006. Matérias didáticas sobre o voto, sobre a democracia.

Cobertura factual das eleições, debates. Pode parecer bobagem, mas tive orgulho de participar desse momento de virada no jornalismo da Globo.

Parecia uma virada. Infelizmente, a cobertura das eleições de 2006 mostrou que eu havia me iludido. O que vivemos aqui entre setembro e outubro de 2006 não foi ficção. Aconteceu. Pode ser que algum chefe queira fazer abaixo-assinado para provar que não aconteceu. Mas é ruim, hem!

Intervenção minuciosa em nossos textos, trocas de palavras a mando de chefes, entrevistas de candidatos (gravadas na rua) escolhidas a dedo, à distância, por um personagem quase mítico que paira sobre a redação: "O fulano (e vocês sabem de quem estou falando) quer esse trecho; o fulano quer que mude essa palavra no texto".

Tudo isso aconteceu. E nem foi o pior.

Na reta final do primeiro turno, os "aloprados do PT" aprontaram; e aloprados na chefia do jornalismo global botaram por terra anos de esforço para construir um novo tipo de trabalho aqui.

Ao lado de um grupo de colegas, entrei na sala de nosso chefe em São Paulo, no dia 18 de setembro, para reclamar da cobertura e pedir equilíbrio nas matérias: "Por que não vamos repercutir a matéria da IstoÉ, mostrando que a gênese dos 'sanguessugas' ocorreu sob os tucanos? Por que não vamos a Piracicaba, contar quem é Abel Pereira?".

Porque isso, porque aquilo... Nenhuma resposta convincente. E uma cobertura desastrosa. Será que acharam que ninguém ia perceber?

Quando, no JN, chamavam Gedimar e Valdebran de "petistas" e, ao mesmo tempo, falavam de Abel Pereira como empresário ligado a um ex-ministro do "governo anterior", acharam que ninguém ia achar estranho?

Faltando seis dias para o primeiro turno, o "petista" Humberto Costa foi indiciado pela PF. No caso dos vampiros. O fato foi parar em manchete no JN, e isso era normal. O anormal é que, no mesmo dia, esconderam o nome de Platão, ex-assessor do ministério na época de Serra/Barjas Negri.

Os chefes sabiam da existência de Platão, pediram a produtores para checar tudo sobre ele, mas preferiram não dar. Que jornalismo é esse, que poupa e defende Platão, mas detesta Freud? Deve haver uma explicação psicanalítica para jornalismo tão seletivo!

Ah, sim, Freud.

Elio Gaspari chegou a pedir desculpas em nome dos jornalistas ao tal Freud Godoy. O cara pode ter muitos pecados. Mas o que fizemos na véspera da eleição foi incrível: matéria mostrando as "suspeitas", e apontando o dedo para a sala onde ele trabalhava, bem próximo à sala do presidente. A mensagem era clara. Mas, quando a PF concluiu que não havia nada contra ele, o principal telejornal da Globo silenciou antes da eleição.

Não vi matérias mostrando as conexões de Platão com Serra, com os tucanos. Também não vi (antes do primeiro turno) reportagens mostrando quem era Abel Pereira, quem era Barjas Negri, e quais eram as conexões deles com PSDB. Mas vi várias matérias ressaltando os personagens petistas do escândalo. E vejam: ninguém na redação queria poupar os petistas (eu cobri durante meses o caso Santo André; eram matérias desfavoráveis a Lula e ao PT, nunca achei que não devêssemos fazer; seria o fim da picada).

O que pedíamos era isonomia. Durante duas semanas, às vésperas do primeiro turno, a Globo de São Paulo designou dois repórteres para acompanhar o caso do dossiê: um em São Paulo, outro em Cuiabá. Mas nada de Piracicaba, nada de Barjas!

Um colega nosso chegou a produzir, de forma precária, por telefone (vejam bem, por telefone! Uma TV como a Globo fazer reportagem por telefone), reportagem com perfil do Abel. Foi editada, gerada para o Rio. Nunca foi ao ar!

Os telespectadores da Globo nunca viram Serra e os tucanos entregando ambulâncias cercados pelos deputados sanguessugas.

Era o que estava na tal fita do "dossiê". Outras TVs mostraram o vídeo, a internet mostrou. A Globo não. Provava alguma coisa contra Serra? Não. Ele não era obrigado a saber das falcatruas de deputados do baixo clero. Mas por que demos o gabinete de Freud pertinho de Lula, e não demos Serra com sanguessugas?

E o caso gravíssimo das perguntas para o Serra? Ouvi, de pelo menos três pessoas diretamente envolvidas com o SPTV 2ª Edição, que as perguntas para o Serra, na entrevista ao vivo no jornal, às vésperas do primeiro turno, foram rigorosamente selecionadas.

Aquele diretor (aquele, vocês sabem quem) teria mandado cortar todas as perguntas "desagradáveis". A equipe do jornal ficou atônita. Entrevistas com os outros candidatos tinham sido duras, feitas com liberdade. Com o Serra, teria havido, deliberadamente, a intenção de amaciar. E isso era um segredo de polichinelo. Muita gente ouviu essa história pelos corredores...

E as fotos da grana dos aloprados? Tínhamos que publicar? Claro. Mas por que não demos a história completa?

Os colegas que estavam na PF naquele dia (15 de setembro) tinham a gravação mostrando as circunstâncias em que o delegado Bruno vazara as fotos. Justiça seja feita: sei que eles (repórter e produtor) queriam dar a matéria completa – as fotos e as circunstâncias do vazamento.

Podiam até proteger a fonte, mas escancarando o que são os bastidores de uma campanha no Brasil. Isso seria fazer jornalismo, expor as entranhas do poder. Mais uma vez, fomos seletivos: as fotos mostradas com estardalhaço. A fita do delegado, essa sumiu!

Aquele diretor, aquele que controla cada palavra dos textos de política, disse que só tomou conhecimento do conteúdo da fita no dia seguinte. Quer que a gente acredite? Por que nunca mostraram o conteúdo da fita do delegado no JN? O JN levou um furo, foi isso?

Um colega nosso aqui da Globo (Luiz Carlos Azenha) ouviu a fita e botou no site pessoal dele. Mas a Globo não pôs no ar... O portal G1 botou na íntegra a fita do delegado, dias depois de a CartaCapital ter dado o caso.

Era notícia? Para o portal das Organizações Globo, era. Por que o JN não deu no dia 29 de setembro? Levou um furo? Não. Furada foi a cobertura da eleição. Infelizmente.

E, para terminar, aquele episódio lamentável do abaixo-assinado, depois das matérias da CartaCapital.

Respeito os colegas que assinaram. Alguns assinaram por medo, outros por convicção. Mas o fato é que foi um abaixo-assinado em defesa da Globo, apresentado por chefes!

Pensem bem. Imaginem a seguinte hipótese: a revista *Quatro Rodas* dá matéria falando mal da suspensão de um carro da Volkswagen, acusando a empresa de deliberadamente não tomar conhecimento dos problemas. Aí, como resposta, os diretores da Volks têm a brilhante ideia de pedir aos metalúrgicos para assinarem um manifesto em defesa da empresa! O que vocês acham? Os metalúrgicos mandariam a direção da fábrica catar coquinho em Berlim!

Aqui, na Globo, muitos preferiram assinar. Por isso, talvez, tenhamos um metalúrgico na Presidência da República, enquanto os jornalistas ficaram falando sozinhos nessa eleição...

De resto, está difícil continuar fazendo jornalismo numa emissora que obriga repórteres a chamarem negros de "pretos e pardos". Vocês já viram isso no ar? Sinto vergonha...

A justificativa: IBGE (e, portanto, o Estado brasileiro) usa essa nomenclatura. Problema do IBGE. Eu me recuso a entrar nessa. Delegados de polícia (representantes do Estado) costumavam (até bem pouco tempo) tratar companheiras (mesmo em relações estáveis) como "concubinas" ou "amásias". Nunca usamos esses termos!

Árabes que chegaram ao Brasil no início do século passado eram chamados de "turcos" pelas autoridades (o passaporte era do Império Turco Otomano, por isso a nomenclatura). Por causa disso, jornalistas deviam chamar libaneses de turcos?

Daqui a pouco, a Globo vai pedir para que chamemos a Parada Gay de "Parada dos Pederastas". Francamente, não tenho mais estômago. Mas, também, o que esperar de uma redação que é dirigida por alguém que defende a cobertura feita pela Globo na época das Diretas?

Respeito a imensa maioria dos colegas que ficam aqui. Tenho certeza de que vão continuar se esforçando para fazer bom jornalismo. Não será fácil a tarefa de vocês.

Olhem no ar. Ouçam os comentaristas. As poucas vozes dissonantes sumiram. Franklin Martins foi afastado. Do *Bom Dia Brasil* ao *Jornal da Globo*, temos um desfile de gente que está do mesmo lado. Mas sabem o que me deixou preocupado mesmo? O texto do João Roberto Marinho depois das eleições.

Ele comemorou a reação (dando a entender que foi absolutamente espontânea; será que disseram isso para ele? Será que não contaram a ele do mal-estar na redação de São Paulo?) de jornalistas em defesa da cobertura da Globo: "[...] Diante de calúnias e infâmias, reagem, não com dúvidas ou incertezas, mas com repúdio e indignação. Chamo isso de lealdade e confiança".

Entendi. Ele comemora que não haja dúvidas e incertezas. Faz sentido. Incerteza atrapalha fechamento de jornal. Incerteza e dúvida são palavras terríveis. Devem ser banidas. Como qualquer um que diga que há racismo – sim – no Brasil.

E vejam o vocabulário: "lealdade e confiança". Organizações ainda hoje bem populares na Itália costumam usar esse jargão da "lealdade".

Caro João, você talvez nem saiba direito quem eu sou. Mas gostaria de dizer a você que lealdade devemos ter com princípios, e com a sociedade. A Globo, infelizmente, não foi "leal" com o público. Nem com os jornalistas. Vai pagar o preço por isso. É saudável que pague. Em nome da democracia!

João, da família Marinho, disse mais no brilhante comunicado interno: "Pude ter certeza absoluta de que os colaboradores da Rede Globo sabem que podem e devem discordar das decisões editoriais no trabalho cotidiano que levam à feitura de nossos telejornais, porque o bom jornalismo é sempre resultado de muitas cabeças pensando".

Caro João, em que planeta você vive? Várias cabeças?

Nunca, nem na ditadura (dizem-me os companheiros mais antigos) tivemos na Globo um jornalismo tão centralizado, a tal ponto que os repórteres trabalham mais como bonecos de ventríloquos, especialmente na cobertura política!

Cumpro agora um dever de lealdade: informo-lhe que, passadas as eleições, quem discordou da linha editorial da casa foi posto na "geladeira". Foi lamentável, caro João. Você devia saber como anda o ânimo da redação – especialmente em São Paulo.

Boa parte dos seus "colaboradores" (você, João, aprendeu direitinho o vocabulário ideológico dos consultores e tecnocratas – "colaboradores", essa é boa... Eu não sou colaborador coisa nenhuma! Sou jornalista!) está triste e ressabiada com o que se passou.

Mas isso tudo tem pouca importância. Grave mesmo é a tela da Globo – no jornalismo especialmente – não refletir a diversidade social e política brasileira.

Nos anos 1990, houve um ensaio, um movimento em direção à pluralidade. Já abortado. Será que a opção é consciente? Isso me lembra a Igreja Católica, que sob Ratzinger preferiu expurgar o braço progressista. Fez uma opção deliberada: preferiram ficar menores, porém mais coesos ideologicamente. Foi essa a opção de Ratzinger. Será essa a opção dos Marinho? Depois não sabem por que os protestantes crescem. Eu, que não sou católico nem protestante, fico apenas preocupado por ver uma concessão pública ser usada dessa maneira!

Mas essa é também uma carta de despedida, sentimental. Por isso, peço licença para falar de lembranças pessoais.

Foram quase doze anos de Globo. Quando entrei na TV, em 1995, lá na antiga sede da praça Marechal, havia a Toninha, mendiga que vivia debaixo do viaduto. Os berros que ela dava em frente à entrada da TV traziam uma dimensão humana ao ambiente, lembravam-nos da fragilidade de todos nós, de como nossa razão pode ser frágil.

Havia o querido João Paulada – o faz-tudo da redação. Havia a moça do cafezinho (feito no coador e entregue em garrafas térmicas), a tia dos doces... Era um ambiente mais caseiro, menos pomposo. Hoje, na hora de dizer tchau, sinto saudade de tudo aquilo.

Havia bares sujos, pessoas simples circulando em volta de todos nós – nas ruas, no metrô, na padaria. Todos, do apresentador ao contínuo, tinham que entrar a pé na redação. Estacionamentos eram externos (não havia vallet park nem catraca eletrônica). A caminhada pelas calçadas do centro da cidade obrigava-nos a um salutar contato com a desigualdade brasileira.

Hoje, quando olho para a redação aqui na Berrini, tenho a impressão de que estou numa agência de publicidade. Ambiente asséptico, higienizado. Confortável, é verdade. Mas triste, quase desumano.

Há as pessoas. Essas valem a pena. Para quem conseguiu chegar até o fim desta longa carta, preciso dizer duas coisas:

1. Sinto-me aliviado por ficar longe de determinados personagens, pretensiosos e arrogantes, que exigem "lealdade"; parecem "poderosos chefões" falando com seus seguidores... Se depender de mim, como aconteceu na eleição, vão ficar falando sozinhos.
2. De meus colegas, da imensa maioria, vou sentir saudades.

Saudades das equipes na rua – UPJs que foram professores; cinegrafistas que foram companheiros; esses, sim, (todos) leais ao jornalismo. Saudades dos editores – que tiveram paciência com esse repórter aflito e procuraram ser leais às minúcias factuais.

Saudades dos produtores e dos chefes de reportagem – acho que fui leal com as pautas de vocês e (bem menos) com os horários! Saudades de cada companheiro do apoio e da técnica – sempre leais.

Saudades, especialmente, das grandes matérias no Globo Repórter – com aquela equipe de mestres (no Rio e em São Paulo) que aos poucos vai se desmontando, sem lealdade nem respeito com quem fez história (mas há bravos resistentes ainda).

Bem, pelo tom um tanto ácido dessa carta pode até não parecer, mas levo muita coisa boa daqui.

Perdi cabelos e ilusões. Mas não a esperança.

Um beijo a todos.

Rodrigo Vianna.

POSFÁCIO

VOCAÇÃO E TEIMOSIA

A carta com o título "Lealdade", publicada nas páginas anteriores deste livro, foi escrita poucos dias antes de minha demissão da Globo, quando notei que o posicionamento que assumira internamente, ao criticar a cobertura nas eleições de 2006 e ao me negar a aderir a abaixo-assinado patronal em defesa da emissora, levaria a meu desligamento. No início de dezembro, consultara um advogado, perguntando se deveria me adiantar e pedir afastamento. A orientação foi: "Não tome nenhuma atitude que abra oportunidade para que falem em quebra de contrato; apenas se prepare".

Um jornalista veterano a quem consultei na época, Raimundo Pereira, me deu orientação parecida: "Ao inimigo não se pede nada; nem demissão". Foi o que fiz. Aguardei o desfecho, sabendo o que viria.

Na noite de 18 de dezembro de 2006, o então diretor da Globo em São Paulo, Luiz Claudio Latgé, enviou-me curta mensagem no sistema interno de correio eletrônico: "Assim que chegar à redação, venha à minha sala". Ele achou que eu fosse ler só no dia 19 pela manhã, ao chegar para o trabalho. Queria me pegar de surpresa, mas cometeu um erro: eu acessava o sistema de casa e, ao ler, tive a certeza de que seria demitido na manhã seguinte.

Passei a madrugada dando retoques finais à carta, e cheguei à sede da emissora no fim da manhã do dia 19 de dezembro. Abri o computador e deixei a carta prontinha para ser disparada de meu e-mail corporativo. Fui à sala de Latgé, preparado para o embate. Ele cumpria ordens do chefão da

Globo no Rio, Ali Kamel. Sorriu, de forma cínica, e anunciou meu desligamento. Minha resposta: "Vocês foram canalhas nesse processo todo, não esperava nada diferente".

Latgé então ficou atônito: "Você me respeite!". Eu virei as costas, saí da sala e fui até o computador no meio da redação, que deixara aberto. Na mesa ao lado, estava Chico Pinheiro. Latgé veio bufando atrás de mim: "Você pode se retirar, não trabalha mais aqui". Chico arregalou os olhos e pediu calma: "Deixa o cara, Latgé, foi nosso colega tantos anos, deixa ele terminar o que precisa ser feito".

E eu terminei: dei o "enter", enviando a carta aberta para meus colegas. Poucos minutos depois, minha senha no computador tinha sido travada e um segurança me aguardava na porta da redação. Mas a carta já circulava.

Fui conduzido até a saída da emissora. Meu crachá também tinha sido bloqueado: a roleta travou, e o segurança não sabia mais o que fazer comigo. Queria me prender do lado de dentro da emissora até receber novas ordens. Disse a ele: "Não fico um minuto mais aqui", e pulei a catraca. Foi assim que saí da imponente sede da Globo em São Paulo.

Meu celular tocava sem parar. Do outro lado da linha, colegas jornalistas queriam confirmar a autoria da carta, para publicar em sites e portais de notícias. Outros ligavam para prestar solidariedade. E na mesma tarde vieram três ou quatro convites de trabalho.

Nos dias seguintes, a Globo usou penas de aluguel para me atacar, com notinhas e textos maldosos em sites e jornais. Chegaram a insinuar que eu estava "fora de controle", queriam me rotular como "esquerdista maluco". Não esqueço os nomes dos que fizeram esse serviço sujo.

Muitos viam mesmo como "maluquice" essa decisão de "abrir mão da carreira na Globo" por convicções pessoais e políticas. Sim, abri mão daquela carreira. E iniciei outra. Pouco tempo depois, criava meu blog *Escrevinhador* (por insistência e inspiração do colega Luiz Carlos Azenha) e me integrava ao movimento dos blogueiros progressistas, que assumiu papel importante no debate sobre comunicação no país. Agora, tinha voz livre para dar notícias e opinar em meu blog.

Ao mesmo tempo, consegui emprego numa emissora concorrente da Globo, onde ganhei a vida por mais treze anos. Já no governo Bolsonaro, em 2020, essa última porta na velha mídia se fechou para mim.

Outras portas se abriram, no Brasil 247 e no Brasil de Fato. A resistência nunca foi tão necessária. Mas ela não começou agora. Vem de longe! E seguirá adiante.

> *"Luto corpo a corpo / luto todo o tempo / sem maior proveito / que o da caça ao vento."*
> (Carlos Drummond de Andrade)

Lutar com palavras pode ser a luta mais vã. Mas é o que seguirei a fazer – por teimosia e vocação.

(Santo Amaro, São Paulo – 23 de maio de 2022)

FIM

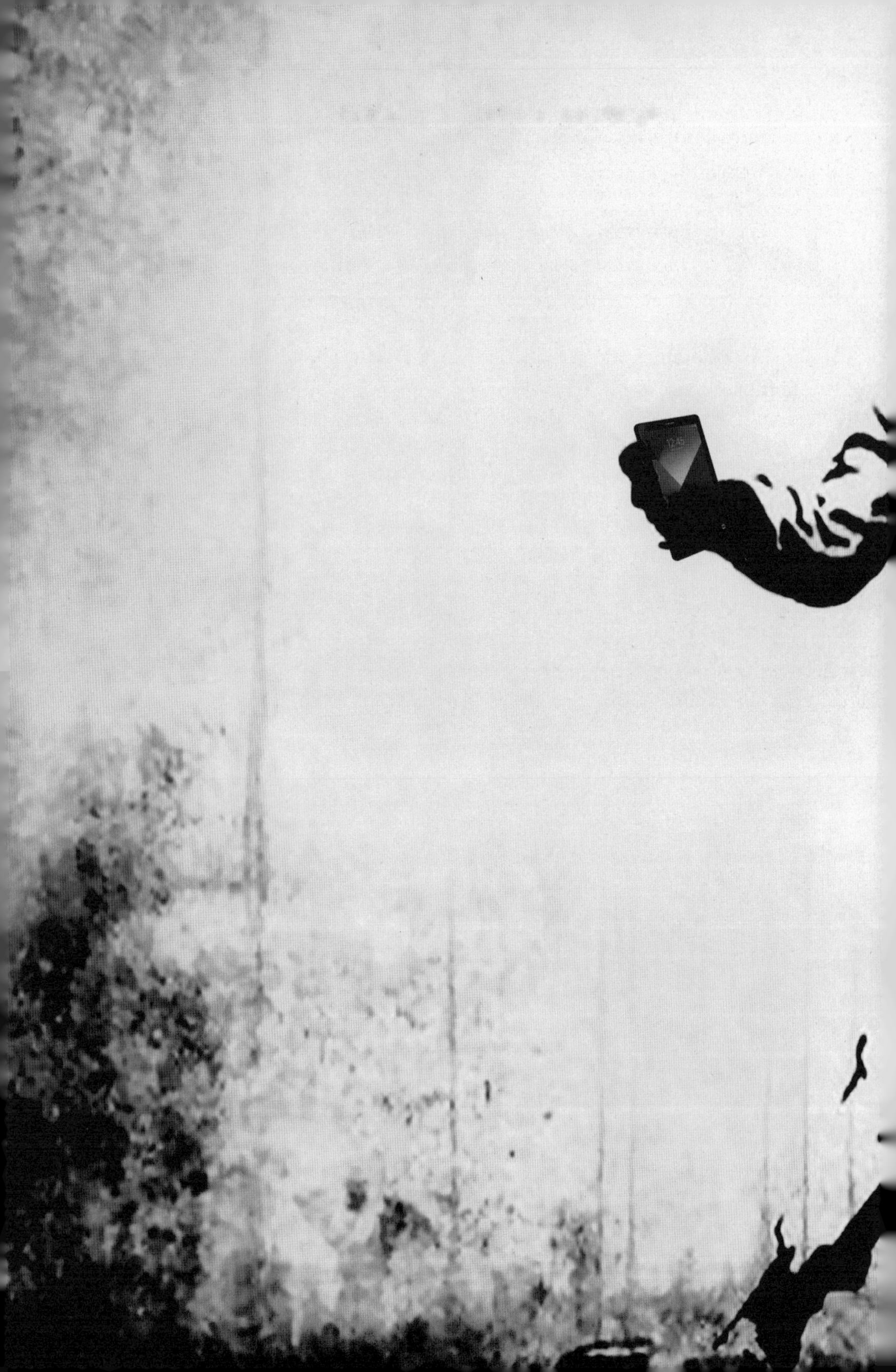

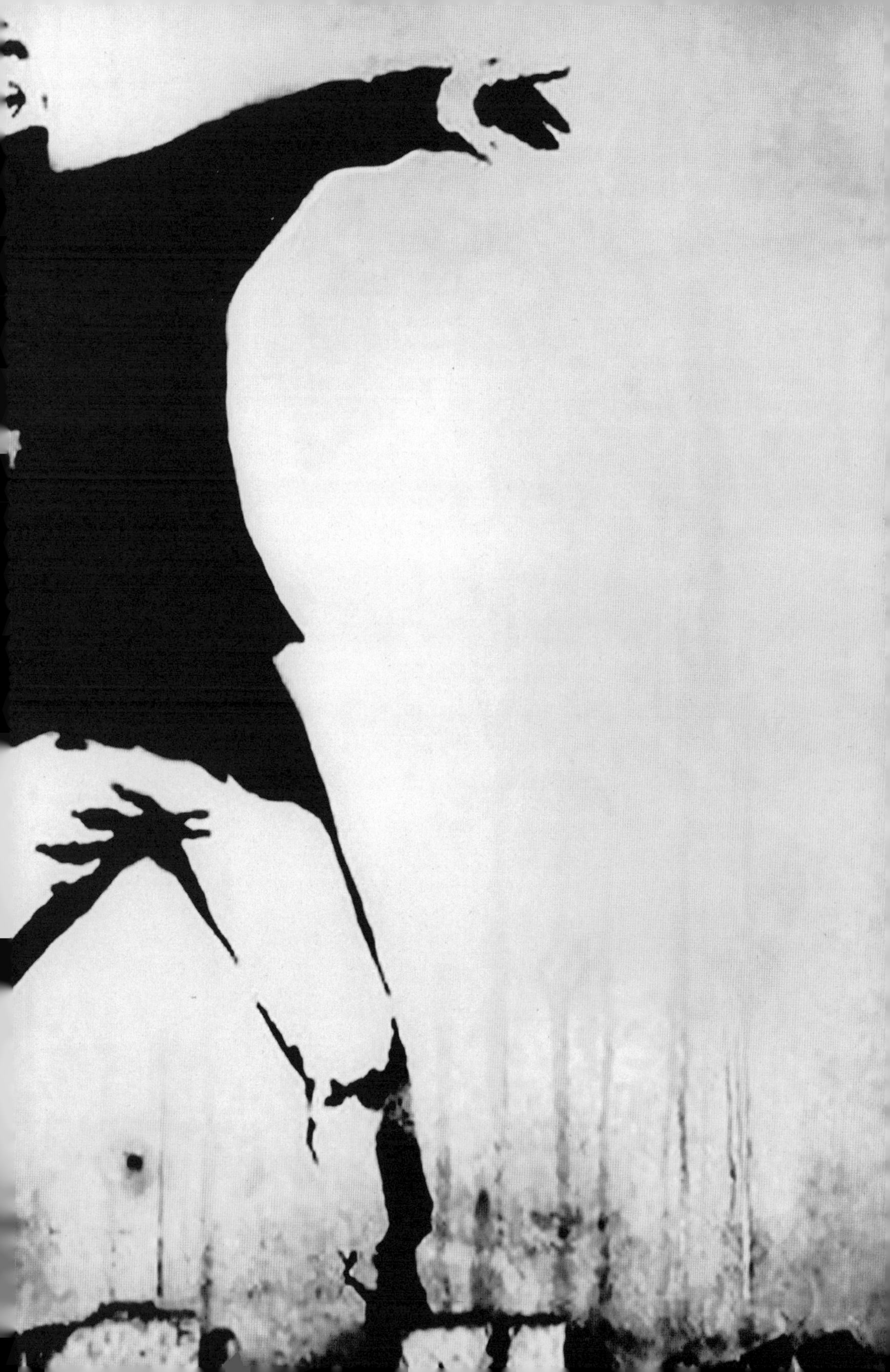

pólen soft 80 gr/m2
tipologia garamond
impresso no outono de 2022